나만의 여행을 찾다보면 빛나는 순간을 발견한다.

잠깐 시간을 좀 멈춰봐.
잠깐 일상을 떠나 인생의 추억을 남겨보자.
후회없는 여행이 되도록
순간이 영원하도록
Dreams come true.

Right here.
세상 저 끝까지 가보게

New normal

뉴 노멀^{New normal} 이란?

흑사병이 창궐하면서 교회의 힘이 약화되면서 중세는 끝이 나고, 르네상스를 주도했던 두 도시, 시에나(왼쪽)와 피렌체(오른쪽)의 경쟁은 피렌체의 승리로 끝이 났다. 뉴 노멀 시대가 도래하면 새로운 시대에 누가 빨리 적응하느냐에 따라 운명을 가르게 된다.

전 세계는 코로나19 전과 후로 나뉜다고 해도 누구나 인정할 만큼 사람들의 생각은 많이 변했다. 이제 코로나 바이러스가 전 세계로 퍼진 상황과 코로나 바이러스를 극복하는 인간의 과정을 새로운 일상으로 받아들여야 하는 뉴 노멀New normal 시대가 왔다.

'뉴 노멀New normal'이란 시대 변화에 따라 과거의 표준이 더 통하지 않고 새로운 가치 표준이 세상의 변화를 주도하는 상태를 뜻하는 단어이다. 2008년 글로벌 금융위기를 겪으면서 세계 최대 채권 운용회사 핌코PIMCO의 최고 경영자 모하마드 엘 에리언Mohamed A. El-Erian이 그의 저서 '새로운 부의 탄생When Markets Collide'에서 저성장, 규제 강화, 소비 위축, 미국 시장의 영향력 감소 등을 위기 이후의 '뉴 노멀New normal' 현상으로 지목하면서 사람들에게 알려졌다.

코로나19는 소비와 생산을 비롯한 모든 경제방식과 사람들의 인식을 재구성하고 있다. 사람 간 접촉을 최소화하는 비대면을 뜻하는 단어인 언택트Untact 문화가 확산하면서 기업, 교육, 의료 업계는 비대면 온라인 서비스를 도입하면서 IT 산업이 급부상하고 있다. 바이러스가 사람간의 접촉을 통해 이루어지므로 사람간의 이동이 제한되면서 항공과 여행은 급제동이 걸리면서 해외로의 이동은 거의 제한되지만 국내 여행을 하면서 스트레스를 풀기도 한다.

소비의 개인화 추세에 따른 제품과 서비스 개발, 협업의 툴, 화상 회의, 넷플릭스 같은 홈 콘텐츠가 우리에게 다가오고 있으며, 문화산업에서도 온라인 콘텐츠 서비스가 성장하고 있다. 기업뿐만 아니라 삶을 살아가는 우리도 언택트Untact에 맞춘 서비스를 활성화하고 뉴 노멀New normal 시대에 대비할 필요가 있다.

뉴 노멀(New Normal) 여행

뉴 노멀New Normal 시대를 맞이하여 코로나 19이후 여행이 없어지는 일은 없지만 새로운 여행 트랜드가 나타나 우리의 여행을 바꿀 것이다. 그렇다면 어떤 여행의 형태가 우리에게 다가올 것인가? 생각해 보자.

■ 장기간의 여행이 가능해진다.

바이러스가 퍼지는 것을 막기 위해 재택근무를 할 수 밖에 없는 상황에 기업들은 재택근무를 대규모로 실시했다. 그리고 필요한 분야에서 가능하다는 사실을 알게 되었다. 재택근무가 가능해진다면 근무방식이 유연해질 수 있다. 미국의 실리콘밸리에서는 필요한 분야에서 오랜 시간 떨어져서 일하면서 근무 장소를 태평양 건너 동남아시아의 발리나 치앙마이에서 일하는 사람들도 있다.
이들은 '한 달 살기'라는 장기간의 여행을 하면서 자신이 원하는 대로 일하고 여행도 한다. 또한 동남아시아는 저렴한 물가와 임대가 가능하여 의식주가 저렴하게 해결할 수 있다. 실리콘밸리의 높은 주거 렌트 비용으로 고통을 받지 않지 않는 새로운 방법이 되기도 했다.

■ 자동차 여행으로 떨어져 이동한다.

유럽 여행을 한다면 대한민국에서 유럽까지 비행기를 통해 이동하게 된다. 유럽 내에서는 기차와 버스를 이용해 여행 도시로 이동하는 경우가 대부분이었지만 공항에서 차량을 렌트하여 도시와 도시를 이동하면서 여행하는 것이 더 안전하게 된다.

자동차여행은 쉽게 어디로든 이동할 수 있고 렌터카 비용도 기차보다 저렴하다. 기간이 길면 길수록, 3인 이상일수록 렌터카 비용은 저렴해져 기차나 버스보다 교통비용이 저렴해진다. 가족여행이나 친구간의 여행은 자동차로 여행하는 것이 더 저렴하고 안전하다.

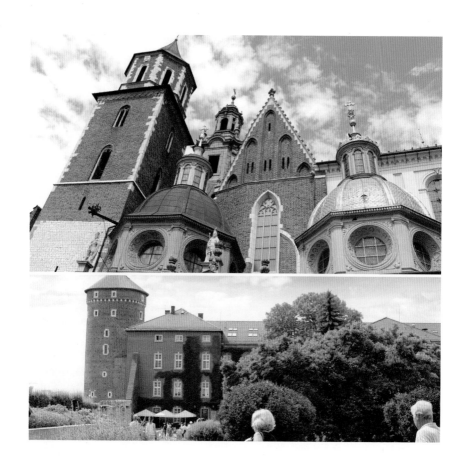

■ 소도시 여행

여행이 귀한 시절에는 유럽 여행을 떠나면 언제 다시 유럽으로 올지 모르기 때문에 한 번에 유럽 전체를 한 달 이상의 기간으로 떠나 여행루트도 촘촘하게 만들고 비용도 저렴하도록 숙소도 호스텔에서 지내는 것이 일반적이었다. 하지만 여행을 떠나는 빈도가 늘어나면서 유럽을 한 번만 여행하고 모든 것을 다 보고 오겠다는 생각은 달라졌다.

유럽을 여행한다면 유럽의 다양한 음식과 문화를 느껴보기 위해 소도시 여행이 활성화되고 있었는데 뉴 노멀New Normal 시대가 시작한다면 사람들은 대도시보다는 소도시 여행을 선호할 것이다. 특히 유럽은 동유럽의 소도시로 떠나는 여행자가 증가하고 있었다. 그 현상은 앞으로 증가세가 높을 가능성이 있다.

■ 호캉스를 즐긴다.

타이완이나 동남아시아로 여행을 떠나는 방식도 좋은 호텔이나 리조트로 떠나고 맛있는 음식을 먹고 나이트 라이프를 즐기는 방식으로 달라지고 있다. 이런 여행을 '호캉스'라고 부르면서 젊은 여행자들이 짧은 기간 동안 여행지에서 즐기는 방식으로 시작했지만 이제는 세대에 구분 없이 호캉스를 즐기고 있다. 유럽에서는 아프리카와 가까운 지중해의 몰타가 호캉스를 즐기기 좋은 곳으로 유럽여행자들에게 인기를 끌고 있다.

코로나 바이러스로 인해 많은 관광지를 다 보고 돌아오는 여행이 아닌 가고 싶은 관광지와 맛좋은 음식도 중요하다. 이와 더불어 숙소에서 잠만 자고 나오는 것이 아닌 많은 것을 즐길 수 있는 호텔이나 리조트에 머무는 시간이 길어졌다. 심지어는 리조트에서만 3〜4일을 머물다가 돌아오기도 한다.

Contents

발트 3국

■ 에스토니아 | 탈린(Tallinn) | 64

공항 / 공항에서 시내 IN
시내 교통
핵심 도보여행
탈린 지도

볼거리
올드 타운(저지대)

비루문 / 라에코야 광장 / 구시청사 / 시청약국 / 올라프 교회 / 성 니콜라스 교회 & 박물관 / 성령 교회 / 대길드(역사박물관) / 올레비스테 길드 / 탈린 시립박물관 / 카타리나 도미니칸 수도원 / 카타리나 골목 / 부엌을 들여다 보아라 / 뚱뚱이 마가렛 포탑(해양박물관) / 자유광장 / 키에크 인 데 쾨크 시립박물관 / 호텔 비루 KGB박물관

탈린의 중세 성벽(고지대)
볼거리

톰페아 언덕 / 알렉산데르 네프스키 대성당 톰페아 성 / 국회의사당 / 톰 성당

탈린 도심
카드리오르그 공원과 궁전 / 카드리오르그 미술관 / 쿠무 현대미술박물관

■ 라트비아 | 리가(Liga) | 118

공항 / 공항에서 시내 IN
시내 교통
핵심 도보여행
리가 지도

볼거리
올드 타운
리가 돔 성당 / 검은머리 전당 / 삼형제 건물 / 롤랑의 석상 & 리가시청 / 소총수 동상 / 성 피터 성당 / 리가의 미술관(역사 & 해양 박물관, 점령박물관, 디자인 박물관, 아르누보 박물관) / 리가 성 / 화약탑 / 스웨덴 문 / 리부 광장 / 대길드, 소길드

뉴타운
자유기념탑(자유의 여신상) / 라헤마 시계탑 / 중앙시장

멘첸도르프 하우스
라트비아 전통음식 / EATING

■ 리투아니아 | 빌뉴스(Vilnius) | 158

공항 / 공항에서 시내 IN
시내 교통
핵심 도보여행
빌뉴스 지도

볼거리
올드 타운
새벽의 문 / 성 테레사 교회 / 성령교회 / 성 카시미르 성당 / 빌뉴스 게토 / 구시청사 / 성 베드로 & 성 바울 교회 / 성 안나 교회 / 리투아니아 대통령궁 / 빌뉴스대학교 / 빌뉴스 대성당 / 대성당 광장 / 국립박물관 / 귀족 궁전 / 게디미나스 언덕 / 삼 십자가 언덕 / 문학골목 / 빌뉴스 TV 송신탑 / KGB박물관 / 그루타스 공원 / 우주피스

리투아니아 전통음식

EATING

폴란드

체코

■ 체스키 크룸로프 | 312

체스키 크룸로프 IN
체스키 크룸로프 성 구경하기 / 지도
핵심도보여행

볼거리
체스키 크룸로프 성 / 곰 해자 / 라트란 거리 / 이발사의 거리 / 에곤 실레 아트 센트룸
성 비투스 성당

EATING

■ 카를로비 바리 | 340

카를로비 바리 IN / 지도

볼거리
브지델니 콜로나 / 사도바 콜로나다 / 믈란스카 콜로나다 / 트르주니 콜로나다
성 마리 막달레나 교회

EATING

■ 플젠 | 352

플젠 IN / 지도
한눈에 플젠 파악하기

볼거리
성 바르톨로뮤 교회 / 맥주 박물관 & 지하 세계 박물관
필스너 우르켈 양조장(양조장 투어)

EATING

헝가리

■ 부다페스트 | 404

왕궁 언덕 주변
부다 성 언덕 궤도 열차 / 성 이슈트반 기마상 / 마차슈 성당 / 삼위일체 광장
부다 왕궁 / 어부의 요새

겔레르트 언덕
겔레르트 언덕 / 치타델라 / 성 겔레르트 동상 / 자유의 동상

영웅광장
영웅광장 & 시민 공원 / 서양 미술관 / 시민공원 / 바아다휴냐드 성

Intro

포스트 코로나시대, 동유럽의 소도시가 떠오른다.

신비하고 놀라움을 보여주는 동유럽은 서유럽과는 다른 문화와 역사, 건축물을 가지고 있다. 끊임없이 아름다운 장관은 유럽의 새로운 여행 트랜드를 선사하고 있다. 다뉴브 강을 따라 폴란드, 체코, 슬로바키아에서 시작해 헝가리를 거쳐 루마니아, 발칸반도까지 찬란한 문화를 가진 동유럽은 문화유산으로 가득하다. 소도시에서 만나는 매혹적인 마을에서 만나는 친절한 사람들까지 동유럽의 매력은 무궁무진하다.

동유럽 소도시 사람들의 친절하게 대하는 태도는 내가 동유럽 여행을 좋아하는 이유이다. 그들과 함께 음식을 먹고 그들의 문화를 접하다보면 그들과 함께 살고 있는 나를 발견하게 된다. 그렇게 저녁식사에 초대를 받아 같이 먹는 음식만으로도 나는 행복에 젖게 된다. 또한 그들에게 듣는 생생한 역사의 이야기들은 지금의 행복이 그냥 얻어진 것이 아니라는 사실도 알게 되면서 그들을 이해하게 된다. 그 행복의 동유럽 여행으로 당신도 들어가 보자.

동유럽 여행자가 증가하면서 일시적인 현상이라고 이야기를 하기도 했지만 동유럽 여행은 서유럽만큼이나 증가를 했다. 저렴한 물가를 기반으로 서유럽과는 다른 동유럽만의 문화를 보면서 유럽여행을 하는 여행자는 상당히 증가했다. 2019년을 기점으로 동유럽의 소도시로 편안하고 재미있게 나만의 여행을 떠나는 관광객이 몰려들고 있다.

처음 유럽여행을 하는 여행자뿐만 아니라 유럽을 2번 이상 여행하는 관광객이 상당히 상승하였다. 그러면서 동유럽 지역으로 유럽여행자는 관심을 돌렸고 동유럽의 소도시를 여행하면서 행복하고 편안한 여행을 할 수 있다는 사실에 소도시로 관심을 나타내고 있다. 대한민국 최초로 동유럽의 소도시를 소개하면서 한 권으로 끝내는 노하우를 공개한다.

동유럽 소도시 여행을 할 수 있도록 많은 정보를 유용하게 활용할 수 있도록 구성되어 있다.

ABOUT
동유럽

EASTERN EUROPE

동유럽 사계절

동유럽은 북쪽의 발트3국과 폴란드는 춥고 긴 겨울의 북유럽 기후를 나타내지만 체코, 오스트리아, 헝가리는 전형적인 중부유럽의 대륙성 기후를 보인다. 그러나 발칸반도는 남부유럽의 특징인 지중해성 기후를 보이고 있으므로 지역마다 날씨의 차이가 크다.

중부유럽
지리적으로 유럽의 중부 내륙에 있는 드넓은 평야지대인 대륙성 기후와 지중해성 기후의 중간으로 여름은 덥고 겨울은 매우 추운 날씨를 가지고 있다.

봄
Spring

4월 초까지 기온의 변화가 심해 봄을 느끼는 시기는 4월 말이 되어서야 가능하다. 동유럽도 역시 봄이 짧아지고 날씨가 더워지고 있다.

여름
Summer

북부와 중부 대부분의 지역은 여름과 겨울의 기온 차이가 큰 대륙성 기후를 가지고 있다. 여름은 기온이 영상 30도를 넘는 날도 있지만 습도가 낮고, 비가 많이 내리지 않아서 덥다고 느껴지지 않는다.

가을
Autumn

동유럽 여행이 가장 좋은 시기는 9, 10월초이다. 기온이 낮아지면서 하늘은 높고 동유럽의 아름다운 자연을 볼 수 있는 시기이다. 또한 다양한 축제로 즐길 수 있는 계절이 가을이다.

겨울
Winter

겨울에는 짙은 안개와 스모그 현상이 자주 일어나고 영하 10도 아래로 내려가는 날이 많고 눈이 많이 내려서 여행할 때는 반드시 따뜻한 외투와 장갑이 꼭 필요하다.

▨ 동유럽(Eastern Europe)이란?

발트 해에서 발칸반도에 이르는 지역의 명칭이 동유럽Eastern Europe이다. 동유럽Eastern Europe이라는 이름은 동쪽에 있는 유럽이기도 하지만, 서유럽과 다른 문화를 가지고 있다는 의미도 내포하고 있다. 다르게 역사적인 관점으로 보면 오랫동안 유럽 전역을 지배했던 합스부르크 왕가의 지배를 받은 나라들이라는 공통점도 있다. 동유럽 국가들은 합스부르크 왕가의 문화 예술에 대한 관심이 높아서일까, 도도하면서도 우아한 매력이 넘치기도 하다.

▓ 역사적·정치적 관점

동유럽Eastern Europe이라는 단어의 개념은 지리적인 관점이 아니고 냉전시대에 서유럽과의 관계에 따라 역사적 · 정치적 관점에서 생겨나기도 했다. 따라서 지역적 범위도 일정하지 않고, 민족적 · 문화적 · 종교적 측면에서도 이질성이 강하다. 문화적인 통합을 이야기하는 것은 쉽지 않은 일이다.

역사적으로 제1차 세계대전 뒤, 동유럽Eastern Europe 각국이 독립하면서 작은 국가라는 공통된 인식을 갖게 되었다. 제2차 세계대전이 끝난 뒤 냉전시대가 시작되면서 소련이 주도하는 사회주의 체제로 이행했던 유럽의 국가들을 뜻하는 정치적 의미로 사용하고 있다. 1989년 이후 냉전이 종식되면서 정치적 의미의 동유럽은 소멸되고 현재는 지역적 개념만 남아 있다. 폴란드 · 체코 · 슬로바키아 · 크로아티아 · 슬로베니아 · 마케도니아 · 몬테네그로 · 세르비아 · 보스니아–헤르체고비나 · 불가리아 · 헝가리 · 루마니아 · 알바니아 등이 동유럽 국가에 속한다.

■ 유럽에서의 소외감

국가에 따라, 시대에 따라 동유럽이라는 단어는 사용되다가 사라지기도 하였다. 정치적으로는 제2차 세계대전 후, 냉전시대가 도래하면서 소련이 주도하는 사회주의 체제로 이행했던 유럽의 국가들을 뜻한다. 영국, 미국, 독일과 러시아간의 지역을 가리키기도 한다. 유럽대륙의 서유럽 국가에서는 독일보다 동쪽의 유럽지역을 가리키면서 경제적으로 발전된 국가를 지칭한다. 반대로 상대적으로 낙후된 동쪽의 유럽 국가를 낮춰서 부르는 단어로도 사용된다.

그래서 동유럽Eastern Europe 국가들과 인접한 오스트리아, 슬로베니아 등의 경제적으로 발전된 국가 자신은 스스로를 동유럽Eastern Europe이라고 인정하고 싶어 하지 않기 때문에 '중부유럽Center Europe'이라고 칭하는 경우가 많다. 최근에는 세계적으로 발트3국뿐만 아니라 우크라이나, 조지아, 몰도바도 동유럽에 포함시키는 경우가 많다.

▧ 대표적인 동유럽 국가

헝가리

헝가리는 동양인의 후예인 마자르 족이 세운 나라이다. 현재는 헝가리의 수도이자 합스부르크 왕가의 도시였던 부다페스트는 야경이 아름다운 도시로 유명하다.

헝가리는 동유럽 공산주의 국가들 중에서 가장 먼저 개방한 나라이다. 수도인 부다페스트는 도나우 강을 사이에 두고, 왕궁이 있는 부다 지역과 서민이 사는 페스트 지역으로 나뉘어져 있다. 헝가리를 건국한 7명의 어부 모습을 새긴 어부의 요새와 부다 왕궁에서 바라보는 도나우 강의 전망은 압권이다.

폴란드

폴란드에는 세계 문화유산으로 지정된 수도인 바르샤바만 있는 것이 아니다. 폴란드 하면 떠오르는 '피아노의 시인, 쇼팽', 발트 해의 아름다운 도시 그단스크, 코페르니쿠스가 태어난 도스, 토른, 브로츠와프, 포즈난, 중세시대에 수도역할을 한 크라쿠프까지 폴란드의 관광자원은 끝이 없다.

체코

천 년의 역사를 간직한 체코는 유럽 대륙의 중앙에 위치한 내륙국가로 수도인 프라하는 관광도시로 성장하고 있다. 남한보다 조금 작은 면적을 가진 체코는 최근에 급성장을 하면서 GDP 2만 달러를 넘는 국가로 성장하고 있다. 프라하 이외에 체스키크룸로프와 온천으로 유명한 카를로비바리, 맥주로 유명한 플젠, 모라비아 지방의 주도시인 올로모우츠 등 아름다운 도시들은 일일이 열거할 수 없을 정도이다.

EASTERN EUROPE

슬로베니아, 크로아티아, 몬테네그로, 알바니아

20세기 초에 발칸반도에는 세르비아가 주도하는 유고슬라비아가 세워졌다. 제2차 세계대전 이후 사회주의 국가가 된 유고슬라비아 연방은 1980년대 말, 급격하게 몰락하면서 여러 나라로 분리가 되었다. 발칸 반도에서 20세기 말에 벌어진 유고 연방의 주축이었던 세르비아와 전쟁으로 얼룩졌지만 급속하게 전후 복구를 통해 이제는 관광대국으로 거듭나고 있다.

특히 슬로베니아는 GDP 2만 달러를 넘는 부국이 되었고 크로아티아는 발칸 반도에서 관광대국이 되어 성장을 거듭하고 있다. 작은 국가인 몬테네그로는 크로아티아를 잇는 관광국가로 알려지고 있다. 아직 우리에게 잘 알려지지 않은 알바니아는 최근에 민주화를 통해 경제 성장 동력을 관광객 유치를 통해 이루려고 한다.

동유럽을 꼭 가야 하는 이유

■ 중세 문화

체코의 프라하는 14세기에 카를교를 해가 지는 그때 건너면 아름다운 일몰과 함께 추억을 만들 수 있을 것이다. 크라쿠프에서는 중앙광장의 리네크 글루프니를 돌아보고 중세 문화를 직접 느낄 수 있다. 발트 3국의 탈린, 리가, 빌뉴스와 헝가리의 부다페스트, 폴란드의 그단스크 같은 도시는 중세 문화유산으로 가득하다. 동유럽의 소도시에서는 아기자기한 마을에서 만나는 사람들 또한 순박하다.

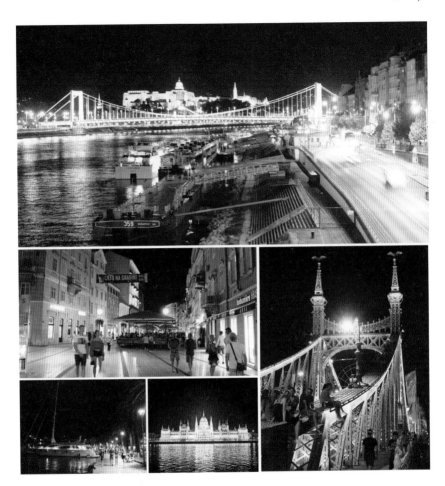

▨ 환상적인 야경

체코 프라하, 헝가리 부다페스트, 폴란드 크라쿠프 등 동유럽은 서유럽의 야경과는 다른 옛 시절의 보는 야경이 관광객의 마음을 사로잡는다. 각 도시들의 다리를 건너면서 강을 건너면 황홀한 풍경에 사로잡힌다. 관광객의 마음을 빼앗아 가는 야경을 보는 기회를 잡아 보자.

■ 굴곡의 역사

동유럽은 산업혁명의 흐름에 동참하지 못하고 시대에 뒤쳐져 서유럽의 발전을 지켜보면서 힘든 현대사를 살아왔다. 1945년 2차 세계대전 이후의 분할을 점령한 얄타 회담이 끝난 후 냉전의 소용돌이에서 소련의 지배를 받았다. 소련의 위성국가였던 발트 3국, 폴란드, 체코, 유고슬라비아까지 한동안 유럽여행에서 배제된 곳이 대부분이었다.

그런데 크로아티아가 유고슬라비아 연방에서 탈퇴하면서 시작된 전쟁이 끝나면서 아름다운 문화유산을 간직한 동유럽이 점점 사람들에게 알려지기 시작했다. 그리고 최근에는 중세 유럽의 문화를 간직한 동유럽만 따로 여행하는 관광객이 늘어나고 있다.

중세 문화축제

오랫동안 발전을 하지 못하고 살아온 동유럽 국가들은 중세 유럽의 문화를 간직하고 있다. 그래서 중세 문화축제가 동유럽 국가들마다 개최되고 있다. 가을 수확이 끝나는 9월부터 중세문화와 함께하는 축제를 경험하는 것도 동유럽 여행의 재미이다.

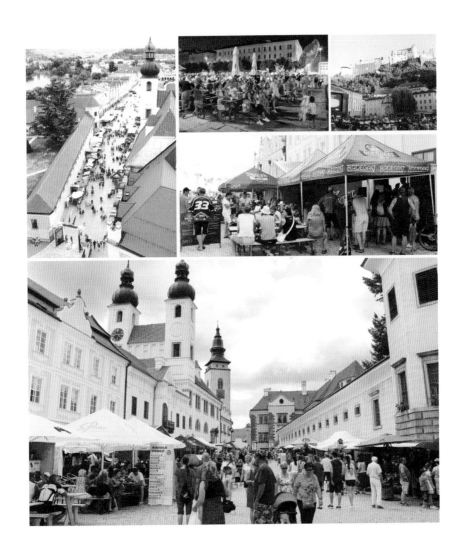

로마 가톨릭 VS 정교회

체코, 헝가리, 크로아티아, 슬로베니아 등의 나라들은 로마 가톨릭의 영향을 많이 받아 옛 성당이 오랜 시간동안 간직되어 왔다. 반대로 발트3국과 발칸반도의 국가들, 조지아는 정교회의 영향을 받았다. 같은 기독교 문화지만 다른 역사적 배경을 간직한 국가들의 기독교 문화를 비교할 수 있는 좋은 경험을 할 수 있다.

■ 친절한 사람들

동유럽은 서유럽에 비해 가족 공동체를 중요하게 생각한다. 그래서 가족에 대한 애정이 남 다르며 가족들이 함께 시간을 보내는 시간이 많다. 또한 그들의 마을에 사람들이 찾아오면 친절하게 맞이하면서 가족처럼 따뜻하게 대한다. 그들의 친절한 태도는 여행자를 감동시 키고 다시 찾아오고 싶은 느낌을 받게 만들어준다. 그래서일까? 최근에 동유럽으로 장기 여행인 한 달 살기를 하는 여행자들이 많아지는 추세이다.

동유럽의 소도시 여행 잘하는 방법

동유럽을 처음으로 여행하는 여행자들은 처음에 여행을 어떻게 할지 몰라 당황하는 경우가 많다. 하지만 동유럽의 도시들은 그리 크지 않기 때문에 여행할 때는 대부분 도시 안에서 여행하는 패턴이 있다. 그 방법을 처음에 숙지하고 여행을 하다보면 자연스럽게 여행의 패턴에 자신도 생겨나게 된다. 동유럽의 도시들을 여행하는 방법에 대해 알아보자.

인포메이션 방문

목적지의 기차역이나 공항, 버스터미널에 도착하면 먼저 인포메이션 센터를 찾아가는 습관을 들이는 것이 좋다. 시내 지도를 받아 이동하는 방법을 문의할 수도 있고 가끔 축제나 행사가 있을 경우 관련 정보를 얻을 수 있다.

◾ 숙소 찾아가기

숙소를 예약하지 않은 경우 당일이라도 부킹닷컴이나 에어비앤비에 숙소는 남아있으므로 걱정하지 말고 찾아보자. 아니면 관광안내소에서 YHA 등 저렴한 숙소를 물어보고, 찾아가는 방법도 문의할 수 있다. 야간 기차를 타고 다른 도시로 이동할 예정이라면 역 안에 있는 코인라커에 큰 배낭은 맡겨두고 필요한 짐만 가지고 가볍게 도시를 둘러볼 수 있다.

◾ 광장에서 여행 시작

대도시를 제외하면 대부분의 동유럽 도시들은 도보로 여행이 충분히 가능하다. 마을 중심에 있는 광장에 도착해 도시의 거리를 중심으로 볼거리들이 보이게 된다. 지하철, 버스를 타고 관광지에 도착해 중앙역을 중심으로 여행을 하게 된다.

■ 현지인의 도움

최근에는 구글 지도를 이용해 목적지를 찾아가는 것이 어렵지 않게 되었다. 하지만 소도시에서 구글 지도에 표시가 안 되어 있는 곳도 있다. 그럴때는 현지에서 무료로 나누어주는 시내 지도와 가이드북을 보면 찾아가는 데 어려움이 없지만 잘 모를 경우에는 주저하지 말고 지나가는 현지인에게 물어보는 것이 가장 좋다. 물어보는 것을 창피하게 생각하지 말자.

■ 슈퍼마켓 위치 파악

유럽에서는 마트나 슈퍼가 우리나라처럼 흔하지 않으므로 물이나 간단한 먹거리는 눈에 보였다면 사 두는 것이 좋다. 아니면 숙소에 도착했을 때 가장 먼저 마트와 슈퍼를 프런트에 물어보고 들어가서 미리 물이나 필요한 물품을 사두는 것이 좋다. 우리나라처럼 늦게까지 하는 마트도 있지만 많지 않다. 같은 콜라나 물이라도 기차 안, 역전, 역 밖 등의 가격이 다 제각각인 점도 유의하자.

골목길 다니기

너무 후미진 골목은 되도록 돌아다니지 않는 것이 좋다. 이유 없이 너무 친절을 베풀면 일단 경계를 하는 것이 좋다. 밤의 야경을 보러가는 것은 혼자보다는 숙소에서 만난 여행자들과 같이 어울려 다니는 것이 사진을 찍기도 좋고 안전하다.

동 유 럽
여 행 에
꼭 필 요 한
INFO

동유럽 여행 밑그림 그리기

우리는 여행으로 새로운 준비를 하거나 일탈을 꿈꾸기도 한다. 여행이 일반화되기도 했지만 아직도 여행을 두려워하는 분들이 많다. 유럽여행에서 특히 동유럽 여행자가 급증하고 있다. 몇 년 전부터 늘어난 동유럽의 체코, 프라하를 비롯해 크로아티아를 다녀온 여행자는 발트 3국과 폴란드, 헝가리 부다페스트, 아드리아 해의 몬테네그로로 눈길을 돌리고 있다. 그러나 어떻게 여행을 해야 할지부터 걱정을 하게 된다. 아직 정확한 자료가 부족하기 때문이다. 지금부터 동유럽의 여행을 쉽게 한눈에 정리하는 방법을 알아보자. 동유럽 여행준비는 절대 어렵지 않다. 단지 귀찮아 하지만 않으면 된다. 평소에 원하는 동유럽 여행을 가기로 결정했다면, 준비를 꼼꼼하게 하는 것이 중요하다.

일단 관심이 있는 사항을 적고 일정을 짜야 한다. 처음 해외여행을 떠난다면 동유럽 여행도 어떻게 준비할지 몰라 당황하게 된다. 먼저 어떻게 여행을 할지부터 결정해야 한다. 아무것도 모르겠고 준비를 하기 싫다면 패키지여행으로 가는 것이 좋다. 동유럽 여행은 주말을 포함해 7박 9일, 9박 11일 여행이 가장 일반적이다. 해외여행이라고 이것저것 많은 것을 보려고 하는 데 힘만 들고 남는 게 없는 여행이 될 수도 있으니 욕심을 버리고 준비하는 게 좋다. 여행은 보는 것도 중요하지만 같이 가는 여행의 일원과 같이 잊지 못할 추억을 만드는 것이 더 중요하다.

다음을 보고 전체적인 여행의 밑그림을 그려보자.

1	패키지여행? 자유여행? (여행의 형태 결정)	7	얼마나 쓸까? 리스트 작성! (여행경비 산출하기)
2	나의 가능한 여행기간, 비용은? (여행 기간 & 예산 짜기)	8	영어를 알면 편리한데? (간단한 영어 익히기)
3	동유럽 여행? 항공권부터 알아보자. (항공권티켓 /성수기여행은 빨리 구입)	9	유로? 달러는 사용불가능? (환전하기)
4	성수기 숙소가 부족한 동유럽 숙박부터 알아보자. (숙소의 예약가능 확인)	10	왜 이리 필요한 게 많지? (여행가방싸기)
5	보고 싶고 먹고 싶은 게 많아요? (여행지 정보 수집)	11	11. 인천공항으로 이동
6	단기여행인 동유럽은 꼼꼼한 일정이 필수! (여행 일정 짜기)	12	12. 드디어 여행지로 출발!

결정을 했으면 일단 항공권을 구하는 것이 가장 중요하다. 전체 여행경비에서 항공료와 숙박이 차지하는 비중이 가장 크지만 너무 몰라서 낭패를 보는 경우가 많다. 평일이 저렴하고 주말은 비쌀 수밖에 없다. 항공료, 숙박, 현지경비 등 사전에 확인을 하고 출발하는 것이 문제를 발생시키지 않는 방법이다.

패키지여행 VS 자유여행

대한민국에서 유럽여행은 누구나 가고 싶은 여행지이다. 그 중에서 최근에 동유럽으로 여행을 가려는 여행자가 늘어나고 있다. 대한민국의 여행자는 런던, 파리, 프랑크푸르트에 집중되어 상대적으로 동유럽에는 한국인 관광객이 많지 않다. 그래서 더욱 누구나 고민하는 것은 여행정보는 어떻게 구하지? 라는 질문이다. 그만큼 동유럽의 프라하, 잘츠부르크를 제외한 작은 도시에 대한 정보가 매우 부족한 상황이다. 그래서 처음으로 동유럽을 여행하는 여행자들은 패키지여행을 선호하거나 여행을 포기하는 경우가 많았다. 20~30대 여행자들이 늘어남에 따라 패키지보다 자유여행을 선호하고 있다.

발트 3국이나 폴란드를 여행하고 이어서 오스트리아, 헝가리, 슬로베니아, 크로아티아로 여행을 다녀오는 경우도 상당히 많다. 발트3국부터 남유럽의 발칸반도의 슬로베니아, 크로아티아만의 3주 여행이나, 발칸반도의 슬로베니아, 크로아티아만의 1~2주일의 여행 등 새로운 형태의 여행이 늘어나고 있다. 20대의 젊은 여행자들은 호스텔을 이용하여 친구들과 여행을 즐기는 경우도 있다.

편안하게 다녀오고 싶다면 패키지여행

동유럽이 뜬다고 하니 여행을 가고 싶은데 정보가 없고 나이도 있어서 무작정 떠나는 것이 어려운 여행자들은 편안하게 다녀올 수 있는 패키지여행을 선호한다. 다만 아직까지 동유럽의 소도시까지는 많이 가는 여행지는 아니다 보니 패키지 상품의 가격이 저렴하지는 않다. 여행일정과 숙소까지 다 안내하니 몸만 떠나면 된다.

연인끼리, 친구끼리, 가족여행은 자유여행 선호

2주정도의 긴 여행이나 젊은 여행자들은 패키지여행을 선호하지 않는다. 특히 여행을 몇 번 다녀온 여행자는 동유럽에서 자신이 원하는 관광지와 맛집을 찾아서 다녀오고 싶어 한다.

여행지에서 원하는 것이 바뀌고 여유롭게 이동하며 보고 싶고 먹고 싶은 것을 마음대로 찾아가는 연인, 친구, 가족의 여행은 단연 자유여행이 제격이다.

동유럽 여행 물가

동유럽 여행의 가장 큰 장점은 저렴한 물가이다. 동유럽 여행에서 큰 비중을 차지하는 것은 항공권과 숙박비이다. 항공권은 대한항공, 아시아나 항공 같은 국적기나 폴란드, 체코 항공이 직항으로 동유럽의 바르샤바, 프라하, 자그레브 등까지 가는 항공을 저렴하게 구할 수 있다면 버스나 기차를 타면서 동유럽 여행을 할 수 있다. 숙박은 저렴한 호스텔이 원화로 10,000원대부터 있어서 항공권만 빨리 구입해 저렴하다면 숙박비는 큰 비용이 들지는 않는다. 하지만 좋은 호텔에서 머물고 싶다면 더 비싼 비용이 들겠지만 호텔의 비용은 저렴한 편이다.

▶**왕복 항공료**_68~168만원
▶**버스, 기차**_ 3~10만원
▶**숙박비(1박)**_ 1~10만 원
▶**한 끼 식사**_ 2천~4만 원
▶**입장료**_ 2천 7백 원~3만 원

구분	세부 품목	7박9일	9박11일
항공권	루프트한자, 대한항공	680,000~1,680,000	
택시, 버스, 기차	택시, 버스, 기차	약 4,000~30,000원	
숙박비	호스텔, 호텔, 아파트	300,000~1,200,000원	500,000~1,600,000원
식사비	한 끼	5,000~30,000원	
시내교통	택시, 우버	2,000~30,000원	
입장료	박물관 등 각종 입장료	2,000~8,000원	
		약 1,270,000원~	약 1,790,000원~

동유럽 여행 계획 짜기

1. 주중 or 주말
동유럽 여행도 일반적인 여행처럼 비수기와 성수기가 있고 요금도 차이가 난다. 7~8월의 성수기를 제외하면 항공과 숙박요금도 차이가 있다. 비수기나 주중에는 할인 혜택이 있어 저렴한 비용으로 조용하고 쾌적한 여행을 할 수 있다. 주말과 국경일을 비롯해 여름 성수기에는 항상 관광객으로 붐빈다. 황금연휴나 여름 휴가철 성수기에는 항공권이 매진되는 경우가 허다하다.

2. 여행기간
동유럽 여행을 안 했다면 "폴란드, 발트3국, 몬테네그로가 어디야?"라는 말을 할 수 있다. 하지만 일반적인 여행기간인 7박9일의 여행일정으로는 다 못 보는 지역이 동유럽이다. 동유럽 여행은 대부분 7박 9일~9박 11일이 많지만 동유럽의 깊숙한 면까지 보고 싶다면 2주일 여행은 가야 한다.

3. 숙박
성수기가 아니라면 동유럽 여행의 숙박은 저렴하다는 점이다. 숙박비는 저렴하고 가격에 비해 시설은 좋다. 주말이나 숙소는 예약이 완료된다. 특히 여름 성수기에는 숙박은 미리 예약을 해야 문제가 발생하지 않는다. 소도시로 가면 당일에도 숙소가 있지만 만일을 대비하는 것이 필요하다.

4. 어떻게 여행 계획을 짤까?
먼저 여행일정을 정하고 항공권과 숙박을 예약해야 한다. 여행기간을 정할 때 얼마 남지 않은 일정으로 계획하면 항공권과 숙박비는 비쌀 수밖에 없다. 특히 동유럽처럼 뜨는 여행지역은 항공료가 상승한다. 최대한 저렴하게 구입하는 방법을 찾아야 한다. 숙박시설도 호스텔로 정하면 비용이 저렴하게 지낼 수 있다. 유심을 구입해 관광지를 모를 때 구글맵을 사용하면 쉽게 찾을 수 있다.

5. 식사
동유럽 여행의 가장 큰 장점은 물가가 저렴하다는 점이다. 그렇지만 고급 레스토랑은 동유럽도 비싼 편이다. 한 끼 식사는 하루에 한번은 비싸더라도 제대로 식사를 하고 한번은 동유럽 사람들처럼 저렴하게 한 끼 식사를 하면 적당하다. 시내의 관광지는 거의 걸어서 다닐 수 있기 때문에 투어비용은 도시를 벗어난 투어를 갈 때만 교통비가 추가된다.

동유럽
한 달 살기

EASTERN EUROPE

솔직한 한 달 살기

요즈음, 마음에 꼭 드는 여행지를 발견하면 자꾸 '한 달만 살아보고 싶다'는 이야기를 많이 듣는다. 그만큼 한 달 살기로 오랜 시간 동안 해외에서 여유롭게 머물고 싶어 하기 때문이다. 직장생활이든 학교생활이든 일상에서 한 발짝 떨어져 새로운 곳에서 여유로운 일상을 꿈꾸기 때문일 것이다.

최근에는 한 달, 혹은 그 이상의 기간 동안 여행지에 머물며 현지인처럼 일상을 즐기는 '한 달 살기'가 여행의 새로운 트렌드로 자리잡아가고 있다. 천천히 흘러가는 시간 속에서 진정한 여유를 만끽하려고 한다. 그러면서 한 달 동안 생활해야 하므로 저렴한 물가와 주위

에 다양한 즐길 거리가 있는 동유럽의 많은 도시들이 한 달 살기의 주요 지역으로 주목 받고 있다. 한 달 살기의 가장 큰 장점은 짧은 여행에서는 느낄 수 없었던 색다른 매력을 발견할 수 있다는 것이다.

사실 한 달 살기로 책을 쓰겠다는 생각을 몇 년 전부터 했지만 마음이 따라가지 못했다. 우리의 일반적인 여행이 짧은 기간 동안 자신이 가진 금전 안에서 최대한 관광지를 보면서 많은 경험을 하는 것을 하는 것이 자유여행의 패턴이었다. 하지만 한 달 살기는 확실한 '소확행'을 실천하는 행복을 추구하는 것처럼 보였다. 많은 것을 보지 않아도 느리게 현지의 생활을 알아가는 스스로 만족을 원하는 여행이므로 좋아 보였다. 내가 원하는 장소에서 하루하루를 즐기면서 살아가는 문화와 경험을 즐기는 것은 좋은 여행방식이다.

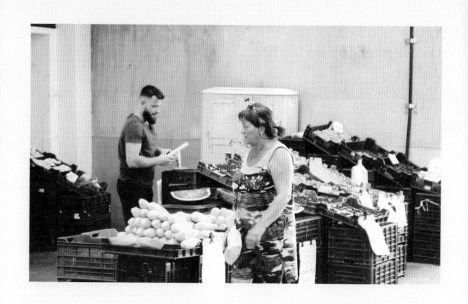

하지만 많은 도시에서 한 달 살기를 해본 결과 한 달 살기라는 장기 여행의 주제만 있어서 일반적으로 하는 여행은 그대로 두고 시간만 장기로 늘린 여행이 아닌 것인지 의문이 들었다. 현지인들이 가는 식당을 가는 것이 아니고 블로그에 나온 맛집을 찾아가서 사진을 찍고 SNS에 올리는 것은 의문을 가지게 만들었다. 현지인처럼 살아가는 것이 아니라 풍족하게 살고 싶은 것이 한 달 살기인가라는 생각이 강하게 들었다.

현지인과의 교감은 없고 맛집 탐방과 SNS에 자랑하듯이 올리는 여행의 새로운 패턴인가, 그냥 새로운 장기 여행을 하는 여행자일 뿐이 아닌가?

현지인들의 생활을 직접 그들과 살아가겠다고 마음을 먹고 살아도 현지인이 되기는 힘들다. 여행과 현지에서의 삶은 다르기 때문이다. 단순히 한 달 살기를 하겠다고 해서 그들을 알 수도 없는 것은 동일할 수도 있다. 그래서 한 달 살기가 끝이 나면 언제든 돌아갈 수 있다는 것은 생활이 아닌 여행자만의 대단한 기회이다. 그래서 한동안 한 달 살기가 마치 현지인의 문화를 배운다는 것은 거짓말로 느껴졌다.

시간이 지나면서 다시 생각을 해보았다. 어떻게 여행을 하든지 각자의 여행이 스스로에게 행복한 생각을 가지게 한다면 그 여행은 성공한 것이다. 배낭을 들고 현지인들과 교감을 나누면서 배워가고 느낀다고 한 달 살기가 패키지여행이나 관광지를 돌아다니는 여행보다 우월하지도 않다. 한 달 살기를 즐기는 주체인 자신이 행복감을 느끼는 것이 핵심이라고 결론에 도달했다.

요즈음은 휴식, 모험, 현지인 사귀기, 현지 문화체험 등으로 하나의 여행 주제를 정하고 여행지를 선정하여 해외에서 한 달 살기를 해보면 좋다. 맛집에서 사진 찍는 것을 즐기는 것으로도 한 달 살기는 좋은 선택이 된다. 일상적인 삶에서 벗어나 낯선 여행지에서 오랫동안 소소하게 행복을 느낄 수 있는 한 달 동안 여행을 즐기면서 자신을 돌아보는 것이 한 달 살기의 핵심인 것 같다.

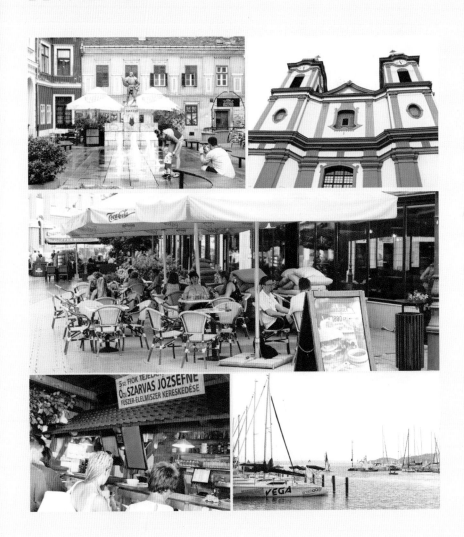

떠나기 전에 자신에게 물어보자!

한 달 살기 여행을 떠나야겠다는 마음이 의외로 간절한 사람들이 많다. 그 마음만 있다면 앞으로의 여행 준비는 그리 어렵지 않다. 천천히 따라가면서 생각해 보고 실행에 옮겨보자.

내가 장기간 떠나려는 목적은 무엇인가?

여행을 떠나면서 배낭여행을 갈 것인지, 패키지여행을 떠날 것인지 결정하는 것은 중요하다. 하물며 장기간 한 달을 해외에서 생활하기 위해서는 목적이 무엇인지 생각해 보는 것이 중요하다. 일을 함에 있어서도 목적을 정하는 것이 계획을 세우는데 가장 기초가 될 것이다.

한 달 살기도 어떤 목적으로 여행을 가는지 분명히 결정해야 질문에 대한 답을 찾을 수 있다. 아무리 아무 것도 하지 않고 지내고 싶다고 할지라도 1주일 이상 아무것도 하지 않고 집에서만 머물 수도 없는 일이다.

동남아시아는 휴양, 다양한 엑티비티, 무엇이든 배우기(어학, 요가, 요리 등), 나의 로망여행지에서 살아보기, 내 아이와 함께 해외에서 보내보기 등등 다양하다.

목표를 과다하게 설정하지 않기

자신이 해외에서 산다고 한 달 동안 어학을 목표로 하기에는 다소 무리가 있다. 무언가 성과를 얻기에는 짧은 시간이기 때문이다.

1주일은 해외에서 사는 것에 익숙해지고 2~3주에 현지에 적응을 하고 4주차에는 돌아올 준비를 하기 때문에 4주 동안이 아니고 2주 정도이다. 하지만 해외에서 좋은 경험을 해볼 수 있고, 친구를 만들 수 있다. 이렇듯 한 달 살기도 다양한 목적이 있으므로 목적을 생각하면 한 달 살기 준비의 반은 결정되었다고 생각할 수도 있다.

여행지와 여행 시기 정하기

한 달 살기의 목적이 결정되면 가고 싶은 한 달 살기 여행지와 여행 시기를 정해야 한다. 목적에 부합하는 여행지를 선정하고 나서 여행지의 날씨와 자신의 시간을 고려해 여행 시기를 결정한다. 여행지도 성수기와 비수기가 있기에 한 달 살기에서는 여행지와 여행시기의 틀이 결정되어야 세부적인 예산을 정할 수 있다.

한 달 살기를 선정할 때 유럽 국가 중에서 대부분은 안전하고 볼거리가 많은 도시를 선택한다. 예산을 고려하면 항공권 비용과 숙소, 생활비가 크게 부담이 되지 않는 동유럽의 폴란드, 체코, 헝가리 부다페스트 등이다.

한 달 살기의 예산정하기

누구나 여행을 하면 예산이 가장 중
요하지만 한 달 살기는 오랜 기간을
여행하는 거라 특히 예산의 사용이
중요하다. 돈이 있어야 장기간 문제가
없이 먹고 자고 한 달 살기를 할 수
있기 때문이다.

한 달 살기는 한 달 동안 한 장소에서 체류하므로 자신이 가진 적정한 예산을 확인하고, 그
예산 안에서 숙소와 한 달 동안의 의식주를 해결해야 한다. 여행의 목적이 정해지면 여행
을 할 예산을 결정하는 것은 의외로 어렵지 않다. 또한 여행에서는 항상 변수가 존재하므
로 반드시 비상금도 따로 준비를 해 두어야 만약의 상황에 대비를 할 수 있다. 대부분의 사
람들이 한 달 살기 이후의 삶도 있기에 자신이 가지고 있는 예산을 초과해서 무리한 계획
을 세우지 않는 것이 중요하다.

세부적으로 확인할 사항

1. 나의 여행스타일에 맞는 숙소형태를 결정하자.

지금 여행을 하면서 느끼는 숙소의 종류는 참으로 다양하다. 호텔, 민박, 호스텔, 게스트하우스가 대세를 이루던 2000년대 중반까지의 여행에서 최근에는 에어비앤비[Airbnb]나 부킹닷컴, 호텔스닷컴 등까지 더해지면서 한 달 살기를 하는 장기여행자를 위한 숙소의 폭이 넓어졌다.

숙박을 할 수 있는 도시로의 장기 여행자라면 에어비앤비[Airbnb]보다 더 저렴한 가격에 방이나 원룸(스튜디오)을 빌려서 거실과 주방을 나누어서 사용하기도 한다. 방학 시즌에 맞추게 되면 방학동안 해당 도시로 역으로 여행하는 현지 거주자들의 집을 1~2달 동안 빌려서 사용할 수도 있다. 그러므로 자신의 한 달 살기를 위한 스타일과 목적을 고려해 먼저 숙소형태를 결정하는 것이 좋다.

무조건 수영장이 딸린 콘도 같은 건물에 원룸으로 한 달 이상을 렌트하는 것만이 좋은 방법은 아니다. 혼자서 지내는 '나 홀로 여행'에 저렴한 배낭여행으로 한 달을 살겠다면 호스텔이나 게스트하우스에서 한 달 동안 지내는 것이 나을 수도 있다. 최근에는 아파트인데 혼자서 지내는 작은 원룸 형태의 아파트에 주방을 공유할 수 있는 곳을 예약하면 장기 투숙 할인도 받고 식비를 아낄 수 있도록 제공하는 곳도 생겨났다. 아이가 있는 가족이 여행하는 것이라면 안전을 최우선으로 장기할인 혜택을 주는 콘도를 선택하면 낫다.

2. 한 달 살기 도시를 선정하자.

어떤 숙소에서 지낼 지 결정했다면 한 달 살기 하고자 하는 근처와 도시의 관광지를 살펴보는 것이 좋다. 자신의 취향을 고려하여 도시의 중심에서 머물지, 한가로운 외곽에서 머물면서 대중교통을 이용해 이동할지 결정한다.

3. 동유럽 숙소에 대한 이해

동유럽 여행이 처음이고 한 달 살기라면 숙소예약이 의외로 쉽지 않다. 짧은 자유여행이라면 숙소에 대한 선택권이 크지만 한 달 살기는 숙소 선택이 난감해질 때가 많다. 동유럽 숙소의 전체적인 이해를 해보자.

1. 숙소의 위치

동유럽에서 관광객은 도시의 어느 곳에 숙소를 정해야 할지 고민하게 된다. 시내에 주요 관광지가 몰려있기 때문에 숙소의 위치가 도심에서 멀어지면 숙소의 비용이 저렴해도 교통비로 총 여행비용이 올라가게 될 수도 있다. 따라서 숙소의 위치가 중요하다. 그러나 동유럽 도시의 중심지에 있는 숙소를 정하고 싶어도 숙박비를 생각해야 한다.

처음 동유럽을 오는 사람들은 어디가 중심인지 파악이 쉽지 않다. 그래서 3~5일 정도의 숙소를 예약하고 나서 도착하여 숙소를 정하는 것도 좋은 방법이다. 시내에서 떨어져 있다면 도심과 숙소 사이를 이동하는 데 시간이 많이 소요되어 좋은 선택이 아니라고 생각한다.

2. 숙소예약 앱의 리뷰를 확인하라.

숙소는 몇 년 전만해도 호텔과 호스텔이 전부였다. 하지만 에어비앤비나 부킹닷컴 등을 이용한 아파트도 있고 다양한 숙박 예약 어플도 생겨났다. 가장 먼저 고려해야 하는 것은 자신의 여행비용이다. 항공권을 예약하고 남은 여행경비가 200만 원 정도라면 반드시 100만 원 이내의 숙소를 정해야 한다. 자신의 경비에서 숙박비는 50% 이내로 숙소를 확인해야 한 달 살기 동안 지내면서 돈 걱정 없이 지낼 수 있다.

3. 내부 사진을 꼭 확인

숙소의 비용은 우리나라보다 저렴하지만 시설이 좋지않은 경우가 많다. 오래된 건물에 들어선 숙소가 아니지만 관리가 잘못된 아파트들이 의외로 많다. 반드시 룸 내부의 사진을 확인하고 선택하는 것이 좋다.

4. 에어비앤비나 부킹닷컴을 이용해 아파트를 이용

시내에서 얼마나 떨어져 있는지를 확인하고 숙소에 도착해 어떻게 주인과 만날 수 있는지 전화번호와 아파트에 도착할 수 있는 방법을 정확히 알고 출발해야 한다. 아파트에 도착했어도 주인과 만나지 못해 아파트에 들어가지 못하고 1~2시간만 기다려도 화도 나고 기운도 빠지기 때문에 여행이 처음부터 쉽지 않아진다.

알아두면 좋은 동유럽 이용 팁(Tip)

1. 미리 예약해도 싸지 않다.
일정이 확정되고 아파트에서 머물겠다고 생각했다면 먼저 예약해야 한다. 여행일정에 임박해서 예약하면 같은 기간, 같은 객실이어도 비싼 가격으로 예약을 할 수 밖에 없다. 하지만 성수기가 아닌 비성수기라면 여행일정에 임박해서 숙소예약을 많이 하는 특성을 아는 숙박업소의 주인들이 일찍 예약한다고 미리 저렴하게 숙소를 내놓지는 않는다.

2. 후기를 참고하자.
아파트의 선택이 고민스럽다면 숙박예약 사이트에 나온 후기를 잘 읽어본다. 특히 한국인은 까다로운 편이기에 후기도 적나라하게 평을 해놓는 편이라서 숙소의 장, 단점을 파악하기가 쉽다. 실제로 그곳에 머문 여행자의 후기에는 당해낼 수 없다.

3. 미리 예약해도 무료 취소기간을 확인해야 한다.
미리 숙소를 예약하고 있다가 나의 한 달 살기 여행이 취소되든지, 다른 숙소로 바꾸고 싶을 때에 무료 취소가 아니면 환불 수수료를 내야 한다. 그러면 아무리 할인을 받고 저렴하게 숙소를 구해도 절대 저렴하지 않으니 미리 확인하는 습관을 가져야 한다.

숙소 예약 사이트

부킹닷컴(Booking.com)

에어비앤비와 같이 전 세계에서 가장 많이 이용하는 숙박 예약 사이트이다. 동유럽에도 많은 숙박이 올라와 있다.

에어비앤비(Airbnb)

전 세계 사람들이 집주인이 되어 숙소를 올리고 여행자는 손님이 되어 자신에게 맞는 집을 골라 숙박을 해결한다. 어디를 가나 비슷한 호텔이 아닌 현지인의 집에서 숙박을 하도록 하여 여행자들이 선호하는 숙박 공유 서비스가 되었다.

Booking.com
부킹닷컴
www.booking.com

airbnb
에어비앤비
www.airbnb.co.kr

동유럽 한 달 살기 잘하는 방법

1. 도착하면 관광안내소(Information Center)를 가자.

어느 도시가 되도 도착하면 해당 도시의 지도를 얻기 위해 관광안내소를 찾는 것이 좋다. 공항에서 나오면 왼쪽에 관광 안내소가 있다.

환전소를 잘 몰라도 문의하면 친절하게 알려준다. 방문기간에 이벤트나 변화, 각종 할인쿠폰이 관광안내소에 비치되어 있을 수 있다.

2. 심(Sim)카드나 무제한 데이터를 활용하자.

공항에서 시내로 이동을 할 때 자신의 위치를 알고 이동하는 것이 편리하다. 자신이 예약한 숙소를 찾아가는 경우에도 구글맵이 있으면 쉽게 숙소도 찾을 수 있어서 스마트폰의 필요한 정보를 활용하려면 데이터가 필요하다. 동유럽의 각 나라에서 심카드를 사용하는 것은 매우 쉽다.

심카드를 사용하는 방법은 쉽다. 매장에 가서 스마트폰을 보여주고 사용하려고 하는 날짜를 선택하면 매장의 직원이 알아서 다 갈아 끼우고 문자도 확인하여 이상이 없으면 돈을 받는다.

3. 유로인지 아닌지 확인해야 한다.

서유럽의 대부분의 나라들이 EU에 가입되
어 유로(€)를 사용하지만 동유럽의 폴란드,
체코, 크로아티아. 몬테네그로, 조지아 등
의 나라들은 유로를 사용하지 않고 자국화
폐를 사용하고 있다.

'유로(€)'를 사용하는 것에 대비해 미리 한
국에서 필요한 돈을 환전해 가도 다시 환전
이 필요하게 된다. 동유럽에 도착해 시내로
들어가는 금액은 공항이나 기차역에서 환전을 하고 자신의 숙소로 이동해야 한다. 여행을
하다가 필요한 환전소는 어디든 동일하므로 필요한 금액만을 먼저 환전해도 상관이 없다.

보다폰(Vodafone

많은 동유럽 나라마다 통신사가 있지만 약간의 비용이 비싸도 보다폰(Vodafone)을 선택하는 것이 현
명하다. 유럽 어느 나라를 가도 보다폰(Vodafone)을 사용할 수 있기 때문에 빠르고 문제없이 사용할 수
있다. 또한 다른 나라를 이동할 때에도 보다폰(Vodafone)의 심(Sim)카드는 문제없이 사용할 수 있는 장
점이 있다. 만약 공항에서 심(Sim)카드를 바꾸지 못했다면 시내의 보다폰(Vodafone) 매장에서 심(Sim)
카드를 이용할 수 있다.

---

4. 버스에 대한 간단한 정보를 갖고 출발하자.

동유럽은 현지인들이 버
스를 많이 이용하기 때문
에 버스가 중요한 시내교
통수단이다. 버스정류장
도 잘 모르고 도시를 여행
하려고할 때 버스를 몰라
당황하는 경우가 많이 발
생한다.

장기 여행자라도 도시를
여행하려면 가장 필요한
정보가 도시 내에서 이동
하는 버스노선 파악이다.

5. '관광지 한 곳만 더 보자는 생각'은 금물

동유럽의 대부분 도시들은 소도시이다. 소도시들은 대부분 하루 안에 도시를 둘러볼 수 있으므로 어렵지 않게 여행이 가능하다. 한 달 살기라면 도시 내에 있는 관광지의 의미를 파악하면서 여행하는 것이 장기여행에서 필요하다. 무리해서 관광지를 다 보고 오겠다는 생각을 하고 다니면 탈이 날 수 있다.

사람마다 생각이 다르겠지만 평생 한번만 갈 수 있다는 생각을 하지 말고 여유롭게 관광지를 보는 것이 좋다. 한 곳을 더 본다고 여행이 만족스럽지 않다. 자신에게 주어진 여행 기간 만큼 행복한 여행이 되도록 여유롭게 여행하는 것이 좋다. 동유럽은 여유롭게 지내면서 자신을 돌아볼 수 있는 여행지이다. 편안한 마음으로 여행한다면 오히려 더 여유롭게 여행을 하고 만족도도 더 높을 것이다.

6. 아는 만큼 보이고 준비한 만큼 만족도가 높다.

동유럽의 관광지는 동유럽의 아픈 역사와 긴밀한 관련이 많다. 그런데 아무런 정보 없이 본다면 재미도 없고 본 관광지는 아무 의미 없는 장소가 되기 쉽다.
역사와 관련한 정보는 습득하고 동유럽 여행을 떠나는 것이 준비도 하게 되고 아는 만큼 만족도가 높다.

7. 작은 문제에 대해 관대해져야 한다.

해외에서 단기간이든, 장기간이든 지내면서 길거리를 다니다가 소매치기를 당하거나 상인들과의 작은 다툼 등의 문제가 발생할 수 있다. 국내처럼 신경을 쓰지 않아도 다니기는 쉽지 않다. 그래서 작은 문제들이 발생한다면 빨리 문제를 잊고 감정을 추스르는 것이 필요하다. 고급 레스토랑에서 팁을 주는 것에서도 가끔씩 문제가 발생할 수 있다. 예약이 필수인 레스토랑은 무작정 들어가서 앉으려고 하다가 문제가 생기고 있으니 예약과 팁에 대해 알고 레스토랑에 입장하는 것이 좋겠다.

4. 숙소 근처를 알아본다.

지도를 보면서 자신이 한 달 동안 있어야 할 지역의 위치를 파악해 본다. 관광지의 위치, 자신이 생활을 할 곳의 맛집이나 커피숍 등을 최소 몇 곳만이라도 알고 있는 것이 필요하다.

동유럽 한 달 살기 비용

동유럽은 서유럽에 비하면 물가가 저렴한 곳이다. 하지만 저렴하다고 하여 동남아시아처럼 여행경비가 저렴하다고 생각하면 오산이다. 물론 저렴하기는 하지만 '너무 싸다'는 생각은 금물이다. 저렴하다는 생각만으로 한 달 살기를 왔다면 실망할 가능성이 높다.

여행을 계획하고 실행에 옮기면 가장 많이 돈이 들어가는 부분은 항공권과 숙소비용이다. 또한 여행기간 동안 사용할 식비와 버스 같은 교통수단의 비용이 가장 일반적이다. 동유럽에서 한 달 살기를 많이 하는 도시는 체코의 프라하, 헝가리의 부다페스트, 폴란드의 크라쿠프 등으로 이 도시들을 기반으로 한 달 살기의 비용을 파악했다.

항목	내용	경비
항공권	동유럽으로 이동하는 항공권이 필요하다. 항공사, 조건, 시기에 따라 다양한 가격이 나온다.	약 59~100만 원
숙소	한 달 살기는 대부분 아파트 같은 혼자서 지낼 수 있는 숙소가 필요하다. 홈스테이부터 숙소들을 부킹닷컴이나 에어비앤비 등의 사이트에서 찾을 수 있다. 각 나라만의 장기여행자를 위한 전문 예약 사이트(어플)에서 예약하는 것도 추천한다.	한 달 약 500,000~ 1,500,000원
식비	아파트 같은 숙소를 이용하려는 이유는 식사를 숙소에서 만들어 먹기 때문이다. 동유럽 국가에서 마트에서 장을 보면 물가가 저렴하다는 것을 알 수 있다. 외식물가는 나라마다 다르지만 대한민국과 비교해 조금 저렴한 편이다.	한 달 약 500,000~1,000,000원
교통비	각 도시마다 도시 전체를 사용할 수 있는 3~7일 권을 사용하면 다양한 혜택이 있다. 또한 주말에 근교를 여행하려면 추가 교통비가 필요하다.	교통비 300,000~500,000원
TOTAL		150~250만 원

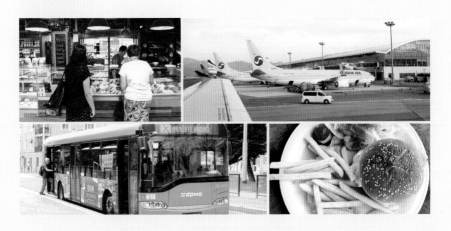

BALTIC STATES

발트3국

Tallinn | 탈린

Riga | 리가

Vilnius | 빌뉴스

Tallinn

탈린

Tallinn

탈   린

탈린은 핀란드만에 접해 있으며 톰페아^{Toompea} 언덕이 그 안에 우뚝 솟아 있다. 14~15세기의 중세 분위기는 탈린의 시내 중세 성벽들과 작은 탑, 첨탑, 구불구불한 자갈길을 따라 그대로 살아 있으며 주위를 둘러보기에 아주 좋다. 에스토니아의 수도에는 대학과 훌륭한 바, 카페도 있으며 볼만한 것들이 아주 많다. 탈린은 러시아의 상트페테르부르크와 비슷한 위도에 있어 한여름의 백야나 짧고 어두운 겨울날이 비슷하다.

탈린 IN

탈린 공항에서 시내 IN
공항에서 시내의 버스터미널까지 시내버스 2번이 운행하고 있다. 약 20분마다 버스가 운행되고 있으며 20분 정도 소요된다. (07~23시까지 운행)

페리
핀란드의 헬싱키와 탈린에는 매일 25척의 쾌속선이 운행된다. 모든 선박 회사들은 학생할인을 해주고 주말에는 가격이 상승한다. 탈링크Tallink, 실자라인Silja Line이 오래된 선박회사이지만 최근에 에크로 라인Eckero Line의 페리를 저렴한 가격에 많이 탑승하고 있다.

> **페리회사**
> TALLINK | www.tallink.com
> ECKERO LINE | www.eckeroline.ee
> SUPERSEACAT | www.superseacat.com
> NORDIC JET LINE | www.njl.ee
> VIKING LINE | www.vikingline.ee

페리의 비용이 저렴해 헬싱키에서 주말에 많이 탑승해 저렴한 탈린의 도시를 여행하고 식료품을 쇼핑하는 헬싱키 시민들이 많다.

버스
기차역의 버스 정류장에서 대부분 출발한다. 발트 3국의 다른 나라인 라트비아나 리투아니아에서 오는 여행자는 버스를 타고 대부분 여행을 한다.

> 럭스 익스프레스 | luxexpress.eu
> 에코라인 | www.ecolines.net

버스이동시간은 최대 7시간 정도이다. 유로라인은 우리나라의 '일반 고속'버스이고 럭스익스프레스Lux Express는 '우등고속'버스라고 판단하면 된다. 7~8월의 성수기가 아니라면 전날이나 도시를 이동하는 날에 충분히 버스티켓 구매가 가능하다.

기차

탈린의 기차역은 올드 타운의 북서쪽 가장자리에 있으며 라에코야 광장에서 걸어갈 만한 거리에 있다. 타르투와 페르누는 3~4시간이 소요되며 나르바는 3시간 15분 정도 소요된다.

러시아의 상트페테르부르크에서 에스토니아의 탈린까지 이용이 가능하여 러시아인들의 상트페테르부르크에서 탈린으로 여행이 많다. 여행사의 패키지 상품이 상트페테르부르크에서 발트3국 여행상품이 시작되었는데 버스를 이용해 이동한다.

시내교통

올드 타운에서 여행을 할 때는 도보로만 여행할 수 있지만 신시가지로 이동하거나 시 외곽으로 이동하려면 버스와 트램이 필요하다. 버스표나 트램 티켓은 기사에게 직접 구입하면 된다. 트램 탑승을 하려면 펀칭기에 티켓을 넣고 찍으면 되기 때문에 어느 문으로도 탑승이 가능하다.
탈린에서 2일 이상 머무는 여행자에게 추천한다. 탈린카드는 저렴하지 않기 때문에 단지 시내교통만 사용한다면 추천하지 않는다. 박물관이 무료이며 가이드투어와 공연이나 식당이 할인이 된다. 평범하게 2일 정도를 머물면서 여행하고 싶다면 탈린카드는 비싸기 때문에 잘 따져보고 구입을 하는 것이 좋을 것이다.

시티투어버스(City Tour Bus)

탈린을 쉽고 빠르게 돌아보고 싶을 때 좋다. 시내의 18개 정류장에서 내려 둘러보고 내린 동일한 정류장에서 다음 차를 타면 된다. 버스 티켓은 직접 버스운전사 에게 구입하는 것이 가장 편하고 온라인, 각 숙소나 여행사에서 구입할 수 있지만 한국에서 미리 구입해 갈 필요는 없다.

버스 티켓은 구입시간부터 24시간 동안 탈 수 있기 때문에 도시 풍경도 보고, 다음날 오전에 시내를 돌아다닐 수 있다. 버스를 탑승하면 운전기사분이 이어폰을 하나씩 준다. 그 이어폰을 좌석마다 꽂는 위치가 있어 꽂으면 관광 가이드 설명을 들을 수 있는데 한국어도 지원되고 있다. 8개 국어로 음성지원을 하고 있다.

시티투어버스는 2층의 맨 앞자리에서 둘러보는 것이 시내의 전경을 가장 잘 볼 수 있다. 다만 추운 겨울에 시티투어버스의 2층은 상당히 춥다. 그러므로 겨울에는 추천하지 않는다. 시티투어버스를 타면 나눠주는 팸플릿에 번호 순으로 이동하는 목적지가 그림으로 나열되어 쉽게 위치를 파악 할 수 있고 시내에서 보고 싶은 곳을 선택하며 이동할 수 있다.

탈린카드 ▶

중세의 향기, 탈린(Tallinn)

동쪽으로는 러시아, 서쪽으로는 발트해Baltic Sea를 사이에 두고 핀란드, 스웨덴과 마주보고 있는 나라가 에스토니아Estonia이다. 나는 에스토니아의 수도 탈린Tallinn에 도착했다. 잘 알지 못하는 나라, 이름만 알고 있는 나라 그래서 첫 만남은 모두 떨림이었다.

유서 깊은 탈린의 구시가지로 들어가기 위해서는 비루문Viru Gate을 지나가야 한다. 구시가로 들어가는 6개의 대문 중 하나인 비루문은 지금부터 시작될 고풍스런 시간여행을 예고라도 하는 듯하다. 하지만 발밑으로 전해오는 돌길의 투박한 느낌과 낯선 듯 아기자기한 건물들의 모습은 어느새 나를 편안하게 이끌어준다.

시가지에 들어서니 누군가 나를 반갑게 불러대는 듯하다. "안녕하세요! 이곳으로 와서 달콤한 아몬드 맛 좀 보세요?"라는 소리에 고개를 왼쪽으로 돌리니 얼굴이 하얀 아가씨가 나를 향해 아몬드를 사라고 손짓한다. 중세에 튀어나온 듯한 복장의 그녀에게 다가갔다.

중세에도 이렇게 장사를 했을까? 이 아가씨의 애교섞인 이끌림에 못 이긴 척 넘어가준다. 몇 개를 집어 먹어보니 생각보다 맛있다. 어떻게 만드는 것일까? 물어보니 비밀이라고 안 가르쳐주며 직접 맞춰보라고 한다. 비밀이 아닌 것은 아몬드를 넣는 거라며 웃는 그녀는 아몬드를 넣고 계피와 설탕을 넣으며 만드는 과정을 다보여주면서 맞춰보라고 계속 웃는다. 아몬드가 굳을 수 있어 낮은 불에 계속 볶는다. 굳지 않도록 주걱으로 계속 15~20분을 저어주면 알맞게 굳어지면서 중세부터 이어졌다는 달콤한 아몬드가 된다. 탈린에서 재미있는 여행을 하라고 손을 흔드는 그녀와의 첫 만남이 탈린의 여행을 기대하게 해준다.

흥겨웠던 그녀와의 첫 만남을 뒤로 한 채 몇 걸음을 건너자 이내 구시청사의 광장이 모습을 드러낸다. 광장 한가운데에 선 나는 동화나라로의 초대장을 받은 듯하다. 어두운 하늘 아래 붉은 지붕을 머리에 진 건물들은 그림이 되어 서 있고 그 아래에 펼쳐진 사람들의 모습은 어두워도 평화로운 인간의 모습을 다 담은 듯하다.

가운데에 커다란 크리스마스트리가 있는데 1월 10일이 지나 아름답다는 탈린의 크리스마스마켓은 볼 수 없어 아쉬웠다. 그 옆으로는 고딕양식의 구시청사가 우뚝 서 있다. 1416년에 완공된 탈린의 구시청사는 현존하는 북유럽 최고의 고딕양식의 건물로 중세시대부터 1970년대까지 탈린시의 청사로 사용되었다. 지금의 박물관으로 사용되는 내부는 중세시대 상업의 거점도시로 번영했던 탈린의 모습을 보여주는 듯 화려하다.

중세시대 세금을 거두던 함에는 동전들이 수북하게 쌓여있고 창고로 썼던 시청의 가장 위로 올라가면 광장이 보이는 한쪽 문에 도르래가 달려 있다. 항구로 들어온 물건들을 맨 위층의 창고로 쉽게 올리기 위한 도르래였다.

14세기부터 상업적 번영을 위한 중세 동맹인 한자동맹으로 번성했던 이곳 탈린에는 큰 건물마다 물건을 올리기 위한 도르래가 달려있다고 한다. 옮기기 쉬운 밑층인 1층으로 물건을 넣어두면 좋지 않을까 생각했는데 비싼 물품들이 도둑맞기가 쉬워 힘들더라도 위층으로 옮겨야했다는 사실도 나중에 알게 되었다.

탈린을 걷다보면 어디에서든 볼 수 있는 높은 첨탑이 있다. 16세기에 완공된 올레비스테 교회의 첨탑 높이는 무려 159m이다. 중세시대 탈린으로 들어오는 모든 배들에게 이정표가 되었다고 한다. 이 교회의 첨탑에 올라가면 시가지를 한눈에 볼 수 있다는 사실에 나는 빨

리 발걸음을 옮겼다. 끝도 없이 이어진 나선형의 돌
계단, 수백 년의 세월을 머금어 반들반들한 돌계단
을 오르는 일은 생각만큼 쉬운 것은 아니었다. 지칠
대로 지친 나를 손짓으로 이끌어주는 앞 선 이들의
응원을 받아 나는 마침내 첨탑 위에 섰다. 그리고
그 아래로 펼쳐진 풍경 속으로 빨려 들어갔다.

1991년 러시아로부터 독립한 에스토니아는 대한민
국 절반 크기의 국토를 가진 작은 나라이다. '덴마
크인의 도시'라는 뜻으로 청록 빛 숲과 붉은 지붕,
회색 성벽이 조화롭게 이루어진 탈린은 동화 속에
서나 꿈꿔온 그 모습 그대로였다. 하지만 에스토니
아가 걸어온 역사는 늘 숨 가쁘고도 가팔렸다. 13세
기부터 덴마크, 스웨덴, 독일, 러시아 등 주변 4대
강대국의 이권 다툼에 방어를 위한 성벽들이 도시

전체를 둘러싸고 있다. 세월의 두께만큼이나 회색빛으로 변해간 성벽에는 고단했던 세월
의 흔적이 덧칠해진 듯하다.

탈린에 남아있는 19개의 성탑 중 하나인 '부엌을 들여다 보아라 성탑'은 남의 집 부엌을 훤
히 들여다 보일 정도로 높다하여 붙여진 이름으로 에스토니아를 둘러싼 강대국들의 다툼
이 얼마나 치열했는지 보여주는 상징물이다.

16세기경 에스토니아를 차지하기 위해 이반대제가 탈린으로 진격해왔다. 당시 탈린을 점령하고 있던 독일 기사단은 끝내 러시아를 격퇴시켰다. 이 전쟁과 이어진 기근에 살아남은 에스토니아인은 불과 10여만 명, 이 도시는 처절했던 역사의 아픔을 견뎌내고서도 아무렇지 않은 듯 아름답기만 하다.

탈린의 고지대로 향하는 길에는 중세시대부터 귀족과 성직자가 살았던 주요성당과 공공기관이 몰려있다. 13세기 덴마크 점령기부터 관저와 대주교 관저로 사용된 톰성당이 우뚝 서 있고 고지대 가장 위에는 제정 러시아 황제 '짜르'의 위세를 풍기는 알렉산드르 넵스키 성당이 우아한 자태를 내세우고 있다. 화려하게 장식된 내부는 러시아 미사가 지금이라도 거행될 것처럼 화려한 그림의 등장인물들이 나올 듯하다. 러시아 정교의 전통인 수건을 머리에 두르고 미사를 드리는 모습을 담아낸 그림들은 엄숙하다.

성당 건너편에 있는 톰페아 성은 덴마크, 스웨덴, 독일의 점령자들이 사용했다. 꾸준히 증축하여 사용한 톰페아 성은 이제 어엿한 에스토니아의 국회의사당이 되어 21세기 민주주의를 이끄는 에스토니아를 대변해주는 건축물이 되고 있다. 1차 세계대전 후 잠시 독립을 얻기까지 한 번도 자신들의 나라를 가져본 적이 없는 에스토니아, 그리고 다시 수십 년을 소련의 점령으로 숨죽여 살아온 에스토니아는 마침내 독립해 활발한 활동을 보여주고 있는데 앞으로도 지켜갈 수 있을까?

다시 나선 거리는 이제 어둠으로 조용하다. 간간히 상점에서 들려오는 음악과 불빛에 중세 곳곳의 향기는 여행자의 발길을 절로 붙들고 있다. 어느새 관광객들은 너나할 것 없이 중세로의 여행에 기꺼이 동참할 수밖에 없다. 여행자는 어두워도 향기가 배어나오는 도시의

냄새에 취해 천천히 걸어간다. 그리고 그들의 웃음은 또 다른 향기에 되어 도시를 가득 채운다.

한참 밝을 시간인데 벌써 어두워진 탈린의 어둠은 이곳이 위도가 높아 겨울이면 해가 일찍 져버리는 북유럽이라는 사실을 알려준다. 내 배꼽시계는 벌써 밥 먹을 시간을 요란스레 나의 배에게 통보해주었다. 걷기에 지친 나는 분위기 좋은 레스토랑으로 들어섰다. 그런데 한명의 손님도 보이지 않고 어두운 불빛의 레스토랑 내부는 순간 내 걸음을 멈춰 세웠다.

이 순간 직원들이 모두 서툴게 웃으며 나를 안내했다. 앞의 테이블도 있는데 굳이 뒤로 안내하는 직원이 나를 어둠으로 이끄는 저승사자처럼 순간 무서웠다. 주문을 하고 기다리는 순간에도 아무도 없는 커다란 레스토랑에서 준 메뉴판은 가격이 저렴해 더욱 의심이 되었다. 드디어 내가 주문한 스테이크가 나왔다. 나이프로 잘라서 입에 넣은 스테이크를 맛보고서야 안심이 되었다. 그리고 계속 잘라서 먹으면서 감탄했다. 무표정에서 환희의 얼굴로 바뀌던 순간 다른 손님이 들어왔다. 이제 다른 이까지 있으니 안심하면서 스테이크가 입안에서 녹는 황홀한 향연에 빠져들었다.

탈린의 향기에 빠져 중세로의 시간여행을 마지막으로 온 몸에 느끼고 나는 잠자리에 들기 위해 돌아왔다.

기차역

뚱뚱이 마가
Fat Margare

성 올라프 교회
St. Olaf's Church

버스터미널

탈린 시립 박
Tallinn City M

인형박물관
Doll Museum

역사박물관
History Museum

성령교회
Holy Spirit Church

전망대
Lookout

Ra tasKaen

Dunkri

라에코야광장

세인트 메리 성당
St. Mary's Church

에스토니아 미술관
Estonia Gallery

시청
Town Hall

니콜라스 교회
St. Nicholas Church

톰페아
Toompea Castle

부엌을 들여다 보아라 성탑
Kiek-in-de-Kok Tower

Falgi tee

자유광장
Freedom Square

토니아 페리 참사 기념비

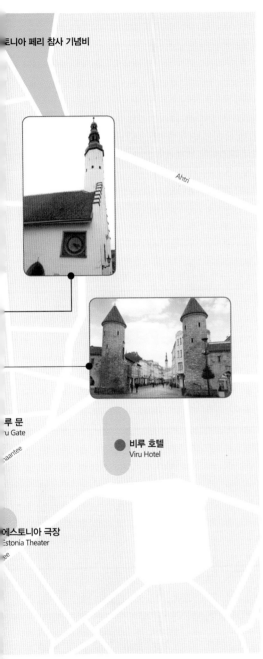

Ahtri

루 문
u Gate

naantee

● 비루 호텔
  Viru Hotel

에스토니아 극장
Estonia Theater

길드 앞 거리

라에코야 광장

카드리오르그 궁전

카페 거리

알렉산드르 네프스키 대성당

Lower Town
저지대

탈린 저지대는 12세기 이후 중세시절 탈린을 중심으로 무역하던 상인들의 주거건물이나 길드건물들이 주로 위치해 있는 곳으로 탈린 볼거리의 대부분이 이곳에 몰려있다.

비루문
Viru Gate

탈린의 올드 타운을 들어가는 입구가 비루 문Viru Gate이다. 중세 시절 시가지로 들어가는 6개의 대문 중 하나였다. 비루 문을 지나면 베네 거리Vene St. 거리로 이어진다. 15~17세기까지 지어진 중세 건물들이 보인다.

올드 타운 Old Town

올드 타운은 핀란드 만 바로 남쪽에 있으며 2지역으로 구분되어 있다. 톰페아는 도시 위에 있으며 아래 지역은 톰페아의 동쪽 기슭 근처에 퍼져 있다.

라에코야 광장
Raekoja plats

탈린 시민들이 만나는 대표적인 장소이다. 1422년부터 지금까지 영업하고 있는 북유럽에서 가장 오래된 약국이 있고 그 옆에 올레비스테 교회 Oleviste Kogodus를 찾을 수 있다. 여름에는 버스킹이 이어지고 노천카페가 광장의 운치를 뽐낸다. 겨울에는 유럽에서도 유명한 크리스마스 마켓이 열려 1년 내내 붐비는 광장이다.

지난 800년 동안 구시가지의 중심지였다. 상인 주택으로 둘러싸여 있는 광장은 역사적으로 시장과 만남의 장소로 사용되었다. 광장 가운데에 나침반 장미가 표시된 둥근 돌을 찾으면 이 지점에서 구시가지 첨탑의 5 가지 꼭대기를 모두 볼 수 있다.

오늘날 광장은 도시의 사회적 중심으로 야외 콘서트, 수공예 박람회, 크리스마스 시장을 장소로 남아 있다. 매년 겨울에 1441 년으로 거슬러 올라가는 전통의 크리스마스 트리와 흥겨운 크리스마스 마켓이 탈린의 겨울 밤을 수놓는다. 봄에는 중세 시대의 전통이 살아있는 중세 카니발의 현대 버전 인 Old Town Days 축제가 열린다.

구 시청사
Town Hall Square

북유럽에서 가장 오래된 고딕양식으로 지어진 건물이다. 1320년경부터 1402년에 완공되어 지금까지 600여년이나 후기 고딕양식의 건물로 남아있게 되었다. 건물 내부는 2층의 홀과 공간으로 여름철에 한해 활용되고 있지만, 시내가 한눈에 들어오는 뾰족한 64m의 성탑은 언제나 입장이 가능하다. 115계단을 올라가면 구시청사 탑 앞에는 시청광장이 펼쳐져 있다.

1530년 이후, 주목을 받고 있는 탈린의 상징인 올드 토마스 할아버지 풍향계를 발견하기 위해 첨탑의 꼭대기를 자세히 살펴보는 관광객을 보게 된다.

홈페이지_ http://www.tourism.tallinn.ee/

주소_ Raekoja plats 1

요금_ 탑(4€) 11~18시 (5월 1일~9월 15일
6월 23~24, 9월 16~4월 30일은 닫는다)
홀(5€) 10~16시(월~토요일 / 8월20일,
12월 24~26일, 1월 1일 부활절, 5월 1일,
5월 15일은 닫는다)

전화_ 645-7900

어떻게 활용되나요?

중세 탈린의 주요 광장을 지배하는 인상적인 고딕 양식의 시청은 1402~1404년에는 귀족들이 만남의 장소로 지어다가 점차 도시의 대표적 장소로 활용되었다. 오늘날 북유럽에서 유일하게 온전한 고딕양식의 시청인 구시청사는 주로 콘서트나 방문하는 대통령을 위해 사용된다.

박물관

7~8월에 시청은 박물관으로 공개된다. 건물의 내부는 화려한 회의장, 아치형 천장, 복잡한 나무 조각 및 유명한 트리스탄(Tristan), 아이 솔데(Isolde) 조각 벤치를 포함하여 도시에서 가장 유명한 예술작품으로 꾸며져 있다.

토마스 할아버지

높이가 64m에 이르는 첨탑꼭대기에 매달린 탈린의 상징을 '토마스 할아버지'라고 부른다. 토마스 할아버지는 어린 시절 석궁 경연대회에서 우승한 명사수였는데 미천한 출생신분 때문에 우승자가 되지 못하는 상황이 발생했다. 불쌍히 여긴 시장이 탈린 경비대원에 그를 임명하여 임무를 잘 수행하였다는 이야기가 있다. 풍향계의 토마스는 15301~1944년까지 풍향계를 부여잡고 탈린 시를 경비하다가 2차 세계대전 중에 폭격으로 파괴되었다가 1980년대에 수리되면서 토마스 할아버지 풍향계를 다시 부착했다.

시청 약국

Raeapteek

1415년에 당시의 화학자들이 모여 문을 연 약국인데, 지금까지도 약국으로 운영되고 있는 놀라운 약국으로 유럽에서 가장 오래되었다고 한다. 헝가리 출신의 부르크하르트 가문이 인수하여 20세기 초까지 약 4백년 간 운영하였고 지금은 현대 의약품을 판매하고 있다.

실제로 유럽에서 가장 오래 지속되는 시청 약국은 부차트Burcharts가 1511~1911년까지 10 세대를 운영해 전통의 약국으로 자리매김했다. 당시 러시아 차르가 이곳에서 의약품을 주문하기까지 했다고 한다.

중세에 약국에서 판매된 약에는 뱀 가죽 물약, 미라 주스, 가루 유니콘 혼(남성 효능) 등이다. 그러나 잼, 차, 자홍색, 화약 등의 일상 용품을 구매할 수 있는 곳이기도 했다. 그 중에서 마르지 판Marzipan이라는 약은 약국의 베스트셀러로, 15세기에 실제로 치료제로 발명되었다고 주장하기도 한다. 역사적 장소는 오늘날 약국으로 운영되어 현대식 제품을 판매하지만 그 옆방에는 17~20세기의 약품들이 전시되어 있다.

예부터 약재로 사용하고 말의 음경 등을 전시해 놓았다. 개똥도 약이 된다는 속담이 있는데 여기서는 개똥도 전시하고 있다. 교육적 목적상 박물관으로도 활용되고 있다.

올라프 교회(올레비스테 교회)

St. Olaf's Church (Oleviste Kirik)

노르웨이가 탈린을 정복한 시기인 12세기에 노르웨이의 올라프 국왕에게 헌정된 교회이다.

13~16세기 고딕양식으로 지어질 때에 159m로 가장 높았던 올라프 교회St. Olaf's Church는 당시, 탈린으로 들어오는 배들의 이정표 역할을 했다고 한다.

오랜 기간 보수를 거쳐 지금 첨탑까지의 높이가 124m로 좁은 계단 258개를 올라가야 탑의 꼭대기에 오를 수 있다.

높은 첨탑 때문에 소련 점령기에는 라디

첨탑에서 올라가는 통로

오 방송 송신탑으로 활용되기도 했다고 한다. 지금은 다시 교회로 사용되고 있다.

홈페이지_ www.oleviste.ee
주소_ Lai 50
미사시간_ 10, 12시
관람시간_ 10~18시(전망대 시간 동일하나 7~8월은 20시까지 운영 / 3€)

교회의 수난

피뢰침의 역할

1549년~1625년까지 고딕 양식의 교회는 세계에서 가장 높은 건물이었다. 거대한 159m의 첨탑은 접근하는 선박의 푯말로도 사용된 매우 효과적인 피뢰침으로 밝혀졌다. 교회의 역사에서 번개가 반복적으로 첨탑에 부딪쳐 구조를 완전히 3번 불태웠다.

1267년, 교회는 지역에 정착 한 스칸디나비아 상인들에 봉사한 것으로 교회는 그 이름을 지은 거인이나 신비한 낯선 사람에게서 이름을 얻었지만 실제로 노르웨이의 올라프 II왕에게 헌정되었다. 현재의 모양과 크기는 16세기에 증축공사로 만들어졌고 내부에는 높이 아치형의 본당은 1830년 화재 이후 다시 재건되었다.

재단장

한때 세계에서 가장 높은 건물인 탈린의 상징적인 고딕 양식의 교회 꼭대기까지는 2019 년 7월 15일부터 재단장을 마쳐서 다시 오를 수 있다.

첨탑을 구분하자.

탈린에 있는 높은 첨탑을 가진 건물을 구분하는 여행자는 많지 않다. 다 비슷하게 생겨 혼동되기만 하기 때문에 지나치기 쉽다. 탈린에는 교회가 3개가 있다. 높은 첨탑이 있는 건물은 구시청사까지 총 4개가 있다. 이것을 구분할 필요가 있다. 올라프 교회(St. Olaf's Church)는 고딕양식으로 첨탑이 직선이고 성 니콜라스 교회(St. Nicholas Church)은 올라프 교회(St. Olaf's Church)와 비슷하지만 첨탑이 곡선이다. 성령교회(Holy Spirit Church)는 벽에 시계가 있는 교회이다. 라에코야 광장(Raekoja plats)에 있는 건물은 시청사 건물이지 교회가 아니다.

성 니콜라스 교회 & 박물관

St. Nicholas Church(니굴리스테/Niguliste Kirik)

13세기에 어부들과 선원들의 수호성인인 성 니콜라스를 기리기 위해 지어진 중세 고딕 양식의 교회이다.
처음에는 요새로서의 기능도 있었지만 탈린 시 전체에 성벽이 설치된 14세기 이후에는 교회로만 사용되었다.

폭격으로 파괴된 것을 1980년대에 복원하였다. 다행히 폭격 전 교회 안에 있던 역사적 유물들은 다른 곳으로 옮겨 놓아 13~16세기에 지어진 교회 제단들, 바로크와 르네상스식의 샹들리에들이 원형 그대로 보존되어 지금은 박물관으로 사용하고 있다.

홈페이지_ www.nigulistemuseum.ee
주소_ Niguliste 3
시간_ 10~17시(월요일 휴관) **요금_** 16€

작품 전시의 역사

1230년의 교회 박물관에서 절묘한 제단, 중세 매장 석판, 기타 종교 예술 작품을 볼 수 있다. 고틀란드 섬의 독일 상인과 이민자들에 의해 설립된 튼튼한 교회는 성벽이 건축되기 전, 요새로 설계되었다. 건물은 1523년의 종교개혁 약탈에서 살아남았지만, 제 2차 세계대전 때는 폭탄으로 파괴되었다.

1980년대에 복원된 성 니콜라스St. Nicholas 교회는 종교 예술 작품인 베른트 노케의 아름답지만 으스스한 그림 죽음의 춤Danse Macabre(Dance of Death)를 전시하는 박물관으로 기능이 추가되었다. 복잡한 제단, 바로크 양식의 샹들리에, 수백 년 된 매장 석판도 전시되어 있다.

성령교회
Holy Spirit Church

13세기 초에 세워진 루터 교회이다. 교회 담벼락에는 조각가이자 시계공인 크리스틴안 아커만이 1684년에 제작한 아름다운 파란색과 금빛 시계가 지금도 잘 가고 있다.
내부에는 1483년에 만든 제단화와 바로크 양식의 목각과 성단이 있다. 1483년에 제작한 성단은 에스토니아에서 가장 중요한 중세 예술 작품으로 알려져 있다.

교회의 중요성
14세기 성령 교회는 목재 인테리어에서 정교한 외관 시계까지 내부와 외부의 화려한 구조로 재탄생했다. 외관에 정교하게 그려진 시계는 17세기 후반에 탈린에서 가장 오래된 공개시계이다. 그러나 가장 유명한 것은 뤼베크 예술가인 베른트 노케Bernt Notke의 독특한 15세기 제단과 1597년에 세워진 에스토니아에서 가장 오래된 강단이다.
교회는 원래 도시의 병자와 노인들을 돕는 교회의 일부로 설립되었다. 중세 시대에도 교회는 일반 사람들의 주요 교회로 남아있었다. 종교 개혁 이후, 여기에서 첫 번째 설교가 에스토니아어로 주어졌으며, 교회의 목사 요한 코엘Johann Koell이 1535년에 출판한 교리 문답은 에스토니아 최초의 책으로 여겨진다.

홈페이지_ www.puhavaimu.ee
주소_ Pûhavaimu 2
시간_ 1~2월 12~14시
　　　　(월~금요일, 토요일은 15시까지)
　　　　3~4월 & 10~12월 10~15시
　　　　5~9월 10~17시
요금_ 1.5€

달콤한 입술 카페
성령 교회 맞은 편에 노란 색의 아름다운 3층 건물이 있다. 1층에 1806년 문을 연 카페 '달콤한 입술'이 들어서 있다. 탈린에서 가장 오래된 카페이며, 지금도 카페로 운영된다. 소련 점령 시절에는 국유화된 상태에서도 카페가 운영되었다. 에스토니아 독립 이후에는 사유화되었다.

대길드 건물(역사박물관)
& 소길드
Great Guild & Great Guild

라트비아의 리가가 무역의 중심이라 길드 건물이 리가에만 있다고 생각하는 관광객이 의외로 많다.

하지만 탈린도 중세 길드 상인들이 무역을 하던 중심 도시였다. 그래서 아름다운 중세 건물들을 감상하는 것이 탈린 구시가 관광의 포인트이다.

성령교회 근처에 길 좌우로 있는 건물들이 다 유서가 깊지만 역사박물관History Museum이 된 대길드 건물은 찾아봐야 하는 곳이다.

홈페이지_ www.meremuseum.ee
주소_ Pikk 70
시간_ 5∼9월 10∼19시
(휴관 없음 / 그 외 기간에는 18시까지, 월요일 휴관)

역사박물관(www.tacticalshooting.ee)

소련 점령기에 저항하며 투쟁을 벌인 전설적인 무장 게릴라조직인 '숲속의 형제들'의 거점이기도 하였다. 지금은 유서깊은 건물이 에스토니아 역사박물관으로 자리 잡았다.

영화와 디스플레이는 에스토니아에서 11,000년 동안 어떻게 생활하고 싸웠으며 생존했는지 보여주고 있다. 박물관은 선사 시대부터 20세기 말까지 에스토니아의 역사를 다룬다. 15세기 대길드 홀에 집을 지은 것 자체는 탈린의 과거의 화려한 유물이다. 거대한 현관과 사자 머리 문을 두들기는 사람으로 가득 찬이 황홀한 홀이 놀랍다. 지하 저장실에서는 '엘리트의 힘'이라는 전시회가 건물의 역사를 보여주고 있다. 무기관은 시대에 따라 전쟁과 무기를 제시하며 시뮬레이터는 무기의 소리를 낸다.

올레비스테 길드
Oleviste Guild

1410년에 완공된 건물로 20세기 초까지 상인과 기술자들의 길드 건물로 사용되었다. 탈린의 중세 고딕 양식 건축을 대표하는 건물로 건물 정면에 유리창없는 창 문형태의 아치 문양이 인상적이다.

홈페이지_ www.meremuseum.ee
주소_ Pikk 70
시간_ 5～9월 10～19시
(휴관 없음 / 그 외 기간에는 18시까지, 월요일 휴관)

성 캐서린 길드(St. Catherine 's Guild)

공예 워크샵 모임인 성 캐서린 길드(St. Catherine 's Guild)의 본거지는 구시가에서 가장 아름다운 산책로는 성 캐서린 교회였던 자리 뒤에 있다. 도시의 유명한 니트 마켓이 운영되는 무리하케(Müürivahe) 거리와 베네(Vene) 거리를 연결한다. 예술가들이 유리 그릇, 모자, 퀼트, 도자기, 보석류, 손으로 그린 실크와 기타 도자기를 만들고 판매한다. 현재, 오픈 스튜디오 방식으로 설치되어 방문객들이 유리 공예, 직조나 작업 중인 예술가를 볼 수 있다.

탈린 시립 박물관
Tallinn City Museum

탈린에는 시립박물관으로 10개 정도의 장소를 사용하고 있다. 그래서 어느 시립박물관인지 혼동된다. 그중에서 14세기에 지은 상인의 집에 자리한 곳이 본관으로 탈린의 발전상을 역사적으로 전시해 놓고 있다. 영어로 상세히 설명되어 있고 한국어 설명자료는 없다.

홈페이지_ www.linnamuuseum.ee
주소_ Vene 17
요금_ 3,2€(어린이 2€)

카타리나 도미니칸 수도원
St. Catherine's Monastery

베네 거리Vene St.에 있는 1246년에 지어진
수도원으로 탈린에 남아있는 가장 오래
된 수도원이다. 종교개혁 이후 파괴되었
지만 수도원 터에 중세 시대의 조각품으
로 전시된 박물관이 있다.

주소_ Vene St. 16번지

카타리나 골목
Katarina

카타리나 수도원을 나와 왼쪽의 좁은 골
목 안으로 들어가면 중세 분위기를 느낄
수 있는 골목이 나온다.

수도원으로 안내하던 거리여서 카타리나
골목이라는 이름이 붙여졌다. 탈린에서
골목의 정취를 느끼기에 좋다.

카타리나 골목

자유 광장
Freedom Square

탈린의 도심은 현대적인 고층 건물 사이에 중세 교회가 자리 잡고 있어 매혹적인 대조를 이룬다. 자유 광장은 주요 랜드마크가 가까운 거리에 편리하게 위치해 있다. 자유 광장에는 독립 전쟁 기념비가 하늘에 닿아 1918~20년에 자유에 대한 에스토니아를 상기시켜 준다.

대부분의 투어는 구시가지 바로 옆에 있는 자유광장Vabaduse Väljak에서 시작된다. 광장은 인기 있는 만남의 장소이지만 에스토니아의 과거를 엿볼 수도 있다. 광장의 반대편에는 1860년대에 지어진 성 요한 교회Jaani kirik가 있다. 교회는 최초의 에스토니아 프레스코화로 유명한 찰스 11세의 작품이 있다.

키에크 인 데 쾨크 시립 박물관
Kiek in de Kok

자유 광장 뒤로 올라가는 길에 1475년에 지은 높은 요새가 견고한 포탑이다. 독일어로 키에크 인 데 쾨크는 '부엌 엿보기'라는 뜻으로 부엌을 볼 수 있을 정도로 높았다고 한다. 지금은 시립 박물관으로 도시 방어의 역사를 소개하고 있다.

자유 레스토랑(Freedom Restaurant)

중심가에 위치한 자유 광장은 지나가는 사람들로 가득 차 있지만 벤치나 카페에서 편안한 순간을 위해 찾는 사람들을 위한 곳이기도 하다. 1937년에 자유 레스토랑(Freedom Restaurant)이 광장에 세워졌다. Wabadus는 탈린아트홀(Tallinn Art Hall)과 탈린 아트홀 갤러리(Tallinn Art Hall Gallery)와 바바두스 갤러리(Vabaduse Gallery)의 갤러리 옆에 있다.

뚱뚱이 마가렛 포탑
Fat Margarets Tower, Paks Margaareeta

뚱뚱이 마가렛 포탑Fat Margarets Tower은 핀란드 만에서 탈린 성으로 들어오는 관문 역할로 뚱뚱한 마가렛 포탑에서 꼭대기의 톰페아 언덕까지 경사면을 타고 형성되어 있다. 전쟁에서 탈린시를 보호하는 역할로 건설되었다.

13세기 초에 덴마크의 마가레트 왕비의 지시로 탈린 구시가 주위에 성벽이 건설되었다. 16세기 초에 이 성벽에 건설된 지름 25m, 높이 20m 크기의 커다란 포탑을 설치하였는데, 이를 지금 사람들은 '뚱뚱한 마거릿 포탑'이라고 부른다. '뚱뚱한fat' 이라는 수식어가 붙은 이유는 두께가 1.5m나 되는 크기 때문이다.

이 포탑에서 포가 발사된 적은 거의 없다고 한다. 성벽이 상당히 두꺼워 내부 공간이 크기 때문에 현재는 에스토니아 해양박물관으로 사용하고 있다.

홈페이지_ www.linnamuuseum.ee
주소_ Vene 17
요금_ 3,2€(어린이 2€)

탈린의 중세 성벽

에스토니아의 수도 탈린은 북유럽의 러시아, 덴마크, 스웨덴, 폴란드의 발트해 진출에 중요한 위치였기 때문에 13세기부터 성벽으로 방어했다. 지금의 성벽은 16세기에 건설해 27개의 탑이 있었지만 지금은 19개만이 남아있다. 대부분의 성벽은 박물관으로 사용하고 있지만 꼭대기에 전망대를 조성해 올드 타운의 풍경을 조망할 수 있다.

타운 월(Town Wall / 6€)

탈린의 올드 타운은 발트 3국 중에 가장 보존이 잘된 중세도시일 것이다. 특히 올드 타운의 외벽인 타운 월(Town Wall)에 올라가면 구시가지를 내려다 볼 수 있다. 비루 문(Viru Gate) 바로 옆에 위치하여 찾기는 어렵지 않다.

성벽 위로 올라서 나무로 된 통로를 걸으면 중세로 타임머신을 타고 이동한 듯하다. 성벽 위에 쭉 연결된 나무로 만들어진 통로가 생각보다 높아 색다른 느낌을 가지게 한다. 흐린 날씨에 중세 복장의 사람을 보면 미국 드라마 '왕좌의 게임'의 한 장면을 보는 듯하다. 귀여운 그림들과 아트작품들이 있어 전 계절의 모습을 한눈에 볼 수 있다.

호텔 비루 KGB박물관

Hotel Viru KGB Museum

에스토니아에서 유일한 고층 건물로 탈
린의 유일한 호텔이었을 때가 소련의 점
령 시기였다. KGB는 23층에 감시 기지를
두고 탈린에 들어오는 외국인과 내국인
까지 관리했다.

홈페이지_ www.viru.ee   **주소_** Viru valjak 4
요금_ 투어 9€ (5~9월 매일 / 11~다음해 4월 화~일요일)   **전화_** +372-680-9300

떠오르는 여행지,
에스토니아의 블루라군 Estonia Blue Lagoon

에스토니아(Estonia)의 수도인 탈린(Tallin)에서 서쪽으로 45km 떨어진 이곳은 맑은 물과 주변의 울창
한 숲 등이 아름답다. 현재 이곳은 에스토니아의 유명 관광지로 떠올라 여름에 주말을 이용해 수많은
피서객들과 다이버들이 방문하고 있다.

세상에서 하나뿐인 특별한 이유는 수중에 남겨진 구소련 시절의 감옥 (Murru Soviet Prison)과 석회
석 채석장 때문이다. 70여 년 전 수감자들의 강제노역 장소였던 석회석 채석장은 1991년 구소련의 붕
괴 이후 에스토니아가 독립을 선언하면서 폐쇄되어 수몰되었다. 수중에는 감옥으로 사용되었던 건물
들 뿐 아니라 당시 사용하던 수많은 채석장비들이 그대로 남겨져 있다.

에스토니아에는 수중에 잠든 구소련 감옥이 있다. 버려진 구소련 시절의 감옥이자 과거 수감자들의
강제노역 장소였던 석회석 채석
장이 지금, 세계에서 가장 이국적
이고 독특한 피서지로 탈바꿈했
다. 무루 프리즌 Murru Prison은
다이버들에게 강력한 인상을 남
겨주는 다이빙 지점으로 알려지
고 있다.

Upper Town
고지대

톰페아 언덕
Toompea

탈린의 구시가를 한눈에 조망할 수 있는 곳이 바로 톰페아 언덕이다. 탈린의 아름다운 사진이 나오는 엽서나 책자의 사진은 다 톰페아 언덕의 전망대에서 찍은 사진이다. 비가 온 후 뭉게구름이 약간 있는 파란 하늘 아래 중세 건물의 붉은 지붕들, 뾰족한 첨탑과 그 옆의 중세 성벽, 멀리 보이는 발트 해가 일품인 광경이다. 탈린의 한가운데 위치해 적으로부터 방어를 하기 좋아서 탈린 지배층들이 거주하던 지역이다. 언덕에 세워진 알렉산더 네프스키 대성당은 지배층의 권력을 상징하고 있다.

1219년 덴마크가 최초로 요새를 건설하면서 탈린의 도시화가 이뤄졌던 시작 지점이다. 상인들이 거주하면서 무역을 했던 저지대의 길드와 상인들의 건물과는 구분된다.

신화 속에 나오는 에스토니아 최초의 지도자인 칼레브^{Kalev}의 무덤이 톰페아^{Toompea}가 되었다고 한다.

알렉산데르 네프스키 대성당
Aleksander Nevsky Katedral

러시아제국의 지배를 받던 1900년에 완공된 러시아정교회 성당이 알렉산드르 네프스키 성당이다. 크기도 큰데다 지붕도 흑색이어서인지 위압적인 느낌에 화려한 모자이크와 이콘icon 그림이 제정러시아 차르의 권력을 보여준다. 러시아에 있는 많은 러시아정교회 성당들에 비해서는 내부 이콘화 등은 좋지 못하다.
1924년에 성당 철거를 시도했지만 자금부족으로 못했기 때문에 가끔씩 철거여부를 국민투표에 부치자는 여론이 일기도 한다.

상트페테르부르크의 건축가인 미하일 프레오브라젠스키Mikhail Preobrazhenski가 디자인 한 교회는 혼합된 역사주의 스타일로 장식되어 있다. 모자이크와 아이콘으로 채워진 내부는 화려하다. 탈린에서 가장 큰 교회 종을 보유하고 있는 교회 탑에는 무게가 15톤에 달하는 탈린에서 가장 큰 종을 포함하여 11개의 종으로 구성되어 있다.

홈페이지_ www.orthodox.ee
주소_ Lossi plats 10
관람시간_ 08~19시 전화_ +372-641-1301

제정 러시아 제국의 지배의 상징

톰페아 언덕 꼭대기에 위치한 화려한 양파 돔 구조는 에스토니아의 러시아 정교회 성당이다. 탈린에서 가장 크고 부유한 정교회이기도 하다. 에스토니아가 러시아 제국의 일부였던 1900년에 건축된 성당은 원래 무자비한 발트 해 영토에서 종교적, 정치적으로 제국의 지배의 상징으로 사용되었다. 성당은 1242년 페입시(Peipsi) 호수에서 유명한 얼음 전투를 이끌었던 노브 고로드 왕자인 알렉산더 야로슬라비치 네브스키(Alexander Yaroslavich Nevsky)에게 헌정되었다.

톰페아 성
Toompea Loss

알렉산데르 네프스키 교회 입구 앞으로는 톰페아^{Toompea Loss} 성이 자리잡고 있다. 톰페아 성은 지배층이 안전을 보장하기 위해 성 안에 새로운 건물을 지은 것이다.

1227~1229년까지 덴마크 인이 건설한 탑이 있었지만 18세기에 러시아의 지배에 들어가면서 기존의 건물을 허물고 성의 주 건물은 18세기 바로크양식으로 지었다. 독립 후에 분홍색 건물을 새로 지었고,

'키다리 헤르만'이라고 불리는 탈린에서 가장 인상적인 건물로 꼭대기에 에스토니아의 3색의 깃발이 펄럭이고 있다.

지금은 에스토니아 국회의사당^{Riigkogu} 으로 사용되고 있으며 국회가 열리면 40분간 무료 영어 투어(여권 지참)도 진행하고 있다.

홈페이지_ www.riigikogu.ee(에스토니아 국회)
주소_ Lossi plats 1a
관람시간_ 10~16시(가이드 투어)
전화_ 631-6331(631-6357 가이드 투어)

권력의 자리
석회암 절벽에 자리 잡은 톰페아 성(Toompea Loss)은 탈린의 위로 우뚝 솟아 있어서 항상 에스토니아에서 권력의 자리였다. 독일 기사단이 1227~29년에 석조 요새를 지은 이후로 에스토니아를 지배한 모든 제국은 톰페아 성(Toompea Loss)을 기지로 사용했다. 지금은 에스토니아 의회가 있다.

다양한 양식
수세기에 걸쳐 수많은 시대로 개편되었지만 13~14 세기에 지어진 기본 형태를 유지하고 있다. 정면에서 방문객들은 캐서린 대왕 시대의 분홍색 바로크 양식의 궁전을 볼 수 있다. 언덕의 밑면에서 보이는 반대쪽을 보면 중세의 관점으로 볼 수 있다.

탑의 중요성
성 남쪽 가장자리에 있는 주지사의 정원에서 46m의 피크 헤르만(Pikk Hermann)타워가 보인다. 탑은 중요한 국가 상징으로 전통에 따르면 피크 헤르만(Pikk Hermann) 위로 깃발을 날리는 국가가 에스토니아를 지배하고 있다는 표시이다. 그래서 매일 일출 때 에스토니아 국기가 탑 위로 올라가 있다.

국회의사당
Parliment

소련 점령기에 에스토니아 의회는 해산되었지만 에스토니아가 독립한 1년 후인 1992년부터 다시 의회가 들어왔고 지금은 전자 투표를 비롯해 다양한 정치 실험을 하는 등 정치의 새바람을 보여주고 있다.

톰페아 언덕에 지은 톰페아 성 안에 자리하고 있다. 1922년에 지은 건물은 구시가의 중세건물과 다른 양식이다.

성모 마리아 성당(돔 교회)
St.Mary's Cathedral

톰페아Toompea 언덕의 중심에 위치한 중세 교회는 1233년 이전에 세워졌고 그 이후로 재건된 교회는 여러 건축 양식을 보여준다. 아치형의 본체는 14세기에 세워졌고 바로크 타워는 1770년대 후반부터 추가되었다.

역사적으로 에스토니아의 엘리트 독일 귀족 교회였던 성모 마리아 성당은 내부는 17~20세기의 정교한 장엄한 팔의 외투와 13~18세기의 매장하는 돌로 채워져 있다. 여기에 묻힌 주목할 인물은 북방 전쟁 당시 스웨덴 군을 지휘 한 폰투스 드 라가르디, 아담 요한 폰 크루 센턴, 발트-독일 제독, 러시아 최초의 원정대를 이끌었던 발트-독일 제독, 스코틀랜드 태생의 사무엘 그레이그 제독 등이다.

17~18세기에 가장 능숙하고 유명한 목각 조각가인 크리스티안 아케르만Christian Ackermann은 1686년에 강단과 1694~1696 사이에 제단을 만들었다. 그는 하나님을 두려워하는 사람들이 들어가서 기도하기 위해 무릎을 꿇을 때 결국 그의 영혼을 깨끗하게 할 수 있도록 교회의 문턱에 묻힐 것을 요청했다고 한다.

교회의 내부 모습을 보고 난 후, 방문객들은 도시의 멋진 전망을 위해 69m의 바로크 양식으로 된 종탑을 올라갈 수 있다.

홈페이지_ www.eeik.ee
주소_ Toom-kooli 6 Kaart
관람시간_ 6~8월 : 09~18시 / 5, 9월 : 17시까지
　　　4, 10월 : 16시 / 11~3월 : 09~15시
　　　(월요일 휴관(4, 10월도 동일))
요금_ 탑 6€(어린이는 안전문제로 입장 불가)

사진 스팟, 코투오트사(Kohtuotsa) 전망대

코투오트사(Kohtuotsa)는 현대 탈린을 배경으로 구시가지의 옥상과 타워의 아름다운 파노라마 장면을 보여준다. 톰페아(Toompea) 언덕의 동쪽 구석에 있는 넓은 지역은 중세 모습의 전망을 제공하고 있어서 가장 유명한 사진 명소로 알려져 있다. 여기에서 탈린의 수세기 전의 첨탑 대부분을 볼 수 있다. 가장 높은 곳은 멀리서 볼 수 있는 TV 타워이다. 현대적인 도시너머에는 수많은 소비에트 스타일의 블록 아파트 건물이 있는 라스나매(Lasnamäe) 교외가 있다.

TV 타워(에스토니아 VS 리투아니아)

발트 3국에서 에스토니아의 탈린과 리투아니아의 빌뉴스에 TV 타워가 있다. 소련의 통치기간에 만들어진 것인데 아직까지 유지되고 있다.

에스토니아의 탈린

1980년 소련 올림픽에 맞추어 만들어진 314m높이의 현대적인 탑이다. 22층(175m)에는 전망대가 있어 아름다운 경치를 조망할 수 있다. 원형태의 투명한 유리가 보이는 장면은 아찔하게 느껴진다. 최근에 야외에 엣지 워크(Edge walk)를 만들어 담력을 시험하고 로프를 타고 탑에서 내려가는 투어도 운영하고 있다.

▶주소_ Kloostrimetsa tee 58a
▶시간_ 10~19시
▶홈페이지_ www.teletorn.ee
▶요금_ 8€(어린이 5€)

리투아니아 빌뉴스

326m높이의 탑으로 TV 신호를 보내는 단순한 탑이지만 1991년 1월 13일에 소련의 특수부대가 14명의 리투아니아 인을 죽이는 사건이 발생하고 TV 방송국은 방송을 내보내 탄압에 굴복하지 않는 강인한 정신을 상징하는 타워가 되었다. 190m의 전망대에서 빌뉴스 시내를 조망할 수 있다.

▶주소_ Sausio13-osios gatve 10
▶시간_ 11~22시
▶홈페이지_ www.telecentras.lt
▶요금_ 6€(어린이 3€)

Tallinn Town
탈린 도심

카드리오르그 지역은 구시가지에서 동쪽으로 약 2㎞ 정도 떨어져 있다. '카드리오르그 Kadriorg' 라는 말의 뜻은 '예카테리나의 계곡'이라는 뜻이다.

러시아 점령시기에 표트르 대제Peter the Great가 에스토니아를 점령한 후 아내 예카테리나 1세Catherine I를 위해 바로크 양식의 궁전과 공원을 만들었다. 후에는 러시아 귀족들이 살던 곳으로 지금도 탈린 시민들의 휴식처로 이용되고 있다.

카드리오르그Kadriorg는 구시가지에서 도보 거리에 있는 조용하고 나무가 많은 지역이다. 러시아 표트르 대제는 1700년대 초에 발트 해 연안을 정복 한 후 궁전과 공원이 있는 부지를 설립했다. 그는 그의 아내 캐서린 I 의 이름을 따서 예카테리나Ekaterinenthal의 에스토니아어인 '카드리오르그Kadriorg'라는 이름을 지었다. 그가 지은 바로크 양식의 궁전은 주변 숲, 연못, 분수와 함께 이루어져 있다.

200년 동안, 카드리오르그Kadriorg가 고급 주택가로 발전함에 따라 공원 근처의 거리에는 화려한 나무 저택이 늘어서 있다. 에스토니아의 스파 문화의 초기 개발에 중요한 역할을 했다. 베네딕트 게오르그 비테 박사는 1813년 러시아 제국의 첫 해변 휴양지를 설립하기도 했다. 오늘날에도 카드리오르그Kadriorg 주소를 갖는 것은 명예의 표시이다. 에스토니아 대통령의 거주지와 많은 외국 대사관이이 여기에 있다.

카드리오르그 지도

카드리오르그 공원과 궁전
Kadriorg & Kadriorg Palace

카드리오르그Kadriorg 공원은 탈린 시가지에서 2km로 걸어갈 수 있는 거리의 여름 휴양지로 러시아가 에스토니아를 점령한 후 러시아 황제였던 표트르 대제Peter the Great가 그의 아내 예카테리나를 위해 만들었다.

'예카테리나의 계곡'이었던 명칭이 에스토니아 어로 '카드리오르그Kadriorg'라고 하여 지금도 그대로 사용하고 있다. 각종 나무와 꽃들이 가꾸어진 연못과 정원은 로맨틱한 장소로 연인들의 데이트코스로 유명하다.

카드리오르그Kadriorg 공원 안에 있는 궁전은 1718년 이탈리아의 건축가인 니콜로 미체티가 설계한 성으로, 카드리오르그 미술관Kadriorg Art Museum으로 쓰이고 있다.

루살카(Russalka)와 탈린 노래 축제 장소(Tallinn Song Festival Grounds)

탈린 시민들이 가장 좋아하는 산책 장소 중 하나로 일본 정원 과 같은 다양한 소규모 정원에서 전시되는 다양한 조경으로 유명하다. 공원에서 멀지 않은 곳에 2개의 중요한 탈린 명소인루살카(Russalka)와 탈린 노래 축제(Tallinn Song Festival Grounds) 장소가 있다.

루살카(Russalka)는 차리스트(Tsarist)의 선박이 루살카(Russalka)에 침몰했을 때 잃어버린 사람들을 기념하는 '바다의 기념비'이다. 피리타Pirita 산책로를 따라 동쪽에서 조금만 걸어가면 노래 혁명 – 탈린 노래 축제(Tallinn Song Festival Grounds)의 발상지인 에스토니아에서 가장 성스러운 행사 장소를 볼 수 있다. 1988년 소련의 지배에 대한 에스토니아의 대규모 음악 시위가 국가를 독립으로 향한 길을 열었다. 유명한 장소는 5년마다 열리는 에스토니아의 노래, 무용 축하 행사가 있는 곳으로, 최대 34,000 명의 공연자와 200,000 명의 관중이 함께 참관할 수 있다.

카드리오르그 미술관
Kadriorg Art Museum

1718~1736년까지 표트르 1세가 건설한 궁전은 에스토니아 미술관의 분관으로 사용하고 있다. 미술관은 16~18세기 중에 네덜란드, 독일, 이탈리아 화가의 바로크 작품과 18~20세기까지의 러시아 작품을 소장중이다.

1718년 표트르 대제를 위해 지어진 이 웅장한 바로크 양식의 궁전에는 현재 에스토니아 미술관의 외국 소장품이 있다. 이탈리아 건축가 니콜로 미쉐티Niccolo Michetti가 디자인 한 궁전과 주변의 잘 다듬어 진 공원은 러시아 황제인 차르의 호화로운 생활을 보여주는 예이다.

현재, 카드리오르그 미술관Kadriorg Art Museum으로 사용되면서 서양과 러시아 예술가들의 16~20세기 그림과 인쇄물, 조각, 기타 작품들 수백 점을 전시하고 있다. 정교하게 칠한 천장과 치장용 벽토작업이 있는 2층 메인 홀이나 근처 대통령궁이 건축되기 전에 에스토니아의 국장에 의해 사무실로 사용된 방이 가장 유명하다.

홈페이지_ www.kadriorgmuseum.ee
주소_ Weizenbergi 37
관람시간_ 5~9월 10~17시(수요일은 20시까지
           / 10~다음해 4월 19시까지, 월, 화 휴관)
요금_ 5€(어린이 3€)

쿠무 현대미술박물관
Kumu Art Museum

2006년 핀란드의 건축가는 7층의 현대식 건물을 완공했다. 유리, 구리, 석회암으로 된 화려한 건물은 주변을 압도한다. 쿠무 Kumu는 '쿤스트뮤지엄Kunstimuuseum'의 줄 임말로 다양한 에스토니아 예술작품을 전시하고 있고 지속적인 기획 전시로 하고 있다.

홈페이지_ www.kumu.ekm.ee
주소_ Weizenbergi 34, Valge 1
관람시간_ 10~18시(목요일은 20시까지 / 4~9월 월요일 휴관, 그 외에는 월, 화 휴관)

탈린의 새로운 인기 관광지

크리에이티브 허브(Creative City)
기차역의 버려진 산업단지를 변화시킨 곳으로 그래피티가 화려하게 사람들을 맞는다. 점차 사람들이 몰리면서 스튜디오, NGO단체, 등의 회사와 다양한 재미를 찾으려는 관광객도 점차 찾고 있다. 레스토랑도 들어오면서 맛집도 생겨나고 있다. 주말마다 벼룩시장도 열리기 때문에 새로운 에스토니아를 볼 수 있는 기회가 될 것이다.
▶Telliskivi Loomelinnak

키비 바페르 까리드(Kivi Paber Kaarid)
전채, 메인, 디저트로 나온 레스토랑으로 신선한 재료로 만든 스테이크가 인상적이다. 또한 에끌레르도 디저트로 충분히 맛이 있다. 다만 좀 달다는 단점이 있으니 참고하자.

에스토니아 전통 음식

에스토니아 요리는 전통적으로 감자와 육류위주의 식사이지만 유럽연합에 가입한 이후 북유럽과 프랑스 요리가 많이 들어오고 있다. 유제품을 많이 소비하며 호밀로 만든 흑빵이 가장 유명하고 흔하다. 에스토니아 음식은 오랫동안 계절에 따라 차이가 있다. 훈제를 차게 식혀서 먹거나 감자 샐러드인 로솔제와 청어류를 주로 먹는다.

흑빵

기본적인 빵으로만 주는 것이 아니라 간이 된 흑빵을 레스토랑에서 주기에 싫어하는 한국인 관광객도 많다. 에스토니아의 흑빵은 모든 식사에 등장하는 없어서는 안 될 우리나라의 김치와 같은 음식이다. 옛 에스토니아는 먹을 것이 귀했는데 가장 기본적인 음식인 빵으로만 끼니를 채우는 경우도 다반사였다. 그래서 빵은 귀중하고 신성시하여 에스토니아에서 빵을 바닥에 떨어뜨리면 주운 다음에 그 빵에 꼭 입맞춤을 해야 한다. 에스토니아 사람들이 해외에 가면 가장 그리워하는 맛이 바로 이 빵이라고 할 정도이다.

수프

전통적으로 주 요리 전에 먹으며 닭고기와 야채를 섞어서 끓여 먹는 것이 일반적이다. 크림으로 우유와 요구르트를 같이 넣어 요리해 부드럽게 만든다.

래임(räim)

청어나 가자미를 먹는데 바다 가재요리나 수입산 게, 새우 소비가 많아서 발트해의 작은 청어인 래임räim을 모든 국민들이 좋아한다.

육류와 소시지

육류와 감자는 으깨서 함께 먹으며 코스 요리에 꼭 나온다. 돼지고기는 구이로 먹으며 베이컨, 햄으로 먹는다. 파이나 소시지로도 많이 소비된다. 에스토니아에서는 영국에서처럼 블러드 소시지를 만들어 먹는데 베리보르스트 verivorst라고 부른다. 크리스마스에는 꼭 먹는 음식이다.

훈제생선

민물송어suitsukala는 에스토니아의 특별음식이고, 소시지가 나올 때 흡혈귀를 위한 음식이라는 생각을 하게 될지도 모를 정도로 신선한 돼지의 피와 내장으로 싼 소시지를 만든다. 선지소시지 verevorst와 선지팬케이크vere pannkoogid는 대부분의 에스토니아 전통식당에서 먹어볼 수 있다.

술

시럽 같은 바나 탈린 술Vana Tallinn liqueur을 무엇으로 만들었는지는 아무도 모른다. 역할 정도로 달고, 매우 강하지만, 에스토니아식단에 자주 나온다.
커피와 아주 잘 어울리며, 만일 견딜 수 있으면 우유나 샴페인에 띄운 얼음 위에 얹어 먹을 수 있다.

맥주

사쿠Saku맥주와 사아레마아섬에서 만든 약간 강한 사아레Saare맥주가 있고, 향신료를 가미해서 따뜻하게 마시는 와인 höögvein을 카페나 바에서 마실 수 있다.

겨울 저장음식 잼(Jam)

겨울에는 잼(Jam)류를 꺼내다가 빵에 찍어 먹고 피클을 보관해두었다가 먹는다. 과일이나 야채, 버섯류가 겨울에는 귀했기 때문에 저장하는 기술이 반드시 필요했다. 현재는 대부분 상점에서 구입하면 되기 때문에 흔하지 않지만 겨울을 대비해서 김장을 하는 관습은 시골에서 행사로 생각한다.

에스토니아 경제는 지속적으로 상승하고 있어서 경제사정이 좋다. 젊은이들의 성공에 활기찬 분위기여서 레스토랑도 유기농과 해산물, 프랑스요리가 점점 메뉴로 올라오고 있다. 따라서 레스토랑 음식비용도 상승하고 있지만 아직은 다른 유럽에 비해 상당히 저렴한 편이다.

라타스카에부 16
Rataskaevu 16

문을 열고 들어가면 직원들이 친절히 손님을 맞이하고 활기찬 분위기에 기분도 좋아진다. 아늑하고 캐주얼한 현대적인 분위기의 레스토랑으로 탈린에서 누구에게 소개를 받아서 처음 맛집으로 추천해주는 레스토랑이다.
세계 각지에서 온 관광객으로 가득차서 예약을 하지 않으면 먹기 힘든 곳으로 음식마다 플레이팅도 깔끔하게 나온다.

식전에 나오는 빵과 버터도 맛있고 양고기와 순록고기 스테이크에 함께 나오는 매쉬 포테이토 맛도 좋다.

시청 앞 광장의 레스토랑보다 저렴하지만 전체적인 탈린의 음식비용보다 비싼 편이다. 양보다 음식 맛으로 알려져 있어서 조금 배고프다고 느낄 수도 있다. 현지의 젊은 비즈니스 인들이 주로 찾는다고 한다.

주소_ Rataskaevu 16
요금_ 스테이크 12~25€, 생선스테이크 15~20€, 와인10~20€ 정도에서 선택하면 무난함
시간_ 12~24시
전화_ +372-642-4025

배이케 라타스카에부 16
Väike Rataskaevu 16

위의 라타스카에부 레스토랑과 같은 레스토랑으로 2호점 같은 곳이다. 맛도 거의 비슷하고 분위기도 비슷하지만 내부 인테리어는 같지 않다.

주소_ Niguliste 6
시간_ 12~23시 45분
전화_ +372-601-1311

베간 레스토란 V
Vegan Restoran V

씨푸드Seafood를 주 메뉴로 유기농 재료를 사용해 에스토니아의 젊은 성공 비즈니스 인들을 대상으로 알려진 레스토랑이다. 연어, 디저트 모두 적당한 간으로 맛있다. 와인도 20~30유로에 적당한 가격이다. 직원은 과잉 친절일 정도로 주문을 받아 기분이 좋아진다. 오랜만에 씨푸드를 고급스럽게 먹고 싶다면 추천한다.

주소_ Rataskaevu 12
요금_ 스테이크 12~22€, 생선스테이크 13~20€, 와인10~20€ 정도에서 선택하면 무난함
시간_ 12~24시
전화_ +372-626-9087

본 크라흘리 아에드
Von Krahli Aed

작은 레스토랑으로 양이 많은 장점이 있다. 유기농 채소를 듬뿍 주기 때문에 배가 부르고 유기농 식자재로 만든 요리를 제공한다. 양고기가 부드럽고 잡내가 나지 않아 양고기를 주문하는 비율이 높다. 수프처럼 나오는 비프 칙스Beef Cheeks도 느끼함이 적어 먹을 만하다.

홈페이지_ www.vonkrahl.ee
주소_ Rataskaevu 8
요금_ 주 메뉴 6~15€
시간_ 12~24시
전화_ +372-626-9088

올리버 레스토랑
Oliver Restoran

할아버지의 모습이 인상적이어서 한번은 쳐다보고 지나가는 레스토랑으로 편안하고 스테이크가 주 메뉴라서 다른 것을 먹는 사람들은 거의 보지 못한다.

스테이크는 미디엄으로 주문을 하면 겉만 익혀서 먹기에 나쁘니 웰던Well done으로 주문하는 것이 좋다. 유명세만큼 가격이 비싸다는 단점이 있다.
12시 전에 입장하면 런치세트를 할인하여 10€이하로 먹을 수 있는 기회도 있으니 활용하자.

홈페이지_ www.oliverrestoran.ee
주소_ Rataskaevu 22
요금_ 주 메뉴 12~30€
시간_ 11~23시(여름에 한시적으로 10~12시 할인함)
전화_ +372-630-7898

그렌카 카페
Grenka Cafe

유기농 웰빙 메뉴를 기반으로 스테이크도 판매를 하지만 후식의 디저트를 추천한다. 맛깔스럽게 플레이팅이 되어 나오는 음식은 보기에도 먹음직스러워 맛집으로 소문난 집이다.
케이크와 커피가 소문나서 거의 스테이크세트와 커피를 마시고 간다. 창문으로 보이는 탈린의 모습이 여유를 즐기게 해준다.

주소_ Paernu mnt 76
시간_ 11~22시
전화_ +372-655-5514

도미닉
Dominic

직접 구운 빵과 정성들여 조리한 스테이크와 생선구이가 비린 맛을 잡아 부드럽게 목을 넘긴다. 맛있는 고기지만 양이 적어 아쉬움이 많이 남아 빵으로 배고픔을 달랜다. 채식요리는 양이 많지만 우리의 입맛에는 그저그런 맛이다.

주소_ Vene 10
시간_ 12~24시
전화_ +372-641-0400

트차이고브스키
Tchaikovsky

꽤 큰 내부에 화려한 샹들리에와 금테 액자와 식물로 인테리어도 고급스러운 레스토랑으로 관광객보다 현지인이 주로 찾는 식당이다.

동유럽의 메뉴가 주였지만 점차 현지인의 기호에 맞추어 프랑스식의 요리스타일로 바꾸었다고 이야기를 해주었다. 주말에는 빈자리가 없을 정도로 사람들이 많다. 라이브 연주가 인상적인 레스토랑에 한국인은 거의 없다.

호박스프와 해산물요리가 개인적으로 가장 좋았지만 양이 적어서 메인과 후식까지 주문해야 아쉽지 않을 것이다.

홈페이지_ www.telegraahhotel.com
주소_ Vene 9
시간_ 07~23시 **요금_** 주 메뉴 20~30€
전화_ +372-600-0610

올데 한사
Olde Hansa

발트 3국에는 중세 분위기로 레스토랑을 꾸민 곳이 몇 곳이 있다. 그래서 이런 레스토랑은 방송에 소개가 많이 되지만 정작 맛은 별로 없는데 올데 한사는 맛도 보증해주는 맛집이다.

중세 시대를 테마로 내부는 촛불로만 빛을 내기 때문에 약간 어둡다. 야생고기를 메뉴로 내기 때문에 천천히 먹어야 한다는 생각으로 음식을 대하자.

홈페이지_ www.oldehansa.ee
주소_ Vana turg 1
시간_ 10~24시 **요금_** 주 메뉴 15~30€
전화_ +372-627-9020

굿 원 스테이크 하우스
Goodwin Steak House

마치 아웃백 스테이크하우스 같은 느낌의 대중적인 패밀리 레스토랑이다. 입구에는 돼지가 벤치의 한쪽에서 들어오라고 손짓하는 것 같다. 스테이크도 우리나라에서 먹는 스테이크 느낌의 바짝 구운 스테이크이고 가격도 12~30€ 사이이다.

페가수스
Pegasus

자유광장에서 가까워 찾기가 쉬운데 관광객을 대상으로 하는 레스토랑은 아니다. 직원들은 친절하고 내부도 커서 안정적인 느낌이 든다. 주 메뉴의 가격은 10€부터 먹을 수 있어 무난하다 메뉴를 주문하면 나오는 빵은 현지인들이 먹는 약간 짠 빵이고 스테이크도 약간은 질기다고 느낄 수 있지만 현지인의 기호에 맞추어서 호불호가 갈린다.

홈페이지_ www.googwinsteakhouse.ee
주소_ Viru 22
시간_ 10~23시 요금_ 주 메뉴 15~30€
전화_ +372-661-5518

홈페이지_ www.pegasus.ee
주소_ Harju 1
시간_ 12~24시 요금_ 주 메뉴 15~30€
전화_ +372-662-3013

Riga

리가

Talinn

탈   린

라트비아의 발트 해 중심 도시인 리가는 라트비아, 러시아, 독일의 영향이 섞여 있는 도시로, 약 80만 명 정도가 살고 있다. 1930년대에 리가는 서유럽의 동쪽으로 러시아를 감시하던 주요 거점이었고 외교관, 무역업자들을 둘러싸고 어지럽게 얽혀 그들이 리가를 '동쪽의 파리'라고 불렀다.

리가는 1201년에 설립된 후 13세기에는 독일 십자군에 16세기에는 폴란드, 18세기에는 스웨덴과 러시아에 의해 반복해 침략과 지배를 받았다. 오늘날 다른 발트 해 국가의 수도들처럼 리가에는 잘 보존된 유서 깊은 사적 구역들이 있으며 탈린이나 빌뉴스처럼 엽서에 나오듯 예쁘지는 않지만 다른 도시가 가지지 못한 장엄한 건축물들이 도시 전체에 널리 퍼져 있다.

리가 IN

리가 국제공항에서 라트비아의 거의 모든 항공기가 드나든다. 리가공항은 시 중심에서 서쪽으로 14km에 있는 유르말라에 있고 버스나 택시로 연결된다. 대한민국의 대한항공과 아시아나항공이 직항노선을 개설하고 있지는 않다.

시간적으로는 거리상 가까운 핀란드의 헬싱키나 폴란드의 바르샤바를 거쳐 리가에 낮 시간에 입국하는 것이 가장 효율적이다. 유럽의 다른 나라를 경유하면 저녁에 리가에 도착하는 시간대가 많다.

비행기

유럽 관광객은 저가항공을 이용하여 여행을 하는 것이 일반화되어 있다. 헬싱키, 런던, 프랑크푸르트, 바르샤바 등으로 운항하고 있지만 헬싱키에서 가장 많은 편수를 운항하고 있다. 미리 리가 여행계획을 만들고 리가로 입국한다면 쉽게 여행을 할 수 있다. 몇 년 전만 해도 리가는 에스토니아나 리투아니아에서 버스를 타고 여행을 하였지만 현재 저가항공을 이용해 리가로 여행하려는 유럽인들이 늘어나고 있다.

저가항공 에어발틱(Air Baltic)

라트비아의 항공사 에어발틱(Airbaltic)은 발트 3국을 대표하는 저가항공이다. 발트 3국은 버스로 대부분의 여행자가 여행을 하기 때문에 여행자가 저가항공을 이용하는 비율은 높지 않다.

에어발틱(Airbaltic)은 18~25만원 사이에 항공권을 제공하기 때문에 상트페테르부르크나 모스크바 왕복항공권을 구입했다면 발트 3국을 여행하고 러시아로 이동하기 위해 에어발틱(Airbaltic)을 이용하는 경우가 발생한다. 저가항공은 아무리 항공료가 저렴해도 개인수화물이 20kg을 넘는다면 추가비용이 발생한다는 사실을 잊지 말고 예약과 결재를 해야 한다.

www.airbaltic.com

페리

라트비아를 페리로 여행하는 여행자는 북유럽의 스웨덴이나 핀란드 인들만 있을 것이다. 페리는 비효율적이다.

독일의 트라베뮌드Travemünd, 스웨덴의 스톡홀름과 슬리테Slite, 에스토니아의 사아레마Saaremaa섬에 있는 로우마싸아레Roomassaare 등에서 리가로 가는 직항 페리를 운항하고 있다.

스웨덴의 스톡홀름
~라트비아의 리가 왕복노선

탈링크 실자 라인 크루즈 Tallink Silja Line

스톡홀름에서 라트비아의 리가로 이동하는 노선은 매일 저녁 출발해 다음날 아침 도착하는 일정으로 운항된다.

스톡홀름을 둘러본 후 크루즈에서 하룻밤을 보내면 아침에 리가에 도착해 있으니 보다 편안한 북유럽 여행을 즐길 수 있다.

▶B Class(4인 1실, 통로)
▶ 객실 146€(1인당 36.5€~)
▶ 조식 포함 186€(1인당 46.5€~)

버스

유로라인Eurolines, 럭스 익스페리스Lux Express는 버스터미널에서 탈린Tallinn(6시간 소요)과 빌뉴스Villius(6시간 소요) 등에서 운행하고 있다. 같이 여행 온 여행자가 4

명이라면 택시로 시내로 이동하는 것이 버스요금과 차이가 없고 편리하다.

버스이용방법

1. 버스표 구입
2. 티켓을 가지고 버스 문이 열렸다고 바로 올라타지 말고 기다린다.
3. 버스 기사가 번호를 말하면 22번 버스에 올라탄다.
4. 좌석의 번호를 보고 앉는다.

기차

버스터미널 앞의 오리고 백화점 내부에 있으니 2번 플랫폼으로 가서 타면 된다. 리가Riga에서 카우나스Kaunas를 거쳐 빌뉴스(8시간 소요)로 야간열차가 운항하고 상트페테르부르그(13시간 소요)도 야간열차가 운행하고 있다.

베를린—상페테스부르그 노선이 라트비아의 남동부 다우가프필스를 통과하므로 이용할 수 있다. 또 리가와 모스크바, 상페테스부르그, 민스크 사이에 기차편이 있고, 다우가프필스와 헤르니피치Chernivtsi도 기차로 연결된다.

▶ **위치** : Stacijas Laukums
▶ **홈페이지** : www.ldz.lv

트람바이스

공항에서 시내 IN

공항에서 리가 시내로 들어가기 위해 가장 좋은 방법은 버스이다. 버스정류장으로 가서 22번 티켓을 구입하고 타고 있으면 시간에 맞추어 버스가 출발한다. 광장은 최종 정류장이라 그대로 앉아 있으면 마지막 정류장에서 내리면 된다.

시내교통

리가에는 광범위한 도심전차, 트롤리(무궤도버스), 버스로 연결된 포괄적인 교통망이 있다. 주요 도로가 잘 정비되어 있고 거리가 멀지 않기 때문에 자동차와 자전거를 이용하는 여행이 라트비아에서는 인기가 있다.

리가의 시내교통은 트램, 트롤리버스, 버스, 미니버스가 있다. 요금은 어느 교통수단을 사용해도 1회에 1.15€로 저렴하지는 않다. 그러나 리가의 외곽까지 여행을 한다면 1일 권을 구입해 여행해도 좋은 방법이다. 리가 시민이 아닌 이상 3, 5일 권은 거의 사용하지 않을 것이다.
'트람바이스'라고 부르는 트램은 버스와 함께 리가 시민들이 가장 많이 이용하는 시내교통수단이다.

트롤리(무궤도버스)

택시

택시는 기준 요금이 없고 택시회사에 따라 요금이 다르기 때문에 바가지를 당했다는 인상도 가지게 되므로 탈일은 거의 없다. 다만 늦게 숙소로 이동하는 경우에 사용할 수밖에 없다. 판다 택시Panda Taxi가 저렴하기 때문에 잘보고 타기를 바란다.

시티투어버스

리가에는 현재 2개의 회사가 시티투어버스를 운영하고 있다. 빨강색과 노랑색 시티투어버스는 같은 코스를 운영하고 있다. 운영시간은 여름에는 09~20시까지, 겨울에는 09~18시까지만 운영한다. 리가 시내를 한바퀴 도는 데 약 90분이 소요된다.

홉온-홉오프 버스(빨강색)

대부분의 도시에서 운영하는 시티투어버스로 빨강색 2층 버스로 2층은 오픈되어 있다. 티켓은 티켓오피스나 판매원, 버스 안에서 기사에게도 구입이 가능하다. 가장 많은 버스를 운영하기 때문에 버스 정류장에서 버스를 기다리는 시간이 단축되는 장점이 있다. 많은 언어로 설명을 하는 안내방송이 있지만 한국어서비스는 없다.

마나 리가(Mana Riga)

100년 전에 운행하던 전차를 관광객을 위해 주말마다 운행하고 있다.

당일치기 리가 투어

1941~1944년까지 리가에서 이송된 45,000명의 유대인들과 다른 나치 점령 지역에서 이송된 약 55,000명으로 추산되는 유대인과 죄수들이 리가 15km 남동쪽에 떨어진 살라스필스 수용소에서 학살되었다. 입구의 거대한 콘트리트 장벽에 적힌 글에는 '이 문 너머에서 세상이 신음을 한다'라고 씌여 있다.

주소_ Dienvidu iela **전화_** +371 6770 0449

라트비아 리가 핵심도보여행

발트3국 중 가운데에 위치한 리가에 도착했다. 리가의 첫 인상은 마치 예전부터 알고 있었다는 착각에 빠져들게 되는 중세풍의 도시이다. 리가 광장에는 라트비아 신화에 나오는 사랑의 신 밀다^{Milda}가 조형탑 꼭대기에 있는 자유의 여신상이 보인다. 이민족의 침략을 꽤나 버텨낸 라트비아는 자유의 여신상은 나라를 위해 희생한 라트비아 사람들을 위해 만들었다. 라트비아의 주권과 자유를 상징하는 조형물인 자유의 여신상부터 리가의 여행이 시작된다. 이곳은 리가 시민들의 만남의 장소로 사용되고 있다.

다리를 건너 왼쪽으로 한 블록을 지나 정면으로 보이는 광장이 있다. 리가에서 가장 유명한 건물은 구시가에 들어서자마자 보이는 검은머리전당이다. 1344년에 지어진 이 건물은 중세시대에 활발하게 활동했던 검은머리길드가 사용한 건물이기 때문이다. 이 건물의 앞벽에 검은 얼굴의 인물이 장식되어 있는데, 당시에 검은머리길드의 수호신이 아프리카 모리셔스의 여성이었기 때문에 검은머리 흑인을 가리키고 있는 그림을 2001년에 그렸다.

교회 한쪽에는 과거에 사용된 거대한 모양의 수탉이 전시되어 있다. 수탉은 루터교의 상징이다. 루터교의 상징일 뿐만 아니라 풍향계의 역할도 했다. 예로부터 리가는 무역항이었기 때문에 풍향계는 바다를 항해하는 무역상들에게 매우 중요한 역할을 했던 것이다.

성 피터교회를 오는 관광객은 대부분 정상으로 가는 엘리베이터를 타고 올라가 전망대에 오를 수 있는데 800년의 역사를 가진 리가의 모습이 한눈에 들어온다. 전망대(요금은 9유로)에 올라 리가 시내를 조망할 수 있다.

성 피터교회 전망대

피터 성당 뒤쪽으로 가면 친숙한 모양의 동상이 있다. 그림형제의 유명한 동화 브레멘의 음악대에 나오는 동물들의 동상이다. 독일 브레멘시가 리가에 1990년에 기증한 것이라고 한다. 이 동물들의 코를 만지면 행운이 찾아온다고 한다는데 누가 퍼뜨렸을까? 우리나라에는 잘못 전달되어 가장 밑의 동상의 코를 만져야 한다고 나와 있다.

화약탑을 지나 카페와 상점들이 있는 리가에서 가장 긴 건물이라는 노란색 건물을 따라가면 리가 구시가지의 외곽을 돌게 된다. 화약탑은 스웨덴의 침략으로 17세기 한차례 파괴된 적이 있다.

유럽의 다른 큰 도시처럼 웅장하지는 않지만 아기자기한 중세풍의 건물사이를 걷다보면 다양한 볼거리를 만날 수 있다. 구시가지에서 바로 옆 블록을 지나면 시내 중심으로 들어갈 수 있다. 마치 동그랗게 도시를 감싸고 있는 수로가 있고 꽃들이 만발한 공원 뒤로 오페라 극장이 있다. 노래를 한다거나 공연을 즐기는 사람이 많다.

브레멘 음악대

화약탑

그 중 내가 찾아낸 것은 작은 인형 박물관이다. 라트비아 전국에서 수집된 다양한 인형들을 만날 수 있다. 이곳은 인형을 사랑한 한 가족이 인형을 전시하면서 시작되었다.

몇 가지 재미있는 전시물이 있다. 한 사람이 머리를 돌려서 보는 것과 아이를 때리는 아빠의 모습 등등이다. 라트비아 사람들은 털실 인형을 가장 좋아한다고 하는데 도자기로 만든 인형은 어떻게 가지고 놀라고 만들었을까 궁금하다. 라트비아 어린이들의 추억이 깃든 곳이다.

블랙 발잠은 술이라기보다 약에 가깝다. 리가를 방문하는 관광객의 쇼핑품목에 항상 포함되어 있다. 근처에 블랙 발잠을 만드는 공장이 있는데 라트비아에서 생산되는 발잠은 대부분 이 공장의 것이라고 한다. 오렌지껍질, 떡갈나무, 쑥 등 약 25종의 재료가 사용되는데 만드는 방식은 오래 동안 비밀이었다고 한다.

리가의 약사였던 '쿤쩨'가 발명했는데 처음에는 신비스런 효과 때문에 주술사의 약물로 알려졌다. 정작 알려지게 된 계기는 러시아의 여제 카타리나

로젠그랄스(Rozengrals)

때문이란다. 18세기 카타리나 여제가 리가를 방문했을 때 매우 아팠다. '쿤쩨'라는 약사가 발잠을 처방해주었는데 놀랍게도 카트리나 여제의 병세가 호전되었다. 그러면서 세상에 널리 알려졌다. 발잠은 걸쭉하고 색이 검은 갈색으로 우리가 먹는 한약과 맛이 비슷하다.

중세 분위기인 레스토랑으로 식당내부로 들어가는 입구가 어둡다. 중세를 표현하기 위해 촛불로만 빛이 나기 때문이다. 오래된 벽돌과 중세풍의 장식이 눈에 들어오는데 이 식당은 실제로 13세기에 지어진 중세시대의 건물로 와인 저장시설이었다고 한다.
건물 벽의 절반은 13세기 운형 그대로 유지하고 있으며 나머지는 다시 복원되었다. 다만 화장실이 수세식으로 개조되어 옛 모습은 없다. 음식도 13세기 중세의 재료와 요리법으로 만 만든다.
15세기에 남미에서 전해진 감자도 없고 당연히 콜라도 없다. 중세 피로연에서 먹었다는 토끼고기는 중세의 맛이 먹기도 전에 부담스럽게 보였는데 한입 먹는 순간 생각보다 담백해 깜짝 놀랄 것이다.

200년 이상 된 전통가옥들이 있는데 마당에 큰 통나무집처럼 된 나무통이 눈에 들어온다. 발통이라고 한다. 집에는 침대와 간단한 가재도구만이 있을 뿐이고 추운 날씨 때문에 창문은 작게 냈다. 난방이 힘든 옛 시절에는 어쩔 수 없는 궁여지책이었을 것이다. 소박한 농촌 가옥들 중에 나무막대기가 눈에 들어왔는데 옛날 초 대신에 불을 붙이는 도구라고 한다.

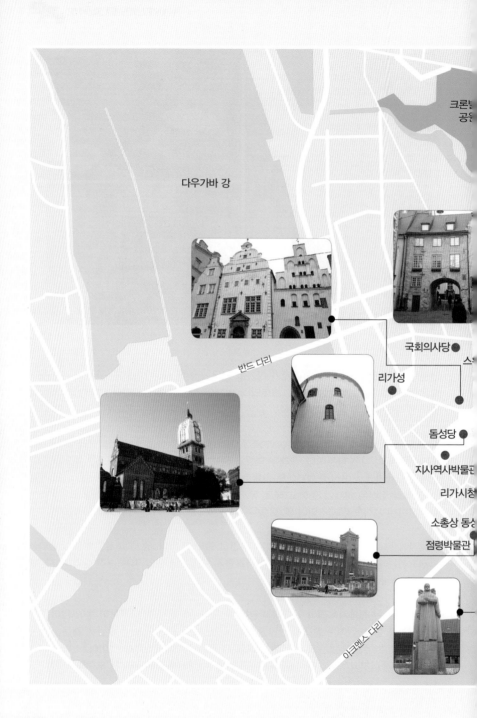

다우가바 강

크론발
공원

반드 다리

국회의사당

스

리가성

돔성당

지사역사박물관

리가시청

소총상 동상

점령박물관

아크멘스 다리

리가 파악하기

리가는 다우가바 강 양쪽에 걸쳐 있으며 동쪽에 구시가를 포함한 주요 볼거리가 모여 있다. 리가의 중심 거리는 아크멘스 다리에서 남북으로 이어져 있으며 구시가를 지날 때에는 '칼쿠 이엘라(Kalku iela)'라고 불리며 강에서 2㎞ 정도 떨어진 높은 지역까지 이어지고 있다. 리가 시내의 중심부에는 운하가 흐른다. 보트를 타고 운하를 둘러볼 수 있다. 산책하는 사람들이 보이고 아름다운 풍경이 둘러싼다. 리가는 강을 따라 신시가지와 구시가지로 나눈다. 중세 유럽 양식이 잘 보존된 유네스코에 등재된 구시가지에서 리가의 여행이 시작된다.

순수미술관

유대인박물관

리도

자유기념탑

브라네스 가든

길드

오페라하우스

장식디자인박물관

세인트 존스 교회

성피터성당

기차역

버스역

검정머리 전당

중앙시장

구시가
Old Town

구시가에는 17세기나 그 이전에 세워진 많은 독일 건물들이 있다. 칼쿠 이엘라^{Kallku iela}는 깔끔하게 구시가를 반으로 나누고 있다. 칼쿠^{Kallku}의 북쪽은 벽돌로 만든 리가 돔 성당으로 1211년 세워졌으며 현재는 교회와 오르간 콘서트홀이 되어 있다.

리가 돔 성당
Riga Doms Cathedral

1211년, 완공 당시에는 가톨릭 성당이었지만 독일의 영향을 받은 이후로 루터교 교회로 사용되어온 발트 3국에서 가장 규모가 큰 중세의 성당이다.

가톨릭에서 루터교 교회로 바뀌면서 13~18세기까지 건축 양식이 혼합되어 증축이 이루어졌다. 초창기의 모습을 나타내고 있는 동쪽 면은 로마네스크 양식이며 15세기의 고딕양식의 개축과 리가 시내를 한눈에 볼 수 있는 탑은 18세기 바로크 양식이다.

///

홈페이지_ www.doms.lv 주소_ Doma laukums 1
관람시간_ 09~17시
요금_ 4€ 전화_ 6721-3213

검은머리 전당
House of Blackheads

구 시가지를 대표하는 건물 중 하나인 검은머리전당은 리가에서 가장 유명한 건물이다.

1344년에 지어진 이 건물은 중세시대에 활발하게 활동했던 검은머리길드가 사용한 건물이기 때문이다. 이 건물의 앞 벽에 검은 얼굴의 인물이 장식되어 있는데, 당시에 검은머리길드의 수호신이 아프리카 모리셔스의 여성이었기 때문에 검은머리 흑인을 가리키고 있는 그림을 2001년에 그렸다.

중세 길드 상인들의 숙소와 회의 룸으로 당시 길드 상인들이 흑인 성 모리셔스를 존경해 붙인 이름이다. 건국 100주년을 기념해 보수공사도 완료했다.

검은 머리 전당 앞 바닥
최초의 크리스마스 트리가 세워졌던 곳을 표시하는 팔각형의 기념 명판

홈페이지_ www.nami.riga.lv/mn
주소_ Rātslaukums 7
시간_ 10~17시(월요일 휴관)
전화_ +371 6704 4300

134

삼형제 건물
Three Brothers

구시가지의 골목으로 깊이 들어가면 골목에는 거리의 화가와 아기자기한 가게들이 있다. 골목에서 음악이 흘러나온다. 거리 연주자로 가득한 이곳은 중세 도시 리가를 잘 알려주는 삼형제 건물이다. 필스 이엘라Maza Pils iela에는 삼형제Three Brothers로 알려진 예쁜 집들이 늘어서 있다. 15, 17, 18세기에 건축된 3개의 건물이 나란히 붙어 있어서 시대별 건축 양식을 잘 보여준다. 당시에 창문세가 있어서 창문은 크지 않다. 15세기의 집으로 라트비아에서 가장 오래된 것이다.

홈페이지_ www.archmuseum.lv
주소_ Mazã Pils 17, 19, 21
시간_ 화, 수, 목 09~17시/월요일은 18시, 금요일은 16시까지)
전화_ +371-6722-0779

롤랑의 석상 & 리가시청
Rolands & Town Hall

검은머리전당 앞 광장에 있는 롤랑의 석상은 중세 무역상들의 수호신인 롤랑의 모습을 형상화한 것이다. 목상이었던 것을 1897년에 석상으로 개조하였지만 1945년에 소련이 점령하면서 철거했다. 2000년에 재건하면서 지금 광장에 있

는 석상을 새로 만들고 원형 석상은 성 피터 교회 내부에 전시해 놓았다.
롤랑의 석상 맞은편에 1334년에 만들어진 건물에 17세기부터 시청사로 사용되었다. 2차 세계대전에서 파괴된 건물을 2003년에 복원하여 지금도 시청사 건물로 사용하고 있다.

리가 시청

소총수 동상
Rafle Mournment

검은 머리 전당에서 강변을 바라보면 있는 붉은 석상이다. 라트비아 소총수들이 2차 세계대전에서 소련군에서 싸운 군인들을 기리기 위해서 만들어진 기념비이다.

성 피터 성당
St. Peters Church

마자 필스 이엘라^{Maza Pils iela}의 끝은 칼쿠 이엘라^{Kallku iela}와 리가의 로마 가톨릭 대주교가 있는 13세기 성 피터 성당^{St. Peters}

주소_ Skārnu 19
시간_ 10:00~18:00 (월요일 휴관)
요금_ 2유로, 전망대는 7유로
전화_ 67 22 94 26

전망대
전망대(요금은 9€)에 올라 리가 시내를 조망할 수 있다. 72m높이의 첨탑에 올라 리가의 시내를 바라보기 위해 전망대에 관광객들의 발길이 끊이지 않는다.

Church이 있다. 칼쿠 이엘라^{Kallku iela} 남쪽의 붉은 벽돌로 만들어진 고딕 건물인 성 피터 교회는 15세기에 만들어진 교회로 현재 전시관으로 이용되고 있고, 엘리베이터를 타고 72m

를 올라가 2번째 갤러리까지 가면 구시가의 환상적인 전경이 보인다.

발트 3국에서 가장 오래된 800여 년 전에 지어진 중세 건물로 리가에서 성 피터 성당보다 높은 건물은 짓지 못하도록 스카이라인의 중심을 이루는 고딕 성당이다. 높은 천장과 붉은 벽돌로 가지런히 지어진 성당으로 기둥에는 방패 모양의 문장이 걸려 있고 측면 통로에 성당의 내부 장식과 대조를 이루는 미술작품들이 전시되어 있다. 성당 옆에는 의회 건물 Jokaba iela 11이 있다.

리가의 박물관

리가 역사 & 해양 박물관

성당 옆의 수도원에는 리가 항해
역사박물관이 있다. 1773년에 성당
의 수도원으로 사용되던 곳에 개
관한 박물관으로 발트 3국에서 가
장 오래된 박물관이다.

전시실에 보석, 중세의 문서와 유
물까지 전시되어 있다. 신고전주
의 양식의 칼럼 홀이 가장 유명하
지만 국민들과 유럽의 관광객을
제외하면 방문객은 많지 않다.

홈페이지_ www.rigamuz.lv
주소_ Palasta iela 4 **요금_** 4.75€
관람시간_ 10~17시(5~9월)
　　　　　　11~17시(10~4월, 수~일요일)

점령박물관

리가에서 가장 인상적인 점령 박물관은 소련과 나치의 점령에 대한 여러 가지 인상적인 물건들을 전시하고 있지만 라트비아인들을 순진한 양처럼 묘사하고 소련에 대해서는 나쁘게 묘사한다는 비난도 있다.
20세기에 들어서 1918년에 라트비아 공화국을 출범했지만 나치 독일에 점령되고 다음으로 소비에트 군대에 점령당했다. 그래서 라트비아의 자유는 그 무엇보다 소중하고 의미가 깊다.

홈페이지_ www.okupacijasmuzeis.lv
주소_ Latviesu Strelnieku laukums
요금_ 무료(기부금으로 운영)
관람시간_ 11~18시

리가 미술관 (Art Museum Riga Bourse)

증권거래소 건물을 개조해 만든 미술관으로 건물의 정면은 창문사이에 춤추는 신을, 내부에는 화려한 천장에 달린 황금빛 샹들리에 등의 유명 미술작품을 전시하고 있다. 모네와 로댕의 '입맞춤'이라는 작품뿐만 아니라 중국과 일본의 도자기와 이집트의 미라까지 전시되어 있다.

홈페이지_ www.lnmm.lv
주소_ Doma laukums 6
요금_ 7€
관람시간_ 10~18시(금요일 10~20시)

장식 디자인 박물관 (Museum of Decorative Arts & Design)

리보니아 검의 형제 기사단이 리가에 세운 1207년에 성 제오르지오(St. George's Church) 성당 건물에 함께 지어졌다. 이 박물관은 가구, 목판화, 도자기도 소장하고 있지만 아르누보 양식부터 지금의 응용미술까지 전시하고 있다.

홈페이지_ www.lnmm.lv
주소_ Skarnu 10~20
요금_ 4.75€
관람시간_ 11~17시(수요일은 19시)
전화_ 6722-7833

리가 아르누보 박물관

구시가지의 알버타Alberta, 스트렐니에쿠Strelnieku 거리와 리가 센트럴의 엘리자베테스 Elizabetes 거리에 많이 보인다. 스트렐니에쿠Strelnieku 거리에서 들어가 12번에 아르누보 박물관이 있다. 유명한 영화 제작자인 세르게이의 아버지인 미하엘 아이젠슈타인은 생전에는 가치를 인정받지 못해 불행하였지만 아르누보 건축의 진수로 평가받는다.

아르누보 건물의 정면에는 상상력이 뛰어난 장식이 있다. 1920년대의 콘스탄틴스 페크센스Konstantins Peksens의 주택을 재현해 놓았다. 하나의 특정한 건물이 아니다. 리가에는 많은 건물에서 발견되는 19세기 말~20세기 초에 유럽을 강타한 아르누보 양식의 건물들이 많다. 리가 건물의 약 40% 정도가 아르누보 양식으로 지어졌다고 한다.

리가 성
Castle of Piga

다우가바^{Daugava} 강변에 리가성이 있다. 리가 성은 1330년에 시작되었으며 독일 기사단을 위해 지어졌다. 현재는 카나리아 색깔로 칠해져 라트비아 대통령 관저이며 별로 흥미롭지 않은 외국 미술 박물관으로 사용되고 있다.

홈페이지_ www.president.lv
주소_ Pils laukums 3

화약탑
Powder Tower

카페와 상점들이 있는 리가에서 가장 긴 건물이라는 노란색 건물을 따라가면 리가 구시가지의 외곽을 돌게 된다. 화약탑은 스웨덴의 침략으로 17세기 한차례 파괴된 적이 있다.

화약탑

스웨덴 문
Swedish Gates

아름다운 스웨덴 문은 1698년 성벽으로 세워졌다. 둥글고 끝이 뾰족한 14세기의 풀베르토니스는 톰바 이엘라에 있으며 화약 상점, 감옥, 고문실, 소련 혁명 박물관, 학생들이 파티를 즐기는 곳으로 변형되어 사용되어왔다.

현재는 전쟁기념관이 되어 있으며 거대한 철 대문을 보는 것만으로도 한번은 볼 만하다.

스웨덴이 폴란드와의 전쟁에서 승리한 뒤 더 이상 필요 없다는 의미로 대포를 거꾸로 세워놨지만 또 다시 러시아와 전쟁이 일어났다.

여행의 피로를 카페에서

리가 시내에서 가장 맛있고 저렴한 레스토랑과 카페는 Rama와 Svamidzi이다. 이곳뿐만 아니라 아름답게 늘어서있는 노천카페와 레스토랑은 멋진 음식을 주문하고 기다리면서 여행의 피로를 풀 수 있다. 맛있고 따뜻한 식사를 야외에서 즐겨보자.

토르냐 거리(Torna iela)는 옛 건물들이 몰려있는 거리였던 것을 1997년에 도시 활성화 공사에 따라 화려한 카페골목과 옛 분위기가 공존하는 거리로 바뀌었다.

리가의 골목길 정취

스웨덴 문(Swedish Gates)은 역사적으로도 의미가 있지만 중세의 분위기를 느끼면서 조용히 걷기 좋은 트로녹슈 거리(Trosnu iela)에 있다. 13세기에는 상점들로 북적였지만 14세기부터 스웨덴이 점령하면서 스웨덴 문을 따라 조용한 거리로 바뀌었다.

발트 3국 엑티비티

발트 3국을 여행하면 다양한 체험활동을 하면서 여행을 할 수 없냐는 질문을 받는다. 발트 3국은 아직 관광객을 위한 시설과 프로그램이 개발되고 있는 중이기 때문에 엑티비티가 제한적이라고 한다. 각국의 다양한 체험활동을 알아보자.

하이킹
사람의 발길이 닿지 않은 곳을 걷거나 다양한 풍경을 보는 데는 발트3국이 최고가 아닐 까 생각한다. 발트 3국에서의 하이킹은 내, 외국인 통틀어 매우 인기 있으며, 2000년대 초 이 후, 하이킹 시설과 다양한 하이킹 코스 개발이 이루어졌다. 특히 발트 3국 각지에 있는 습 지를 따라 있는 나무데크를 따라 가면 된다. 겨울에도 설피를 신고 하이킹을 즐길 수 있다.

카누
카누 타기는 에스토니아의 라헤마Lahemaa 국립공원, 라트비아의 가우야Gauja, 살라차, 아바 파Abava 등의 강과 라트갈레 호수지역이 인기가 있다. 라트비아의 가우야Gauja 국립공원은 시굴다Sigulda에서 조직하는 승마유람을 하면서 돌아볼 수 있다. 카누 4~9월에 1~2시간 대 여가 일반 적이다. 소마 국립공원에서 조수 간만의 차이 때문에 수면이 높아지는 시기에 카누를 하는 짜릿한 모험을 즐길 수 있다. (3월 말~4월 초)

버섯따기
에스토니아의 라헤마Lahemaa 국립공원에는 하이킹과 카누를 많이 즐기지만 버섯 따기도 좋은 체험이다.

번지점프
라트비아의 가우야Gauja 국립공원은 리가에서 하루에 다녀올 수 있을 만큼 가깝기는 하지 만 충분한 시간을 가지고 번지점프를 즐길 수 있다. 다른 번지점프와 다르게 케이블카에서 뛰어내리는 짜릿한 느낌을 만끽해보자.

열기구
5월 중순에는 매년 열리는 국제 열기구 콘테스트가 개최되기도 한다.

스키
라트비아의 발미에라Valmiera에는 스키점프대가 있다. 리가에 있는 야외 스케이트장은 기온 이 영하 3도 이하로 내려가면 개장한다.

봅슬레이 경기장
가우야Gauja 계곡은 동계스포츠의 중심지로 시굴다Sigulda에 봅슬레이 경기장이 있다.

리부 광장
Livu Square

리부 광장은 한자동맹으로 영화를 누렸
던 독일인들이 리가를 점령하고 만든 건
물들이 있는 장소이다. 그래서 리부 광장
에는 대길드, 소길드, 고양이 집 등이 몰
려있다. 상권을 장악한 사람들이 몰려 살
았기 때문이다.

대길드와 소길드
Lielā & Mazā Gilde

무역의 중심지였던 리가에는 상인들의 모임인 길드가 자리 잡았다. 대길드는 상인들의 주거지이고 소길드는 기능공 장인의 모임장소를 말한다. 지금 대길드는 라트비아 오케스트라 건물이고, 소길드는 회의 등을 개최하는 곳으로 쓰이고 있다.

주소_ Amatu 5, 6

고양이 집
Cat House

1909년, 아르누보 양식의 영향을 받은 이 건물은 첨탑에 겁먹은 검은 고양이들이 올라가 있는 모습을 보여주고 있다. 길 건너에 위치한 대길드Great Guild에 가입을 하려고 했지만 가입을 거절당하자 분노한 길드 회원들과의 법정 싸움 끝에 건물주였던 상인이 고양이를 반대쪽으로 돌려놓는다는 조건 하에 길드에 가입을 했다고 한다.

주소_ Meistaru iela 10~12

뉴타운
New Town

리가의 상업 중심지는 엘리자게테스 이엘라의 경계를 넘어 넓은 6개의 도로에 걸쳐 있다. 리가가 대도시로 보이는 것은 뉴타운의 이 도로 때문이다. 대로를 따라가면 많은 인상적이고 화려한 19세기, 20세기 초의 건물들이 리가의 특징인 아르누보 스타일로 지어져 있는데 그중에서 유명한 것은 영화 제작자인 세르게이의 아버지인 미카일 아이젠슈타인이 디자인한 집이다. 알베르타 이엘라에도 다른 인상적인 건물들이 서 있다.

라트비아의 유대인 박물관에는 2차 세계 대전 중 라트비아의 유대인 탄압에 대한 전시물을 볼 수 있다. 독일 군인에 의해 찍힌 섬뜩한 설명을 담은 10분 비디오를 보면 잔인함에 놀랄 것이다.

자유 기념탑(자유의 여신상)
Brìvìbas Piemineklis

구시가 동쪽의 시 운하는 19세기에 만들어진 넓은 대로 사이에 놓인 공원들을 구불구불 지난다. 라인바 불바리스의 교차로 근처에 공원들 가운데에는 1980년대와 90년대 라트비아 독립 운동의 중심이 되었던 자유 기념탑이 있다.

리가 광장에는 라트비아 신화에 나오는 사랑의 신 밀다Milda가 조형탑 꼭대기에 있는 자유의 여신상이 보인다. 이민족의 침략을 꽤나 버텨낸 라트비아는 자유의 여신상을 통해 나라를 위해 희생한 라트비아 사람들을 기념하고 있다.

자유 기념탑 근위병 교대식

자유의 여신상 서쪽은 1991년 1월 20일 소련군이 근처 내무성을 급습할 때 숨진 희생자들을 추모하는 기념물로 5개의 붉은 돌로 만들어진 판으로 되어 있다. 순수 미술관은 북쪽에 있으며 아마 발트 해 국가에서 가장 뛰어난 미술품을 가지고 있을 것이다.

기념탑 서쪽 Bastejkalns는 1991년 1월 20일 소련군이 근처 내무성을 급습할 때 숨진 희생자들을 추모하는 기념물로 5개의 붉은 돌 판으로 만들어져 있다.

리가 시민들의 만남의 장소

구시가지에서 바로 옆 블록을 지나면 시내 중심으로 들어갈 수 있다. 마치 동그랗게 도시를 감싸고 있는 수로가 있고 꽃들이 만발한 공원 뒤로 오페라 극장이 있다. 노래를 한다거나 공연을 즐기는 사람이 많다. 라트비아의 주권과 자유를 상징하는 조형물인 자유의 여신상부터 리가의 여행이 시작된다. 이곳은 리가 시민들의 만남의 장소로 사용되고 있다.

149

라이마 시계탑
Laima Clock

올드 타운의 끝에서 보이는 자유 기념탑을 가려면 횡단보도를 건너야 한다. 횡단보도에 도착하기 바로 직전에 조그만 시계탑이 있다.
작은 시계탑에 실망도 하지만 리가 시민들의 만남의 장소로 활용되고 있으며 라이마 초콜릿 회사가 직원들의 지각을 방지하기 위해 세운 시계탑이 지금은 시민들의 시간을 책임지고 있다.

중앙시장
Central Market

제1차 세계대전에 사용된 체펠린 비행선의 격납고와 주변에 있는 대형시장으로 흥정을 하는 리가시민들을 볼 수 있는 관광 명소이다.

라트비아 전통 음식

라트비아는 발트 3국 중에 가장 전통음식이 발달되지 않았다. 러시아스타일의 음식들이 주를 이루는데 라트비아 스타일로 변형되었다. 감자, 밀, 보리, 양파, 배추, 계란, 돼지고기 등을 재료로 사용하고 추운 나라이기 때문에 지방을 많이 함유하는 음식을 즐겨 먹는 것도 특징이다.

키메누 시에르스 imeņu siers

치즈Cheese는 라트비아 어로 키메누 시에르스Kimeņu siers라고 부른다. 자니Jāņi라고 하는 6월 중순에 있는 라트비아 축제 때에 먹는 음식이다.

솔란카 Solanka

고기, 올리브, 채소를 넣고 끓인 스프로 매콤하기 때문에 우리 입맛에는 안 맞을 수 있지만 라트비아 인들은 겨울철에 특히 자주 먹는다.

수프 Soup

소고기 수프인 보르시borshch, 감자 샐러드인 라솔즈rasols도 있다.

보르시   라솔즈

스페치스 Spekis

돼지비계와 호밀빵에 얹어 먹는 음식으로 긴 겨울에 지방이 부족할 때 필요한 영양분을 공급받기 위해 먹는 음식이다. 리가에서는 볼 수 없고 동부의 라트갈레에서 주로 먹는다고 알려져 있다.

피라지 pīrāgi

라트비아에서도 자국식의 피라지pīrāgi가 있는데 우리식으로 생각하면 밀가루 반죽 속에 속을 넣어서 찌거나 구워 낸 만두의 일종이라고 생각하면 될 것이다.

EATING

도미니 카네스
Domini Canes

직원들이 친절하고 내부 인테리어도 북유럽 스타일로 따뜻하게 꾸며놓았다. 성당 앞 브레멘 음악대 동상을 보면서 식사를 할 수 있어 전망이 좋다. 모든 메뉴가 플레이팅이 잘되어 먹음직스럽다.

주메뉴와 디저트까지 주문하는 것이 일반적이어서 단품 메뉴만 주문하는 경우가 거의 없다. 빵도 거칠지 않고 안이 부드러워 한국인의 입에 맞고 같이 나온 버터와 곁들이면 더욱 맛있다. 리가 시민은 수제 파스타를 추천해 주었다.

주소_ Skarmu Street 18~20
요금_ 주 메뉴10~25€(런치메뉴 10€, 폭립 10,8€)
전화_ +371-2231-4122

리도
Lido

일반 식당은 메뉴보고 주문하면 어떤 음식이 나올지 알 수 없어 불안한데 리도는 그럴 걱정이 없다. 샐러드와 족발이 쫀득쫀득하고 맛이 있다. 생맥주와 함께 먹으면 비싸지 않게 만족스럽게 먹을 수 있다. 닭 샤슬릭, 디저트와 음료수 종류도 뷔페식이라 고르기가 좋다.

홈페이지_ www.lido.lv
주소_ Gertrudes iela 54 / Elizabetes iela 19(11~23시)
요금_ 주 메뉴 4~10€
영업시간_ 12~24시
전화_ +371-2780-0633

리도 아트푸아스 센터스
(Lido Atpuas Centers)

크라스타 거리에 있는 리도는 야외 놀이 시설과 아이스링크, 공연 등이 있어 가족 단위의 주말 고객이 많다.

▶Krasta iela 76(11~23시)

빈센트
Vincent

라트비아의 유명 셰프인 마르틴스 리틴스^{Martins Ritins}가 운영하는 빈센트는 해외 유명인사가 오면 한 번씩 찾는 최고급 레스토랑으로 알려져 있다.

동유럽 음식은 달고 짠 음식이 많지만 빈센트는 과하게 달고 짜지 않아 어떤 메뉴를 주문해도 맛있다는 이야기를 듣고야 마는 레스토랑이다.

빵의 종류부터 다양해 놀라고 스테이크는 부드럽게 목을 타고 넘어간다.

생선스테이크는 잘게 부서지지 않고 두툼하게 찍어 먹을 수 있는데 맛은 신선하다. 빌뉴스에서 가장 고급스러운 레스토랑을 추천해달라고 하면 누구나 빈센트를 말한다.

홈페이지_ www.vincent.lv
주소_ Elizabetes iela 19
요금_ 주 메뉴 25~80€
영업시간_ 18~22시
전화_ +371-6733-2830

이스타바
Istaba

라트비아 TV에도 나오는 현지 유명 셰프인 마르틴스 시르마이스^{Martins Sirmais}가 운영하는 최고급 레스토랑이다.

2층에는 미술관과 공연장이 들어서 있다. 세트 메뉴는 없고 셰프가 매일 특선 메뉴를 만들고 있다. 빵, 소스, 채소는 추가해야 한다. 빌뉴스에서 빈센트와 함께 가장 고급스러운 레스토랑으로 추천하는 레스토랑이다.

주소_ Krisjana Barona iela 31a
요금_ 주 메뉴 15~30€
영업시간_ 12~23시
전화_ +371-6728-1141

빅 배드 베이글
Big Bad Bagels

우리가 평소에 먹던 거칠고 딱딱한 베이글을 생각했다면 기대감을 올려서 만족할 수 있다. 베이글이 햄버거처럼 다양한 유기농 재료와 어울리고 풍성한 크림은 입맛을 돋굴 것이다. 생과일 주스와 같이 먹는다면 한 끼 식사로 충분하다.

홈페이지_ www.bigbadbagels.lv
주소_ Krisjana Barona iela 31a
요금_ 주 메뉴 12~23€
전화_ +371-6728-1141

리비에라
Riviera

지중해 요리를 표방하는 해산물이 주 메뉴인 맛집으로 성수기에는 예약이 필수이다. 고기 등의 요리가 많은 리가에서 홍합, 해산물 BBQ는 맛보기 힘들어 현지인의 발길을 끊이지 않는다.
라트비아화 된 지중해 요리로 식전 빵, 디저트도 최고라고 추천하는 레스토랑이다. 풍성한 해산물 요리를 먹고 싶다면 추천한다.

홈페이지_ www.riviera.lv
주소_ Dzirnavu iela 31
요금_ 주 메뉴 8~30€
전화_ +371-2660-5930

피쉬 레스토랑 르 돔
Fish Restaurant Le Dome

발트 해의 신선한 어류를 재료로 다양한 음식을 만들 수 있다는 사실을 알 수 있는 레스토랑이다. 친절한 직원과 서비스도 훌륭하며 다양한 음식에 라트비아의 맛을 가미했다는 이야기를 듣는 곳으로 고급화된 생선요리를 맛보고 싶다면 추천한다.

홈페이지_ www.zivjurestorans.lv
주소_ Miesnieku iela 4
시간_ 08~23시 **요금_** 주 메뉴 23~35€
전화_ +371-6755-9884

리츠
Riits

젊은 감각의 레스토랑으로 젊은이들이 주로 찾는 레스토랑이다. 라트비아 전통 수프와 스테이크 등이 인기가 많은 주 메뉴로 가격도 5€시작해 가격부담도 적다. 현대화되고 있는 리가에서 젊은 입맛에 맞는 레스토랑으로 추천해주는 곳이다.

홈페이지_ www.riits.lv
주소_ Dzirnavu iela 72
시간_ 09~23시 **요금_** 주 메뉴 8~30€
전화_ +371-2564-4408

밀다
Milda

옛 라트비아 전통 음식과 맥주를 맛보면 좋을 것 같다. 전통음식은 주로 짜기 쉬어 짠맛을 중화시켜 주어야 한다.
전통음식을 먹을 수 있는 곳에서는 현대화되어 관광객이 찾기에 부담이 없다. 청어생선구이, 수프(솔란카)가 가장 인기있는 메뉴이다.

홈페이지_ www.milda.lv
주소_ Kungu iela 8
요금_ 주 메뉴 12~23€
시간_ 12~23시
전화_ +371-2571-3287

카페 미오
Cafe Mio

식탁 위에 놓인 스테이크와 케익을 맛보면 카페같지 않고 전문 레스토랑처럼 느껴진다. 맥주나 와인과 같이 스테이크는 맛보면 좋을 것 같다.
리가의 전통음식을 만들었다가 관광객을 대상으로 음식 메뉴를 바꾸고 소스도 다르게 변화시켜 관광객은 부담없이 즐길 수 있다.

주소_ Blaumana iela 15
요금_ 주 메뉴 8~20€
시간_ 12~23시
전화_ +371-2814-3139

발트 3국의 수제 맥주 펍 & 레스토랑 Best 4

유럽에서 수제 맥주를 직접 만들어 파는 레스토랑과 펍^{Pub}이 조화된 곳이 인기가 많다. 발트 3국도 마찬가지로 수제 맥주를 직접 공급하는 맥주와 레스토랑을 겸하면서 젊은이들에게 인기를 끌고 있다. 전 세계의 관광객과 현지인이 섞여 맥주를 마시고 안주로는 전통음식을 안주삼아 즐길 수 있다.

에스토니아

헬 헌트(Hell Hunt)

에스토니아 최초의 펍 Pub이라고 하는 오래된 펍이다. 에스토니아 맥주와 수입 맥주를 마실 수 있고 생맥주도 마실 수 있다. '지옥 사냥Hell Hunt'이라는 무서운 뜻이지만 에스토니아에서는 '온순한 늑대'라는 뜻으로 사용된다고 한다.

홈페이지_ www.hellhunt.ee
주소_ Pikk 39 **시간_** 12~새벽 02시

라트비아

라비에티스 알루스 다르브니카 (Labietis Aius Darbnica)

직접 모든 맥주를 만들 수 있는 양조장을 겸하면서 50가지가 넘는 맥주를 공급한다. 주마다 다른 맥주를 마실 수 있는 기회가 있다. 5잔의 맥주를 소량으로 마셔보고 마실 맥주를 선택하면 된다.

주소_ Aristidas Briana iela 9A2
시간_ 13~새벽03시 **전화_** +371-2565-5958

리투아니아

레이시아이(Leiciai)

레이시아이도 마찬가지이다. 감자 팬케이크와 체펠레나이 만두를 저렴하게 판매하고 있다. 2층의 테라스에서 맥주의 풍부한 맛이 더운 여름날에 여행의 피로를 푸는 즐거움을 준다.

주소_ Aristidas Briana iela 9A2
시간_ 13~새벽03시
전화_ +371-2565-5958

알라우스 비블로테카(Alaus Bibloteka)

위의 수제 맥주 레스토랑과 마찬가지이다. 다양한 맥주를 마시면서 전통음식을 안주삼아 관광객은 여행의 피로를 풀고 현지인은 삶의 피로를 푸는 펍이자 레스토랑이다.

Vilnous

빌뉴스

빌 뉴 스

숲과 호수의 나라, 바로크풍의 도시의 중세의 향기를 간직한 나라, 아픈 역사를 딛고 일어선 나라로 요약할 수 있는 리투아니아의 수도인 빌뉴스는 가장 아름답고 푸른 숲이 많은 도시이다. 빌뉴스는 네리스Neris강에서 내륙으로 250㎞ 떨어진 곳에 위치하고 있다.
3층 높이의 바로크풍 건축물과 고전 건축물로 가득한 동화의 나라 같은 구시가의 구불구불한 거리는 돌아다니기에 좋다. 폴란드와 밀접한 관계를 잘 나타낸 흔적을 수많은 가톨릭 교회와 수세기 동안 중부유럽 스타일로 건설된 건축물에서 볼 수 있는 편안하고 다정한 도시이다.

간단한 도시 역사

빌뉴스는 리투아니아의 수도로, 옛 이름은 '빌나Vilna'였다. 리투아니아 대공국 후에 폴란드-리투아니아 연방의 영토였다. 17~18세기에 빌뉴스는 화재, 전쟁, 기근, 전염병 등을 겪었지만 19세기에 산업이 발전함에 따라 다시 성장하여 폴란드에서 쫓겨난 귀족들의 피난처가 되기도 했다.
1차 세계대전동안 독일이 3년 동안 점령하면서 파괴되고 전쟁이 끝난 후 빌뉴스는 다시 폴란드에 합병되었다. 2차 세계대전 전까지 빌뉴스 인구 중 1/3은 유대인이었고 전 세계에서 유대인 문화의 중요한 중심지역할을 하였다. 제2차 세계 대전 이후 리투아니아 소비에트 사회주의 공화국의 수도가 되었고, 이어 독립국 리투아니아 공화국의 수도가 되었다.

빌뉴스 IN

인천공항을 출발해 핀란드 헬싱키를 경유해 리투아니아의 빌뉴스에 11시간, 폴란드의 바르샤바를 경유하면 13시간 정도만에 도착할 수 있다.

비행기

리투아니아도 저가항공을 이용하여 여행을 하는 것이 일반화되어 있다. 리투아니아에는 빌뉴스Vilnius와 카우나스Kaunas, 팔랑가Palanga 국제공항이 있다. 카우나스는 1차 세계대전 후 폴란드가 점령했을 때 임시 수도의 역할을 했던 도시이기도 하다.

빌뉴스 행 비행기는 북유럽(덴마크의 코펜하겐, 핀란드의 헬싱키, 스웨덴의 스톡홀름)에서 주로 운항하고 있고 독일의 베를린, 프랑크푸르트, 바르샤바에서도 운항을 하고 있다. 폴란드의 바르샤바나 핀란드의 헬싱키를 거쳐 가는 방법이 가장 빠른 방법이다.

▶**주소_** Rodûnios road 10A
▶**홈페이지_** www.vilnius-aitport.lt

> ### 주의사항
>
> 카우나스Kaunas는 주로 영국이나 아일랜드, 북유럽으로 운행되는 저가 항공이 취항하는 공항이다.

버스

리투아니아에서 버스여행이 제일이다. 거리에 따라서 버스표의 값이 다르다. 빌뉴스와 카우나스Kaunas 는 가까우니 5~6유로, 클라이패다Klaipéda 는 17-20 유로이다. 리투아니아에서는 버스표를 매표소에서 구입할 수도 있지만 버스 안에서 사도 된다.

유로라인Eurolines, 럭스 익스페리스Lux Express 이 동일하게 운행하고 있다. 리가Riga(6시간 소요) 등에서 운행하고 있다.

▶**주소_** Sodu St. 22
▶**홈페이지_** www.toks.lt

기차

폴란드의 바르샤바, 라트비아의 리가에서 기차여행을 즐기며 들어올 수도 있다. 기차는 클라이페다 Klaipeda, 샤울레이Šiauliai, 빌뉴스Vilnius, 트라카이Trakai 등으로 이동한다.

출발~도착	시간
빌뉴스~ 러시아 상트 페테르부르크	14시간
빌뉴스~러시아 모스크바	15시간
빌뉴스~폴란드 바르샤바에서	9시간
빌뉴스~벨라루스의 민스크	4.5시간
빌뉴스~칼라닌그라드	6.5~7.5 시간

공항에서 시내 IN

빌뉴스 국제공항은 빌뉴스 시내에서 대략 10㎞ 정도 떨어져 있으며 공항에서 리가 시내로 들어가기 위해 가장 좋은 방법은 버스이다. 1, 2번 버스(23시까지 운행)를 타면 30분 이내에 빌뉴스 시내에 도착한다. 미니버스는 40분마다 운행하고 1€로 저렴하다.

공항철도(0.8€)는 자주 운행을 하지 않기 때문에 관광객이 많이 탑승을 하지 않지만 10분이면 중앙역까지 도착한다. 택시는 아직 많이 이용하지 않아서 택시비는 유동적인데 바가지요금도 있다고 하니 조심하자.

시내교통

빌뉴스 시내에는 버스, 트롤리 버스, 미니버스가 운행되고 있다. 차가 없다면 도로가 잘 정비되어 있고 거리가 멀지 않기 때문에 빌뉴스에서 버스로 가는 게 가장 편하다. 버스표는 버스를 타면서 구입이 가능하다.(1€로 저렴/학생 0.5€)

빌뉴스 시민들은 대한민국의 티머니 교통카드와 같은 전자 교통카드를 사용한다. 키오스크(1회용 버스표는 구입불가)에서 전자 교통 카드를 사서 이용해도 된다. 카드는 충전하면 된다.

버스

미니버스

주의사항

버스표는 구입 후에 내릴 때까지 버리지 않는 것이 좋다. 가끔 표를 확인하기 때문이다. 표가 없으면 벌금을 내는데, 17~28€ 이다.

빌뉴스 시티 카드

시티카드 소지자는 대중교통을 24~72시간 동안 이용할 수 있다. 무료로 박물관 입장과 가이드 투어를 이용할 수 있고 기념품을 구입하고, 버스와 미니버스, 자전거를 빌려서 관광 투어를 다닐 수 있다. 레스토랑, 카페, 숙박에서 할인도 받을 수 있어 사용처는 점점 늘어나고 있다. 빌뉴스 관광안내소, 관광청 등에서 구입이 가능하다.

▶**홈페이지_** www.vilnius-tourism.lt
▶**요금_** 1일 권(20€)/3일 권(45€)
      14세 이하 어린이는 5%할인 적용

Vilnius City Card

24-72 h

택시

택시가 대중교통보다 더 빠르지만 비싸다. 빌뉴스는 택시비가 1km에 0.6~1€ 정도이다. 택시 주차장에서 택시를 타던지 아니라면 택시회사에 전화를 해야 한다.

핵심도보여행

빌뉴스의 중심가는 게디미나스 언덕Gedimimas Hill이 솟아있는 대성당 광장인 카테드로스 아익스테 Katedros Aikste이다.

카테드로스 아이크스테Katedros Aikste의 남쪽이 구시가 거리로 서쪽으로 게디미노 프로스펙타스 Gedimino Prospektas가 시내에서 새로운 중심가이다.

기차역, 버스터미널은 약 1.5㎞정도 떨어져 있다. 구시가는 다양한 건축 양식의 박물관이기도 하다.

게디미나스 언덕

게디미나스 언덕위

대성당과 종탑 앞 모습

대성당과 종탑 뒤의 모습

현재 미술관으로 사용하고 있는 구시
청사는 고전주의 양식이다.

빌뉴스 대학의 주요 건물들이 필리에
스 가트베와 윈베르지테토 가트베 사
이에 있는 대부분의 지역에 들어서 있
다. 1579년에 세워진 빌뉴스 대학은 가
장 훌륭한 폴란드 학문 중심지의 한
곳이었으며 1832년 러시아가 폐쇄하
기 전까지 17~19세기 초에 수많은 유
명한 학자들을 배출한 곳이다. 빌뉴스
대학은 1919년에 다시 개관했으며 오
늘날에는 14,000명 이상의 학생들이
공부하고 있다.

현 미술관(구. 시청사)

빌뉴스 대학

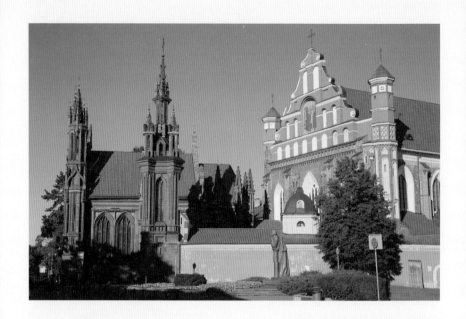

12곳에 연결된 정원은 여러 길과 정문을 통해 들어갈 수 있다. 조노 가트베^{Sv Jono Gatve}에 있는 남쪽 정문으로 들어가면 삼면에 17세기 초의 양식으로 지어진 갤러리, 18세기의 웅장한 바로크 양식으로 지어진 갤러리, 18세기의 웅장한 바로크 양식으로 된 건물외형으로 된 성 요한 교회^{Sv Jono Baznycia}가 있는 디디시스^{Didysis} 또는 스카르가^{Skarga} 정원로 이어진다.

필리에스 가트베 동쪽으로는 베르나르디누 가트베 11에 위치한 폴란드의 낭만주의 시인인 아담 미키비츠의 오래된 집이 있으며 지금은 미키비츠 박물관으로 쓰이고 있다.

성 안나 교회

마이로니오 가트베 건너편에는 1581년에 건설된 멋진 벽돌로 된 성 안나 교회가 있다. 이 교회는 완만한 곳과 정교한 첨탑으로 된 리투아니아 고딕양식으로 지어진 건축물의 결정체이다.

마이로니오를 따라 더 내려가면 12번지에 아름다운 성모마리아 러시아 정교회가 서 있다. 이 교회는 17세기말에 파괴되었지만 1865~68년에 재건되었다. 그 뒤에 좁은 빌나개울 위로 빌뉴스에서 가장 흥미로운 이웃도시인 우주피스Uzupis로 연결되는 우주피오 다리Uzupio Bridge가 있다.

이 지역은 부랑자나 범죄자가 많은 지역이었지만 지금은 여러 미술가들이 옮겨와 여러 곳의 허물어져가는 건물에 거주하며 즉흥 미술 쇼를 펼치기도 한다.

문학골목

게디미나스 도로 Gedimino prospektas

대성당 앞에 있는 도로로 빌뉴스에서 가장 번화한 도로이다. 자동차가 운행하는 도로이지만 18시부터 보행자 전용도로로 변화한다. 명품 매장, 백화점 등 분위기 좋은 카페가 늘어서 있고 국립 극장, 국회의 사당, 국립도서관이 같이 서있다.

디조이 Didzoji gatvė & 필리에스 Pilies gatvė 거리

새벽의 문을 나오면 중세의 분위기를 연출하는 건물들에 인상적인 거리가 디조이 거리 Didzoji gatvė이다. 관광객이 구시가지에서 가장 처음으로 만나는 거리로 디조이 거리 Didzoji gatvė에서 필리에스 거리 Pilies gatvė로 이어져 대성당이 나오면 끝이 난다. 관광객에게 가장 인상적인 화려함을 자랑하는 거리이다.

빌뉴스 거리 Vilniaus gatvė

수도 빌뉴스 이름을 가진 거리는 게디미나스 도로에서 연결되어 있다.

보키에츄 거리 Vokiečių gatvė

구시청사 광장 서쪽의 보키에츄 거리는 걷기에 좋다. 옛 분위기의 카페골목에 분위기 좋은 레스토랑과 카페가 늘어서 여름에는 관광객과 시민들이 뒤엉겨 북적이는 분위기를 연출한다.

콘스티투치요스 대로 Konstetucijos prospektas

네리스 Neris 강 북쪽에 있는 거리로 고층 빌딩들이 들어선 신시가지이다. 쇼핑몰(유로파 Europa 등)과 새로운 건물이 다른 나라에 온 듯하다. 리에투바 앞으로 연결된 다리는 데이트장소로 빌뉴스 시민들의 새로운 집합지이다.

오페라 ㅎ

시티공원

KGB박물관●

Radvilų

Neris River

리투아니아 국립박물관

삼 십자가 언덕

게디미나스
캐슬 타워

Gedimino pr.

dariŲ

Totorių

대통령 궁   빌뉴스 대학교

구 시청사

Šv.Kazimiero

Arklių

성 테레사교회

새벽의 문

구시가
Old Town

카테드로스 아이크스테^{Katedros Aikste}에서 남쪽으로 1㎞ 정도 이어진 지역은 15~16세기에 건설된 구시가 지역으로 여러 번 둘러봐도 좋은 곳이다. 중심가는 필리에스 거리와 남쪽으로 이어진 디조이 거리^{Didzioji Gatve}이다.

단순히 중세의 건물만 있는 라트비아나 에스토니아와 다르게 공원과 빌뉴스 대학교, 우주 피스까지 다양한 모습을 볼 수 있다. 그밖에도 구시가 곳곳에는 아름다운 건물들과 골목길이 펼쳐져 있다. 순수한 풍경을 간직하여 조용한 도시의 모습이 간직될 것이다.

새벽의 문
Gates of Dawn

기차역에서 가장 먼저 구 시가지를 반겨주는 곳은 새벽의 문이다. 구시가지 관광은 새벽의 문에서 시작된다. 16세기 르네상스 양식으로 지어진 이 건물은 원래 도시를 지키는 성의 일부분이었다고 한다.

2층은 성당으로 아름다운 성모 마리아 상이 있는데 671년에 이곳으로 가져다 놓았다고 한다. 이 마리아 상은 기적을 행하는 상으로 알려져 있어 새벽의 문은 성지로 손꼽히는 곳이다. 새벽의 문을 지나 구시가지로 들어서면 다양한 볼거리들이 나타난다.

전화_ +370-6825-9309

성 테레사 교회
Saint Thersa Church

바로크 양식으로 지어진 가톨릭 성당으로 초기 바로크 양식의 건물로 내부는 화려한 후기 바로크 양식으로 이우러져 있다. 입구 밑에는 망자를 위한 지하실이 있다.

홈페이지_ www.ausrosvartai.lt
주소_ Aushros Vartu 7b
시간_ 07~12시, 16~19시 **전화_** +370-212-3513

성령교회
Holy Spirit Orthodox Church

성 삼위일체 성당의 위에 있는 교회로 바로크 양식의 가톨릭 성당이었다. 그런데 옆 건물에는 러시아 정교회 수도원이 같이 있는 특이점이 있다.
안타나스Antanas, 요나스Jonas, 에우스타히우스Eustachijus의 순교한 성인 3인의 시신이 안치되어 있고 성당입구의 벽화에 그림으로 얼굴이 표현되어 있다.

주소_ Aushros Vartu g.10
시간_ 10~17시 **전화_** +370-5212-7765

성 카시미르 성당

성 카시미르 성당
St. Casimir's Church

리투아니아 어로 성 카지미에라스 성당이라고 부른다. 구시청사 바로 옆에 성 카시미르 성당St. Casimir's Church은 리투아니아에서 가장 오래된 바로크 성당이다. 빌뉴스에서 가장 오래된 양식의 성당으로 예수회가 1604~1615년까지 건설한 성당의 돔과 십자가 모양의 내부는 완전히 새로운 양식으로 평가받는다. 수백 년 동안 성당은 여러 번 파괴되었지만 최근에 보수공사를 끝내고 다시 개장하였다.

홈페이지_ www.kazimiero.lt
주소_ Didzioji Gatve 34
시간_ 07~19시
전화_ +370-212-1715

빌뉴스 게토
Vilnius Ghetto

구시청사에서 이어진 골목으로 유대인이 집단으로 거주한 지역이다. 2차 세계대전 전까지만 해도 유럽의 각 나라에서 유대인 집단 거주지가 많았지만 나치의 유대인 학살 후 없어졌다.
발트 3국에 유대인이 특히 많이 살았는데 발트3국 중에 리투아니아의 빌뉴스에 많은 유대인이 살았다. 지금은 과거 유대인의 삶과 2차 세계대전의 장면을 동시에 볼 수 있는 장소로 관광객이 찾고 있다.

주소_ Mesiniy g. 3A

구 시청사
Rotušė

15세기에 리투아니아의 행정, 정치의 중심지로 역할을 하기 시작했지만 미흡하였고 18세기에 스투오카 – 쿠체비츄스 Stuoka-Gucevicus가 대성당과 함께 건축하면서 지금의 모습을 갖추기 시작했다.
16세기부터 시청 광장으로 사람들이 몰리면서 광장은 빌뉴스 시민들이 정보를 얻을 수 있는 장소로 탈바꿈하기 시작해 범죄자의 처형도 열기 시작했다. 중요 행사에서 손님을 대접하는 영빈관으로 사용되기도 한다.

주소_ Didžoji g. 31

성 피터 & 폴 교회
Saint Peter & Paul Church

빌뉴스에서 반드시 가봐야 할 교회로 알려져 있다. 소박한 외관에 실망했다가 화려한 성당으로 만족할 것이다. 교회의 내부가 아름답다고 알려진 성당으로 구시가지 중심에서 조금 떨어져 있는 단점이 있다.

주소_ Antakalnio g.1
시간_ 10～17시
전화_ +370–234–0229

구시청사

세인스 존스 교회(요나 성당)
St. John's Church

고딕양식의 요
나 성당은 나
폴레옹이 와
서 보고는 손
바닥에 옮겨
파리로 가져가
고 싶다고 할
정도로 아름다
운 건물로 뽑
힌다.

존스 교회 종탑, 역사적인 종탑에는 현
대 엘리베이터가 있으며 방문자는 발을
끌지 않고 45m 높이의 전망대로 들어갈
수 있다. 나무 계단과 함께 빌뉴스의 구
시가지와 펼쳐진 거리는 조감도에서 볼
수 있다.

주소_ S. Daukanto a. 3

리투아니아 대통령 궁
Lithuania Presidential Palace

빌뉴스대학교 정문을 찾게 되거든 그 앞
쪽에 있는 알록달록한 건물을 그냥 지나
치지 말자. 그곳이 현재의 대통령 궁이다.
그곳은 중세시대부터 리투아니아 대주교
들이 거주했던 곳이었고 제정 러시아 시
대에는 리투아니아 지역을 관할하던 사
령관들의 관저로 사용되기도 했다.
1812년에는 러시아로 향하던 나폴레옹이
이곳에 하루 묵어간 것으로 유명하다. 정
말 대학교에서 돌을 던지면 닿을 곳에 위
치해 있다.

대통령 궁 내부에 들어가 보고 싶다면
www.president.lt에 들르자. 대통령 궁 내
부 견학을 할 수 있는 방법이 나와 있다.
중세시대부터 내여온 방들이 아주 훌륭
하다.

요금_ 종탑 2.5€, 1.5€
시간_ 10~18시 30분(5~9월)

빌뉴스 대학교
Vilnius University

빌뉴스 대학교는 동유럽에서 가장 오래된 대학 중 하나이다. 리투아니아에서 개혁 운동이 확산되던 시기에 설립된 예수회신부들은 종교개혁을 위해 신속하게 교육을 받았다. 그들은 1569년, 대학을 만들기 시작해 1579년에 빌뉴스 대학교 University of Vilnius를 설립했다.

빌뉴스 대학교의 캠퍼스는 오랫동안 형성되어 고딕, 르네상스, 바로크, 고전주의 건축이 혼합되어 있다. 중세적인 분위기의 건축물은 학생들의 즐거운 분위기와 상반 된 듯 보인다. 다채로운 13개의 안뜰, 아케이드, 갤러리는 대학교를 더욱 부럽게 만들고 있다.

현재 빌뉴스 대학교 Vilnius University에는 약 23,000명의 학생들이 공부하는 12개의 학부가 있다. 대학 행정부는 가장 오래된 궁전과 3개(역사, 문학 및 철학)학부에 자리 잡고 있다.

1570 년대에 설립된 도서관도 있다 . 500만 장이 넘는 지문과 오래된 원고가 축적되어 있는 대학교는 세계 최초로 알려진 리투아니아어 도서 2권 중 하나 인 마르티나스 마즈브다스 Martynas Mažvydas 교리 문답의 원본이 있다.

> ### 가이드 투어
> 리투아니아어, 영어, 프랑스어, 러시아어 및 폴란드어 언어로 9~15시까지 빌뉴스 대학을 보고 싶어하는 관광객에게 제공되고 있다.

대학 서점

1579년에 세워진 빌뉴스 대학교는 대학 구내 서점 때문에 관광객이 찾는다. 잘 알려져 있지는 않지만 전 세계에서 가장 아름다운 서점으로 꼽힐만한 곳이라고 한다. 서점에 들어서면 눈에 띄는 것이 천장에 그려진 벽화들이다.

1979년 대학교 설립 400주년을 기념해 안티나스 흐미엘랴우스카스가 그렸다는 벽화는 대학 400년의 문화와 자부심을 그렸다. 벽화 사이사이 그려진 인물들은 유명교수와 학교 발전에 관련된 인물들이다. 벽화와 서점 모두 40년이 넘었다. 그냥 두었으면 평범한 서점이었을 공간이 벽화로 인해 새로운 공간, 전혀 다른 의미로 다가오는 공간이 될 수 있다는 사실이 새로웠고 부러웠다.

175

빌뉴스 대성당
Vilnius Cathedral

리투아니아의 심장으로 불리는 대성당으로 성당 앞에는 종탑이 있는데 처음에는 성의 방어탑이었다가 성당이 들어서자 종탑으로 용도가 변경되었다고 한다.

리투아니아의 독립운동시기에 대부분의 민중집회가 열리던 카테드로스 아이크스테^{Kateros Aikste}에는 빌뉴스 대성당^{Vilnius Cathedral}이 우뚝 솟아있다.

이 대성당은 소련시대에 미술관으로 사용된 후에 1989년 다시 신에게 봉헌된 곳이다. 이 성당은 고대 그리스 신전을 모델로 한 하얀색 성화로 기독교에서는 그 예를 찾아보기 힘들다고 한다. 또한 벽에 걸려있는 그림으로도 유명한데 모두 다 인물화로 이 지방의 유명인과 성인들이라고 한다.

대성당의 특징

천둥의 신인 페르쿠나스(Perkunas)에게 제사를 지내던 장소를 국가의 상징물로 만들었다. 1387년부터 2년 동안 최초의 목조 성당이 세워졌다. 파괴되었지만 다시 복원되었다. 성당 뒤에 있는 성 카시미르 예배당은 바로크식 둥근 지붕과 화려한 대리석, 프레스코화로 장식되어 아직도 아름다움을 뽐내고 있다.

스테부크라스 STEBUKLAS

'기적'이라는 뜻의 대성당과 종탑 사이, 바닥면에 적힌 석판으로 리투아니아의 빌뉴스부터 시작해 에스토니아의 탈린까지 이어진 발트의 길을 기념하는 석판이

다. 독립이 된 이후 이 석판 위를 3바퀴 돌면 소원이 이루어진다는 이야기가 돌면서 지금도 관광객이 주위를 빙글빙글 돌고 있다.

게디미나스 동상

대성당의 오른쪽에 있는 커다란 동상으로 수도를 빌뉴스로 옮긴 것을 기념하는 동상이고 동상 아래에는 수도를

옮기는 데 도움을 준 5대 공작의 얼굴이 새겨져 있다.

대성당 광장

대성당 광장
Cathedral Square

빌뉴스 대성당과 종탑(57m)이 있는 대성당 광장이 빌뉴스의 중심으로 항상 시민과 관광객으로 북적인다.

독립을 위해 인간 사슬을 만든 1989년 빌뉴스에서 탈린까지의 650㎞ 길이의 시작점이 여기이다. 광장의 뒤로 게디미나스 언덕이 있어 올라가 빌뉴스 시내를 보고 여행을 시작한다.

리투아니아 국립 박물관
National Museum of Lithuania

13세기부터 1945년까지 리투아니아 인들의 삶을 알 수 있는 박물관이다. 민속 공예품이 대부분이지만 14세기에 만들어진 초창기 동전이 인상적이다.

리투아니아 귀족 궁전
Palace of the Grand Dukes of Lithuania

리투아니아 귀족들이 살았던 궁전을 재건한 곳인데 강대국의 침입을 받았던 역사를 이해하는데 도움이 된다.

1층에 16~17세기의 역사 흔적이 주로 담

겨 있지만 그 이전의 귀족들의 삶을 이해
할 수도 있도록 준비되어 있다. 18세기부
터는 사교 행사가 주로 열렸고 러시아 점
령기에 폐허가 되었다. 이후 복원사업을
거쳐 2013년에 다시 열었다.

홈페이지_ www.valdovurumai.lt
요금_ 4€ / 가이드투어 20€(학생 2€)
시간_ 화~금요일 11~18시 / 토~일요일 11~16시

게디미나스 언덕
Gediminas Hill

대성당 광장 뒤로 솟아 있는 48m높이의
언덕에서 빌뉴스 시내를 감상할 수 있다.
언덕에 있는 게디미나스 성^{Gediminas Castle}
은 13세기에 도시의 시작과 함께 지어졌
으나 파괴되었다가 최근에 복원이 완료
되었다. 케이블카를 이용해 언덕을 오르
면서 아름다운 빌뉴스 시내를 볼 수도 있
다.

리프트

2003년 빌뉴스에
서 리프트가 시
작되었는데, 게디
미나스 언덕에서
정상까지 쉽게
올라갈 수 있다.
71m를 35초 만에
산으로 올라가고 16명이 탑승한다. 네리스
(Neris) 강이 있는 도시의 아름다운 경치를
보러 언덕으로 올라간다.

▶**전화_** +370 5 261 7453
▶**이용시간_** 9~10월 10~21시
　　　　　(10~다음해 3월까지 10~18시)
▶**요금_** 2€

게디미나스 성(Gediminas Castle)

빌뉴스 전경을 위해 찾는 관광지는 빌뉴스의 상징인 게디미나스 성Gediminas Castle 빌뉴스로 수도를 옮긴 게디미나스Gediminas 공작이 처음으로 지은 성이다.
이곳에서 보는 구시가지 전경은 아름답기로 유명하다. 구시가지는 세계문화유산으로 지정되어 있다.

게디미나스 캐슬 타워
(Gediminas Castle Tower)

48m높이의 게디미나스 언덕Gediminas Hill 꼭대기의 대성당 뒤에 위치한 여러 번 재건된 게디미나스 캐슬 타워Gediminas Castle Tower는 빌뉴스 전경을 보기 좋은 곳이다.
카테드로스 아이크스테Kateros Aikste에서 길을 따라 가면 된다. 붉은 벽돌의 탑은 상류층 성의 일부였다. 구시가지의 아름다운 전경을 감상하려면 나선식 계단을 통해 탑의 꼭대기로 올라가면 된다.
탑 안에는 박물관이 있고 14~18세기의 성 모습을 재현한 모형과 중세 무기가 전시되어 있다.

게디미나스 캐슬 타워 일시 패쇄

2017년 11월 4일 게디미나스 언덕은 작업으로 인해 방문객에게 일시적으로 닫힌다. 게디미나스 캐슬 타워도 폐쇄된다.

성 박물관(Castle Museum)

1968년에 시작해 그는 리투아니아 국립 박물관의 회원이 되었다. 게디미나스 성의 박람회는 14세기에 소개된다.

17세기 후반 빌뉴스 성^{Vilnius castle}, 무기, 옛 빌뉴스^{Bilnius}의 상징적인 재구성의 시작. 탑 꼭대기에는 빌뉴스의 멋진 파노라마가 보이는 전망대가 있다.

홈페이지_ www.lnm.lt
요금_ 5€(학생 2.5€)
시간_ 4~9월 10~21시(10~다음해 3월 18시까지)
전화_ +370-5-261-7453 / +370-5-262-9426

삼 십자가 언덕
Three Crosses Hill

빌뉴스를 굽어보고 있는 3개의 하얀색 십자가는 바로 이곳에서 십자가에 못 박힌 3명의 수도승들을 기념하기 위해 17세기부터 이곳에 세워졌다. 1989년에 세워진 현재의 십자가는 소련당국이 무너뜨려 묻어버린 3개의 원형 십자가를 복제한 것이다.

코스키우스프코스 가트베^{Kosciuskos Gatve}의 끝에 위치한 성 피터^{St. Peter} & 성 바울교회^{St. Paul's Church} 내부는 여러 실제 인물, 신화 속 인물, 동물, 식물을 나타낸 하얀색 치장벽토 조각으로 가득한 세계이다.

대부분의 장식은 1675년~1704년까지 이탈리아 출신의 조각가들이 조각한 것이다. 걸어가는 것이 싫다면 성당 부근의 브루블레프스키오 가트베^{Vrublevskio Gatve}에 있는 게디미노^{Gedimino} 정거장에서 2, 3, 4번 트롤리버스를 타고 가면 된다.

문학골목

문학골목
literature alley

골목길을 걷다가 발걸음을 멈추게 하는 곳은 문학골목으로 유명 문학인의 작품과 사진들이 담벼락에 촘촘히 붙어 있다. 리투아니아의 문학인과 문학사를 한눈에 볼 수 있도록 만든 참신한 아이디어가 돋보인다. 현재 101명의 문학인이 소개되어 있는데 누군가를 기다리는 빈자리는 여유와 여백의 미를 느끼게 한다.

KGB 박물관
KGB Museum

벽에 수많은 사람들의 이름이 새겨진 건물은 소련 시대에 빨치산 활동을 하다가 살해된 사람들이다. 소련시대 KGB건물이 었던 이곳은 지금 박물관으로 사용하고 있다. 박물관 2층에는 흑백사진으로 시베리아로 끌려간 사람들의 역사적 사실에 관한 것을 알려주는 사진들과 옷가지가 전시되어 있다.

리투아니아는 40년대부터 50년간 소련의 지배를 받았다. 당시 36만 명이 사망했거나 시베리아로 강제 추방되었다. 지하에는 수많은 라투아니아 인들이 고문당하고 쥐도 새도 모르게 처형당하는 공간을 그대로 남겨두었다. 잠을 자지 못하게 하는 서 있는 방도 있는데 죽지 않을 만큼만 제공받았던 음식들과 함께 그들의 힘겨운 싸움을 느낄 수 있다.

완벽한 방음을 갖춘 고문실 등이 당시의 상황을 말없이 웅변하고 있다. 또 다른 지하실은 몰래 처형을 자행했던 처형실에는 아직도 당시의 총탄 자국이 그대로 남아 있다. 가슴을 뭉클하게 만드는 현장으로 우리나라의 서대문 형무소 같다.

그루타스 공원
Grutas Park

2001년 4월에 완공된 공원은 입구부터 특이하다. 93개의 동상과 조각상이 전시되고 있다. 감시초소가 있고 철조망이 있는 이 공원의 컨셉은 시베리아라고 한다. 시베리아로 사람들을 나르던 기차까지 있다. 이곳에 수용되던 이들은 누굴까? 소련시대의 동상들이다. 소련시대가 종식되면서 리투아니아 전역에 있던 동상과 조각상을 철거했는데 처리방법을 놓고 많은 토론이 오갔고 동상을 용해하거나 파괴하는 대신 이렇게 한곳에 모아 공원을 만들기로 한 것이다.

레닌, 스탈린 등의 조각상은 당대에 유명한 조각가가 만든 것으로 미적 감각은 뛰어나다고 한다. 공산 세계가 무너진 후 그들의 조각상과 동상을 파괴함으로써 일종의 한풀이를 했다. 반면 리투아니아는 그들을 한곳에 모아 감금하는 방법으로 세련된 한풀이를 하고 있는 것이다. 공원에는 박물관과 미술관도 만들어 놓았고 한해 20만 명 정도가 찾는다고 하는데 자라나는 아이들의 교육에 큰 도움을 주고 있다.

그루타스 공원식당

식당에서 맞이하는 이들의 복장도 특이하다. 소련시대 가난한 이들의 음식을 먹는 특이한 경험을 할 수 있다. 빵 위에 청어와 양파를 얹고 보드카를 한 번에 다 마신 후에 빵을 먹는다. 보드카를 먹는 잔에 눈금이 표시되어 있다. 100g은 조국을 위하여, 150g은 당을 위하여 200g은 스탈린을 위하여라는 문구가 표시되어 있다. 스탈린이 조국과 당보다 위에 있다는 것을 표현했는데 권력이 얼마나 강력했는지 알 수 있다.

우주피스
Uzupis

빌뉴스의 몽마르트로 불리는 언덕의 예술인 마을로 유명한데 이 우주피스는 소련시대만 해도 가장 낙후되고 소외된 마을이었으나 지금은 누구나 부러워하는 마을이 되었다. 독립과 함께 많은 예술인이 마을로 들어와 살면서부터이다. 낡고 초라한 건물들은 예술가들에 의해 특색 있고 볼만한 건물들로 바뀌어갔고 더 많

은 예술가들이 합류하면서 마을은 활기를 찾았다.

젊은 예술가들은 그들의 재능을 마을을 살리는데 쏟아 부었다. 연주회나 설치 예술작업을 개최하면서 인기를 얻었고 흥미롭고 매력 있는 마을이 되었다. 그리고 우주피스를 더 좋은 마을로 바꾸기 위한 작업은 지금도 진행 중이다.

리투아니아 전통음식

리투아니아를 대표하는 음식은 '체펠리나이^{Cepelinai}' 정도로만 아는 사람들이 많다. 이마저 모르는 사람들이 더욱 많겠지만 리투아니아는 의외로 대표적인 음식들이 많다. 리투아니아는 독일 기사단의 영향으로 독일과 폴란드의 음식에도 영향을 받았다.

호밀 빵 (Juoda duona)

리투아니아는 농사가 잘되지 않는 춥고 거친 환경에 놓여 있었다. '호밀 빵'은 먹을 것이 풍부하지 않은 옛날부터 리투아니아 인들이 즐겨 먹던 전통음식이다. 먹을 것이 없던 시절에 사람들은 '호밀 빵'을 신성한 음식이라고 생각했다. 호밀 빵만으로 식사를 하는 경우도 다반사였다.
호밀 빵은 수프, 샐러드와 곁들어 먹거나, 샌드위치를 만들 때 사용한다. 레스토랑에서는 음식을 주문하면, 식전 빵으로 나오거나 따뜻한 수프와 함께 나온다. 리투아니아에는 빵 종류가 다양한 이유가 주식으로 빵을 중요하게 생각하기 때문이다. 마요네즈, 치즈, 마늘을 첨가해 튀겨서 술안주로도 먹는다.

키비나이 (Kibinai)

리투아니아의 트라카이에서 빵 속에 고기가 들어간 키비나이가 유명하다. '키비나이'는 간단하게 먹을 수 있어서 전쟁에 대비해 만들었다.

커드치즈 (Varškės sūris)

리투아니아의 대표적인 '커드치즈'는 젖소에서 짜낸 우유로 만들어진다. 주로 디저트로 먹는 커드치즈는 달고, 짭짤한 맛을 지니지만 연하고 부드러운 식감을 가지고 있다. 꿀이나 잼을 발라먹지만 그냥 먹어도 부드러워 먹기에 좋다.

살티바르시아이 (Šaltibarščiai)

살티바르시아는 관관객에게 호불호가 갈리는 전통음식
이다. 색깔이 보통의 스프와 다른 밝은 분홍색이기 때문
에 처음 보면 신선하다고도 하고 이상하다고도 한다. 발
효시킨 우유, 비트 , 오이, 파, 달걀 등을 스프에 넣고 삶
은 감자와 함께 먹는다. 특이한 것은 여름에는 차가운 스
프로 먹는다는 것이다.

체펠리나이 / 딛츠쿠쿠리아이 (Cepelinai/ Didžkukuliai)

비행선 모양에서 이름이 유래한 체펠리나이는 리투아니
아에서 가장 유명한 요리일 것이다. 비행선 모양에서 유
래한 것이다. 현재는 딛츠쿠쿠리아이라는 이름을 더 많
이 사용하고 있다. 속에 감자뿐만 아니라 고기, 버섯 등
이 들어간다.

제마이츄 브리나이 (Žemaičių blynai)

삶은 감자를 고
기, 버섯, 커드로
채워 튀긴다. 튀
겨서 상하는 것
을 방치하려고
했던 이 음식도 느끼하다. 리투아니아 인들도 시
큼한 크림과 함께 먹는다.

베다라이 (Vėdarai)

한국의 순대와 거의 비슷하다. 돼지창자 안에 빻
은 옥수수, 감자를 으깨 채운다. 우리나라에서 느
끼한 음식을 김치와 먹듯이 시큼한 크림 함께 먹
는 것이 특징이다.

바란데리아이 (Balandėliai)

배추쌈처럼 보이는 바란데리아이는
배추 안에 쌀과 고기를 채워 만든다.
느끼하기 때문에 감자나 소스가 함
께 있어야 한다.

트라토리아 드 플라비오
Trattoria de Flavio

리투아니아 전통음식을 바탕으로 지중해의 해산물 요리를 접목시킨 요리를 선보인다. 청어요리에 레몬을 곁들여 신선함을 높이고 돼지고기와 감자로 만든 요리들이 주 메뉴이다. 현지인의 기호에 맞추어서 호불호가 갈린다.

주소_ Ligonines g. 5
요금_ 주 메뉴 10~20€
시간_ 12~23시
전화_ +370-5212-2225

스윗 루트
Sweet Root

우즈피스에서 리투아니아 전통음식을 재해석해 유럽의 다른 나라 음식에 조화를 이룬 요리로 인기를 끌고 있다. 비트, 말린 버섯, 양파, 감자, 훈제 고기 등의 재료를 사용하고 신선한 채소로 기발한 음식을 만든다. 다만 우리나라 관광객의 입맛에는 조금 난해할 수 있으니 추천음식으로 선택하는 것이 좋겠다.

주소_ Uzupio g. 22-1
요금_ 주 메뉴 10~20€
시간_ 12~23시
전화_ +370-6856-0767

텔레그라파스
Telegrafas at Kempinski

1897년부터 시작되었지만 내부 인테리어는 깔끔하고 세련된 분위기다. 고급 레스토랑답게 음식의 질도 높고 서비스 수준도 훌륭하다.

메인 요리는 가격대가 비싸서 부담이 되지만 고급호텔의 유명 셰프가 만드는 요리에 맛있는 음식을 먹을 수 있다. 스테이크와 튀긴 브리나이는 커드치즈와 함께 먹으면 더욱 풍부한 식감을 나타낸다. 리투아니아에서 가장 고급 레스토랑으로 추천해주는 곳이다.

주소_ Universiteto g. 14
요금_ 주 메뉴 15~40€
시간_ 07~11시 30분, 18시 30분~22시 30분
전화_ +370-5220-1160

두블리스
Dublis

사전에 미리 예약을 하는 고급 레스토랑으로 가격은 비싸지만 음식은 맛있다고 소문난 맛집이다. 직원은 친절하고 내부 인테리어는 차분하고 조용한 느낌이다. 코스별로 나오기 때문에 허겁지겁 먹기보다 맛을 즐기면서 여행의 이야기를 풀어 놓으면 좋은 레스토랑이다. 스칸디나비아 스타일의 재료 본연의 맛을 내도록 짠맛도 덜하다.

주소_ Traku g.14
요금_ 주 메뉴 10~25€
시간_ 12~23시
전화_ +370-6744-1922

아만두스
Amandus

리투아니아에서 맛본 음식 중 가장 입맛에 맞도록 요리를 해주어 먹을 때 입안에서 소스와 함께 녹는 맛은 잊을 수 없다. 주말에는 30분 이상 기다려야 먹을 수 있으니 미리 예약을 하고 가야 기다리지 않는다. 각 음식마다 담는 용기와 플레이팅도 자연에서 가지고 온 재료이기 때문에 친환경적이라는 취지에 맞다.

주소_ Pilies st 34 at Hotel Artagonist
요금_ 주 메뉴 10〜25€
시간_ 11〜22시
전화_ +370-6754-1191

차이카
Chaika

파니니와 케이크, 다양한 주스를 마시면서 이야기를 나누기 때문에 한 끼를 해결하기보다 간식이 더 적합할 수도 있다. 북유럽스타일의 목조주택에 간결한 내부 인테리어도 리투아니아에 있을 것 같지 않은 카페이다. 관광객보다 현지인이 더 많이 찾는 카페로 단맛이 강한 케이크가 우리나라 관광객의 입맛에 달 수 도 있다.

주소_ Totoriu g.7
요금_ 주 메뉴 10〜25€
시간_ 11〜19시
전화_ +370-6004-7200

하차푸리 소두
Chacapuri Sodu

리투아니아에서 특이하게 조지아 음식인 하차푸리를 요리하는 레스토랑이 신기하지만 현지인들의 사랑을 받고 있다. 정통 조지아 음식인 하차푸리[Chacapuri]와 힝칼리[Hinchali]를 주메뉴로 하고 있으며 탄산수와 함께 먹으면 느끼함이 줄어든다.

하차푸리(Khachapuri)

피자를 닮은 하차푸리는 안에 치즈를 넣었기 때문에 칼로리가 대단히 높다. 2조각정도를 먹으면 배가 부를 정도이다. 밀가루 반죽 안에 치즈를 듬뿍 넣고 오븐이나 화덕에 구워 조지아 와인과도 잘 어울린다.

항칼리(Khachapuri)

우리의 왕만두를 닮은 힝칼리는 만두를 빚는 것과 마찬가지로 속에 야채와 고기를 넣어 빚어서 육수에 담아 익힌 후에 건져낸다.

주소_ Sodu g.9
요금_ 주 메뉴 10~25€
시간_ 12~23시 **전화_** +370-5240-5851

세인트 게르민
Saint Germin

중세풍의 골목길에 레스토랑이 늘어서 있는 곳에서 스테이크와 생선요리를 주메뉴로 한다. 관광객이 많이 찾아서 바쁠 때는 불친절하다고 느낄 수도 있지만 서비스는 좋은 편이다.
스테이크는 부드럽고 질기지 않아 먹기에 좋다. 생선요리는 조금 짜다는 것만 빼면 맛있다.

주소_ Literatu g. 9
요금_ 주 메뉴 10~20€
시간_ 11~23시
전화_ +370-5262-1210

POLAND

폴란드

발트해

우스트카
Ustka

그단스ㅋ
Gdańsk

코샬린
Koszalin

슈체친
Szczecin

비드고슈치
Bydgoszcz

피와
Piła

토
Tc

고주프비엘코폴스키
GorzówWielkopolski

포즈난
Poznań

독일

지엘로나구라
Zielona Góra

브로츠와프
Wrocław

오폴레
Opole

카토
Kat

체코

슬로바키

리투아니아

올슈틴
Olsztyn

바아위스토크
Białystok

벨라루스

바르샤바
Warszawa

치
dź

루블린
Lublin

자모시치
Zamość

바
va

키엘체
Kielce

오시비엥침
Oświęcim

우크라이나

크라쿠프
Kraków

타르누프
Tarnów

제쇼프
Rzeszów

자코파네
Zakopane

폴란드 여행 계획 짜기

폴란드 여행에 대한 정보가 부족한 상황에서 어떻게 여행계획을 세울까? 라는 걱정은 누구 나 가지고 있다. 하지만 폴란드 여행도 역시 유럽의 나라를 여행하는 것과 동일하게 도시를 중심으로 여행을 한다고 생각하면 여행계획을 세우는 데에 큰 문제는 없을 것이다.

1. 먼저 지도를 보면서 입국하는 도시와 출국하는 도시를 항공권과 같이 연계하여 결정해야 한다. 동유럽여행을 하고 있다면 독일의 베를린에서 폴란드의 바르샤바부터 여행을 시작하고, 체코의 프라하에서 입국한다면 폴란드의 남부, 크라쿠프부터 여행을 시작한다.

폴란드항공을 이용한 패키지 상품은 많지 않다. 폴란드 항공은 인천과 바르샤바를 직항으로 왕복한다.
폴란드의 바르샤바–남부 체스트호바, 오시비엥침, 자코파네, 비엘리치카, 크라쿠프–서부의 브로츠와프, 포즈난, 토룬–북부의 그단스크에서 다시 바르샤바로 돌아오는 일정이다.

2. 폴란드는 네모난 국가이기 때문에 가운데의 바르샤바부터 여행을 시작한다면 북부의 그단스크나 남부의 크라쿠프를 어떻게 연결하여 여행코스를 만드는 지가 관건이다.
동유럽 여행을 위해 독일이나 체코를 경유하여 입국한다면 버스나 기차로 어디서부터 여행을 시작할지 결정해야 한다. 독일의 베를린에서 바르샤바로 이동하는 기차와 버스가 매일 운행하고 있고 체코의 프라하에서 크라쿠프로 입국하는 버스와 기차도 매일 운행하고 있다. 시작하는 도시에 따라 여행하는 도시의 루트가 달라지게 된다.

3. 입국 도시가 결정되었다면 여행기간을 결정해야 한다. 틀어진 네모난 모양의 국토를 가진 폴란드는 의외로 볼거리가 많아 여행기간이 길어질 수 있다.

4. 대한민국의 인천에서 출발하는 일정은 폴란드의 바르샤바에서 2~3일 정도를 배정하고 IN / OUT을 하면 여행하는 코스는 쉽게 만들어진다. 바르샤바 → 브로츠와프 → 포즈난 → 토룬 → 그단스크 → 푸츠오크 → 루블린 → 크라쿠프 → 비엘리치카 → 오시비엥침 → 바르샤바 추천여행코스를 활용하자.

5. 10~14일 정도의 기간이 폴란드를 여행하는데 가장 기본적인 여행기간이다. 그래야 중요 도시들을 보며 여행할 수 있다. 물론 2주 이상의 기간이라면 폴란드의 더 많은 도시까지 볼 수 있지만 개인적인 여행기간이 있기 때문에 각자의 여행시간을 고려해 결정하면 된다.

▶바르샤바– 동부 → 북부 → 남부

8일 코스

바르샤바 → 브로츠와프 → 포즈난 → 그단
스크 → 크라쿠프 → 비엘리치카 → 오시비
엥침 → 바르샤바

10일 코스

바르샤바 → 브로츠와프 → 포즈난 → 토룬
→ 그단스크 → 말보르크 → 루블린 → 크
라쿠프 → 비엘리치카 → 오시비엥침 → 바
르샤바

2주 코스

바르샤바 → 브로츠와프 → 포즈난 → 토룬
→ 그단스크 → 말보르크 → 루블린 → 크라
쿠프 → 체스트호바 → 비엘리치카 → 오시
비엥침 → 자코파네 → 바르샤바

▶바르샤바– 남부 → 북부 → 남부

8일 코스

바르샤바 → 브로츠와프 → 포즈난 → 그단
스크 → 크라쿠프 → 비엘리치카 → 오시비
엥침 → 바르샤바

10일 코스

바르샤바 → 체스트호바 → 오시비엥침 →
비엘리치카 → 크라쿠프 → 브로츠와프 →
포즈난 → 토룬 → 그단스크 → 말보르크 →
바르샤바

2주 코스

바르샤바 → 체스트호바 → 오시비엥침 →
자코파네 → 비엘리치카 → 크라쿠프 → 브
로츠와프 → 포즈난 → 토룬 → 그단스크 →
말보르크 → 루블린 → 바르샤바

크라쿠프– 남부 → 북부 → 남부

8일 코스

크라쿠프 → 비엘리치카 → 오시비엥침 →
브로츠와프 → 포즈난 → 그단스크 → 바르
샤바

10일 코스

크라쿠프 → 체스트호바 → 비엘리치카 →
오시비엥침 → 브로츠와프 → 포즈난 → 토
룬 → 그단스크 → 말보르크 → 바르샤바

2주 코스

크라쿠프 → 체스트호바 → 오시비엥침 →
자코파네 → 비엘리치카 → 크라쿠프 → 브
로츠와프 → 포즈난 → 토룬 → 그단스크 →
말보르크 → 루블린 → 바르샤바

Krakow

크라쿠프

Krakow
크 라 쿠 프

7세기부터 시작해 폴란드에서 가장 오래된 도시 중의 하나인 크라쿠프Krakow는 바르샤바로 수도가 이전되기 전까지 중세 유럽 문화의 중심지 역할을 해온 폴란드의 천년 고도다. 대한민국의 경주와 비슷한 도시로 생각하면 된다. 바벨Wawel 언덕 아래 비스와Vistula 강이 흐르는 곳에 위치한 이곳은 대한민국에 방문한 적도 있던 교황 요한 바오로 2세의 고향으로도 유명하지만 아우슈비츠와 비엘리츠카 소금광산을 같이 여행하기 위해 항상 관광객들로 붐빈다.

크라쿠프는 유난히 붉은 빛이 어울리는 도시로 수많은 붉은 물결이 모여 하늘까지 말로 표현할 수 없는 색깔을 빚어낸다. 수많은 침략과 전쟁의 역사 속에서도 굳게 지켜온 폴란드의 강인한 자존심과 잘 어울리는 풍경이다.

간단한 크라쿠프 역사

1038년~1596년

폴란드 왕국의 수도이기도 했으며 특히 이 도시의 전성기는 예술과 학문을 적극 후원하였던 카지미에즈Kazimierz왕의 통치 시기였다. 1364년 카지미에즈Kazimierz는 크라쿠프Krakow아카데미를 설립하여 후에 야기엘론스키 대학으로 개명되었다.

2차 세계대전

크라쿠프Krakow는 2차 세계대전의 피해를 입지 않고 건축물이 보존된 폴란드 유일의 도시이다. 크라쿠프는 바르샤바와 다르게 잔혹한 전쟁의 역사 속에서도 거의 모든 것이 그대로다. 전쟁 초에는 독일군 사령부가 이곳에 자리 잡았고 전쟁이 끝날 무렵 연합군도 이 지역만은 폭격하지 않았다.

1960년대

불행히도 이곳은 근처 노바 후타Nova Huta의 거대한 제철소에서 나오는 심각한 공해로 몸살을 앓았다.

1978년

크라쿠프는 유럽에서 처음으로 유네스코가 지정한 세계 문화유산에 오르게 되었다.

한눈에 크라쿠프 파악하기

유럽에서 가장 크고 아름다운 구시가지의 중앙광장(가로 200m, 세로 200m)을 중심으로 고딕 양식의 성모마리아 성당, 고딕 양식과 르네상스 양식이 혼재된 직물 회관(그릇, 직물 등의 폴란드 특산품을 살 수 있다), 세계에서 가장 작은 로마네스크 양식의 건축물인 보이체크 성당, 귀족들의 저택들이 늘어서 있다.

광장 주변으로 노천카페와 레스토랑을 가득 채운 관광객들은 활기를 불어넣는다. 구시가지를 둘러볼 수 있는 관광마차가 일몰을 향해 달리는 풍경에 마음이 달뜬다. 중앙광장 사이사이로 난 좁은 골목을 탐방하다보면 관광객의 발길이 뜸한 크라쿠프 본연의 모습들을 만날 수 있다.

현지인들이 즐겨 찾는, 세월의 흔적이 고스란히 묻어나는 건물에 둥지를 튼 많은 카페와 상점들이 기품 있으면서도 아늑한 매력을 발산하며 골목에 운치를 더한다.

바르바칸

플로리안 문

차리토리스키 박물관

역사박물관

성 안나 교회

콜레기엄마이우스

구시가 광장

시청사 탑

직물회관

성 마리아 성당

도미니칸 교회

프란시스칸 교회

피터와 폴 교회

성 앤드류 교회

대성당

바벨 성

크라쿠프 IN

비행기

하루에 5~7편이 유럽의 전역을 연결하는 저가항공으로 매일 유럽의 다른 도시에서 출발해 도착할 수 있다. 영국의 런던, 독일의 프랑크푸르트, 프랑스 파리(요일에 따라 운항수가 다름)에서 50~70분 정도 소요된다.

기차

중앙역에는 폴란드의 전역을 연결하는 모든 열차가 준비되어 있다. 바르샤바까지 2시간 30분~3시간 정도가 소요되며 첸스트호바까지는 2시간 30분, 브로츠와프는 4시간 30분, 포즈난은 7시간, 루블린은 4시간이 소요된다. 오슈비엥침행 열차는 1시간 30분 정도가 소요된다.

버스

기차역과 MDA버스터미널은 같이 있어 접근성이 좋다. 버스는 수도인 바르샤바와 더불어 비슷한 정도의 버스가 운행하고 있다. 폴스키^{Polski} 익스프레스와 플릭스^{Flix Bus}버스가 매일 폴란드의 모든 도시와 연결되어 운행하며 서부의 브로츠와프와 북부의 그단스크까지 6~7시간이 소요된다.

▶홈페이지_ www.mda.malopolska.pl

크라쿠프 핵심도보여행

도시 곳곳에서 성, 유적과 박물관을 찾아볼 수 있는 크라쿠프는 화려한 건축물, 독특한 현대 미술과 흥미로운 역사로 유명한 폴란드의 옛 수도이다. 폴란드에서도 가장 오래된 도시 중 하나인 크라쿠프는 격동적인 역사로 유명하다. 옛날 성과 화려한 르네상스 양식의 궁전에 자리한 박물관에는 왕실 보물과 홀로코스트 전시가 가득하다. 현대미술, 주말 시장과 흥겨운 나이트라이프가 발달한 크라쿠프는 과거만큼이나 현재도 활기가 넘친다.

크라쿠프는 750년이 넘는 역사 중 500년 동안 폴란드의 수도였다. 대대로 군주들이 성과 성당을 건축하며 왕의 권위를 자랑하는 도시를 세워나갔고 지금도 지속되고 있다. 도시 내에 전차와 버스 등의 대중교통이 잘 갖춰져 있어 어디를 가든지 이동이 편하다. 하지만 대부분의 관광지는 걸어서 돌아다녀도 될 정도로 가까워 크라쿠프 구시가지인 역사 지구에 밀집해 있다. 유럽에서 가장 화려한 제단화를 소장한 화려한 성모 마리아 성당을 방문해보자. 한때 구시가지 성벽이 세워져 있던 곳에 자리한 플란티 공원을 거닐어도 좋다. 구시가지의 성문인 바르바칸은 공원에서 가장 인상적이다.

구시가는 가장 큰 시장 광장^{Rynek Glowny}을 둘러싸고 있으며 구시가 남쪽 끝으로 바벨 성이 있다. 더 남쪽으로 이동하면 카지미에즈 지역이 나오고 버스와 기차역은 구시가 북동쪽에 위치해 있다.

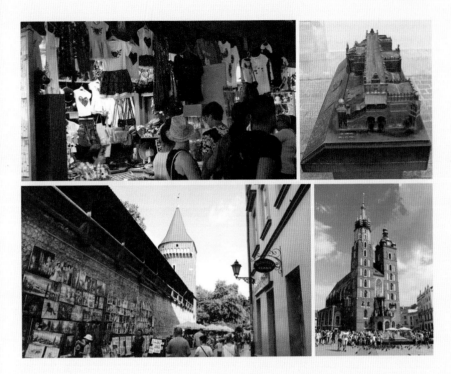

시장이 들어서 있는 리네크 글로브니^{Rynek Glowny}는 아름다운 광장으로 유럽에서 가장 큰 중세 마을 광장이다.

16세기 르네상스 양식의 클로스 홀^{Cloth Hall}은 광장 중앙에 위치하고 있으며 커다란 공예 시장이 1층에 있다. 위층은 19세기 폴란드 회화 미술관으로 마테코의 유명한 작품 등이 전시되어 있다.

구사가지를 걷다보면 어디에서나 볼 수 있는 2개의 첨탑이 있는 건물은 중앙 시장 광장 동쪽에 위치한 성 마리아 성당이다. 13세기에 고딕 양식으로 지어진 이 성당은 2개의 첨탑의 높이가 다른 것이 특징이다. 형제가 1개씩 탑을 맡아서 짓게 되었는데 더 높고 멋지게 만든 형의 탑을 시기한 동생이 형을 죽이고 자살했다는 이야기가 전해온다.

성당의 탑에서는 매 시간 나팔소리가 울리는데, 이 소리는 13세기 타타르군의 침략을 알리는 기상나팔을 불다가 화살에 맞아 숨진 나팔수를 기리는 것이다. 클로스 홀 반대편으로 15세기 시청 타워가 있으며 꼭대기까지 오를 수 있다.

7개의 문 중 유일하게 남아있는 플로리안 문^{Florian Gate}(1307)은 1498년 방어 성벽인 바르바칸 뒤에 있다. 차르토리스키 박물관^{Czartoryski Museum}에는 레오나르도 다 빈치의 '가운 입은

여인'을 비롯해 많은 미술품들이 전시되어 있다. 숄라스키 박물관Szolajski Museum에는 고딕과 르네상스 종교 작품들이 다양하게 전시되어 있다.

15세기 콜레기움 마이우스Collegium Maius는 크라코프 아카데미 건물 중 현존하는 가장 오래된 것으로 니콜라스 코페르니쿠스Nicolauas Copernicus가 공부하던 곳이다. 중앙도로인 크로즈카Grodzka 남쪽에는 17세기 초 예수회교회이며 폴란드 최초의 바로크 교회인 SS베드로 & 바울 교회Church of SS Peter & Paul가 있다. 크라쿠프에서 가장 아름다운 거리로 꼽히는 쭉 뻗은 카노니카Kanonicza 거리는 유명한 시인, 화가, 극작가, 스테인드글라스 디자이너 등을 위한 비스피안스키Wyspiansk 박물관이 있다.

도시 위로 우뚝 솟은 바벨 성도 지나칠 수 없다. 16세기 이후 침략으로부터 크라쿠프를 지켜낸 바벨 성에는 멋지게 꾸며진 방들이 있으며, 호화로운 보석과 각종 갑옷이 전시되어 있다. 또한 역사적인 바벨 대성당과 용들이 살았다는 전설을 간직한 석회암 동굴인 용의 동굴에도 들러보자.

구시가 남쪽에 있는 바벨 언덕 꼭대기에는 폴란드를 상징하는 바벨Wawel 성과 성당이 있다. 바벨 성당Wawel Cathedral은 4세기에 걸쳐 폴란드 왕족의 대관식과 장례에 이용되던 곳으로 100명의 왕과 왕비가 비문에 씌어 있다. 성당 안쪽 탑에는 폴란드에서 가장 큰 11톤의 종이 있으며 성당 옆 박물관이 있다.(일요일 오전을 제외하고 매일 개관)

16세기 바벨 성은 성당 뒤에 있으며, 화려한 이탈리아 르네상스 풍의 정원 건물에 있는 전시관은 정문에서 별도

로 표를 구입해야 한다. 성과 성당을 제대로 보려면 최소 3시간이 소요되며 특히 여름관람 시에는 일찍 입장하는 것이 좋다. 성의 외곽에 있는 악명 높은 용의 동굴Dragon's Cave은 이 지역을 다스리던 최초의 영주가 살던 곳이다. 전설에 의하면 크락 왕자는 비츌라가 내려다 보이는 최적의 장소에 크라쿠프를 세우기 위해 이곳에 살던 용을 속였다고 한다.

크라쿠프의 역사는 유대인 공동체와 밀접하게 관련되어 있다. 오스카 쉰들러의 공장에서 그 역사를 볼 수 있다. 스티븐 스필버그의 영화인 '쉰들러 리스트'로 유명해졌다. 옛날 공장 은 홀로코스트에 관한 잊을 수 없는 전시물로 가득한 종합 박물관이 되었다. 갈리치아 유 대인 박물관은 현재의 크라쿠프에서 유대인으로 사는 것이 어떤 것인지 사진을 통해 알려 준다.

여름이 되면 크라쿠프의 도시 공원은 야외 콘서트와 축제로 활기를 띤다. 요르단 공원에서 소풍을 즐기거나 도 시를 가로질러 흐르는 비스와 강에서 크루즈 여행을 떠나는 관광객이 많다. 겨울이면 눈 내린 크라쿠프의 구시가 지 건물들이 낭만적인 분위기를 자아 낸다.

바르바칸
Barbaken

동서 유럽의 한복판에 위치한 폴란드는 외새의 침략이 끊이지 않았던 나라이다. 크라쿠프에 700년 된 '바르바칸'이라는 희귀한 성벽 요새도 강한 나라의 침략 앞에서는 어쩔 수 없었을 것이다.

플로리안 문Florian Gate을 수호하듯 서있는 원형 요새가 1498년에 만든 바르바칸Barbaken이다. 이 원형 요새는 지금은 유럽에 몇 군데 밖에 남아있지 않은 원형 모양의 매우 희귀한 건축물로 유럽에는 바르샤바와 크라쿠프에만 있다. 크라쿠프에 있는 것이 현존하는 것 중 최대 규모로 남아 있다.

바르바칸 내부에는 이름을 알 수 없는 돌들을 볼 수 있다. 크라쿠프 시민들이 돌을 던져 적의 침입을 막았던 역사를 기리기 위한 것이라고 하는데 우리나라의 조선 시대 행주대첩과 비슷하다.

한때 크라쿠프의 안위를 책임졌던 망루는 유럽에서 가장 보존이 잘 된 것으로 유명하다. 고딕 양식의 장엄한 바르바칸Barbaken 앞에 서서 건물을 둘러싸고 있는 130개의 창에서 적을 향해 쏟아지는 화살

을 상상할 수 있다. 인근에는 오래된 성벽의 잔해를 찾아볼 수 있다. 커다란 안뜰에는 야외 콘서트나 중세의 마상 창 시합이 열리기도 한다.

1498년에 지어진 바르바칸Barbaken은 과거에 도시의 주요 성문이었다. 7개의 포탑으로 구성된 바르바칸Barbaken은 양쪽의 고딕 양식 파사드에 의해 성벽과 연결되어 있었다. 과거에는 30m 너비의 해자로 둘러싸여 있어서 적의 침략에 대비하여 세워진 강력한 요새였다.

높이 10m, 두께 3m에 달하는 두꺼운 벽으로 적의 침입에 효과적으로 맞설 수 있었다. 지금 유럽에 남아 있는 3개의 망루 중 하나로, 가장 훌륭하게 보존된 곳으로 알려져 있다.

가이드 투어(약 1시간 진행)

성벽의 역사와 탑에 살며 크라쿠프를 적으로부터 보호한 군인들이 서있는 모습을 상상할 수 있는 설명을 한 후에, 벽에 올라 창밖을 내다보면 고국을 수호하는 군인이 된 듯한 느낌을 받을 것이다.

박물관(4~10월)

날씨가 따뜻한 시기에는 각종 야외 행사가 개최되기도 한다. 유서 깊은 배경 속에서 펼쳐지는 야외 콘서트를 관람하고, 펜싱 경기, 고문 도구 전시, 사형 집행인 등을 볼 수 있는 중세 행사에도 참여할 수 있다.

홈페이지_ www.mhk.pl
주소_ UI. Basztowa 50
전화_ +48-12-422-9877

플로리안 문
Florian Gate

침입자로부터 구 시가지를 지키던 성벽은 19세기에 파괴되어 녹지로 꾸며져 현재는 거의 남아 있지 않다. 그나마 과거의 위용을 짐작할 수 있는 것이 바르바칸 옆에 있는 구시가지로 연결된 플로리안 문^{Florian Gate}이다. 크라쿠프 구시가지의 북쪽 문에 해당하는 플로리안 문^{Florian Gate}은 1300년 경에 세워졌다.

다른 성문은 다 무너졌지만 크라쿠프의 구시가지 북쪽 출입구인 플로리안 문^{Florian Gate}은 아직도 옛 모습을 간직하고 있다. 플로리안 문^{Florian Gate}을 들어서면 전통복장을 입은 사람들이 공연도 하고 무엇인가를 나눠주기도 한다.

홈페이지_ www.krakow.pl
주소_ Ul. Pijarska

리네크글로브니 구시가지 광장

Rynek Glowny

최고의 번화가이자 여행의 시작점인 리
네크 글로브니 구시가지 광장이 있다. 크
라쿠프 구시가지 중심에 있는 중세부터
그 모습이 남아있는 총면적 40,000㎞의
유럽 최대의 대형 광장이다.

13세기에 조성되었다는 이곳은 유럽에
남아 있다는 중세 광장 중에서도 가장 넓
은 곳으로 구 시청사탑, 가장 오래된 쇼핑

센터인 직물회관 등 멋스러운 건물로 둘
러싸여 있다. 노천카페와 박물관이 많아
만남의 광장으로도 사랑받고 있다. 광장
주변에는 상점, 레스토랑, 카페 등이 있으
며 현지인과 관광객이 뒤엉켜 붐빈다.

홈페이지_ www.krakow-info.com
주소_ Center of Old Town

광장은 그야말로 축제라도 벌인 듯 크라쿠프 시민들과 관광객이 하나처럼 움직이고 매일 신기한 퍼포먼스가 펼쳐지는 듯하다. 크라쿠프라는 도시 이름조차 제대로 몰랐던 내게 이처럼 활기찬 모습은 신선한 충격이었다. 말을 탄 복장을 사람이 봉으로 행인들이 머리를 두드리고 있었다. 크라쿠프의 전통으로 행운이 깃들게 하는 것이다. 13세기에 타타르족이 쳐들어왔을 때 시작된 것을 기념하여 거의 800년 동안 지켜온 풍습이라고 한다.

직물회관
Cloth Hall

광장 중앙에 서있는 르네상스 양식의 위엄 있는 건물은 직물회관이다. 길이가 100m나 되고 크림색 외관이 장엄하고 화

려하다. 14세기에 지었으며 그 당시 의복이나 천을 교역하던 곳이었다.

현재 1층의 중앙통로 양쪽에 목 공예품, 악세사리, 자수 등을 판매하는 작은 상점이 빼곡이 늘어서 있다. 2층은 국립 미술관으로 마테이코Matejko, 로다코프스키Rodakowski 등 18~19세기의 폴란드 회화갤러리로 꾸며져 있다. 직물회관 동쪽에는 폴란드 국민 시인인 아담 미츠키에비치Adam Mickiewicz의 동상이 서있다.

주소_ Rynek Glowny 1/3
전화_ +48-12-422-1166

성 마리아 성당

St. Mart's Basilica / Kosciol Mariacki)

중앙시장 광장에 인접한 성 마리아 성당은 1222년에 지은 고딕양식의 대형 건물로 스테인드글라스나 성당 내의 예술품이 아름답다.

특히, 국보로 지정된 비오트 스토우오시 성단은 꼭 한번 볼만한 가치가 있다. 12년의 세월동안 지었으며 유럽에서 2번째로 높은 목조 조각으로 되어있다. 홀 안에는 언제나 기도를 올리는 신자들로 가득하며 여름에는 결혼식을 하고 있는 경우도 많다.

14세기에 몽고군이 크라쿠프를 공격했을 때 적군의 습격을 알리는 나팔을 이 교회 탑 위에서 불었다. 결국 나팔수는 몽고군이 쏜 화살에 목이 관통되어 죽음을 맞이했는데, 지금도 그 죽음을 애도하며 한 시간마다 탑에서 나팔을 불고 있다. 주변이 어둠에 휩싸이고 소음이 사라진 광장에서 듣는 나팔소리는 그대로 가슴에 스며든다.

사실 폴란드야말로 이방 종교로부터 로마 가톨릭을 지켜온 유럽 기독교의 보루였다. 그래서인지 성당 내부는 화려함과 예술미가 내가 본 성당 중 최고였다.

특히 국보로도 지정된 높이 3m의 대 제단은 1477년 독일 뉘른베르크에서 온 천재 조각가 "바이트 스토스의 작품으로 12년에 걸쳐 완성되었다. 유럽 후기 고딕 양식의 최고 걸작으로 인정받고 있다. 러시아의 사회주의 체제아래에도 더욱 신앙 생활을 강조했다는 폴란드, 오늘날까지도 성 마리아 성당은 마음속의 의지하는 듯하다. 고딕 양식의 성 마리아 성당은 성모 마리아의 생애를 그리고 있는 제단화로 유명하다. 매 시간 정각마다 성 마리아 성당 꼭대기에서 울려 퍼지는 트럼펫 소리를 따라 크라쿠프의 시장 관장을 거쳐 성당으로 향해 보자. 성당을 둘러싸고 수많은 전설이 전해져 내려온다. 나무로 된 제단화의 정교하게 조각된 장면을 보고, 탑 위에 올라 도시의 전경을 둘러보자.

성당은 14세기에 처음 완공되었다가 15세기에 탑이 추가로 건축되었다. 성당은 주 시장 광장을 굽어보며 서 있다. 높이가 80m에 달하는 성당은 크라쿠프의 스카이라인을 장식하는 중요한 건물이다. 광장을 중심으로 크라쿠프의 관광지를 대부분 찾아갈 수 있다.

내부
깊은 푸른빛과 붉은빛의 성당 벽, 별들이 반짝이는 광활한 천장, 아름다운 스테인드글라스 창이 방문객의 눈길을 끈다. 성당의 자랑거리인 제단화에는 200명이 넘는 인물들이 조각되어 있다. 알록달록한 색채가 아름다운 15세기 제단화는 목 조각가 '바이트 슈토스'에 의해 12년이 넘는 세월 동안 제작되었다. 지금도 유럽에서 가장 아름다운 제단화로 손꼽힌다.

탑과 트럼펫
정각이 되면 탑 꼭대기에서 울려 퍼지는 트럼펫 소리에 귀 기울여 보자. 아름다운 소리가 갑자기 끊기는 것을 들을 수 있다. 끊기는 이유는 13세기 몽골의 침입을 알리기 위해 트럼펫을 불다 중간에 목에 화살을 맞고 목숨을 잃은 경계병을 기리고 있다. 탑에서는 탑 건설에 참여한 노동자가 자신의 형제를 죽이고 스스로 목숨을 끊는 데 사용한 칼을 볼 수 있다. 239개의 계단을 올라 탑 꼭대기에 서면 도시의 전경이 펼쳐진다.

위치_ 광장 북동쪽 모서리

성당의 나팔소리
관광객들이 한 곳을 주시했다. 잠시 후 성당 첨탑의 창문이 열리더니 나팔소리가 들리는 듯 했다. 그런데 인기가 대단하다. 나팔수를 만나려면 첨탑을 올라야하는데 불가능하다. 가파른 계단을 올라가자 나팔수를 관광객이 기다리고 있다. 이 탑의 나팔수는 매 정시마다 먼저 종소리로 시간을 알리고 그 다음 사방으로 돌아가면서 나팔을 분다.

나팔수에 얽힌 이야기가 있다. 외적의 침입에 대비해서 보초를 서는 제도가 있었다. 13세기에 타타르족이 쳐들어왔을 때 이 탑을 지키던 나팔수가 그 사실을 알리다가 목에 화살을 맞아 전사했다. 그때부터 그 병사를 기리기 위해 나팔을 불고 있다. 화살을 맞고 전사한 나팔수를 기리기 위해 그때 끊긴 멜로디 그대로 부른다고 하니 외세의 침입을 받았던 과거를 폴란드 인들이 그토록 기억하려고 한다는 사실이 놀랍다. 지금의 것은 15세기에 완성한 것이고 13새기에는 이보다 낮았다고 한다.

아담 미츠키에비치 동상

Adam Mickiewicz

직물회관Cloth Hall 앞에 사람들이 앉아 있는 동상이 폴란드의 유명한 낭만시인인 아담 미츠키에비치Adam Mickiewicz 동상이다. 폴란드에는 그의 동상이 곳곳에 남아 있는 데 대표적인 동상은 바르샤바의 올드 타운Old Town, 포즈난에 있는 동상이다.

아담 베르나르트 미츠키에비치(Adam Bernard Mickiewicz)

폴란드의 낭만주의 시인이자 극작가로 폴란드에서 지그문트 크라신스키, 율리우시 스워바츠키 등과 함께 가장 위대한 시인으로 꼽힌다.

미츠키에비치는 현재의 벨라루스인 노보그루데크(Nowogródek) 근처에서 태어났다. 그의 아버지 미코와이 미츠키에비치는 폴란드—리투아니아 연방의 귀족이었는데, 당시 폴란드—리투아니아 연방은 1795년의 마지막 분할로 지도상에서 사라진 후였고 미츠키에비치가 태어난 곳은 러시아 제국의 지배를 받고 있었다. 미츠키에비치는 빌뉴스 대학교에서 공부했는데 거기서 폴란드—리투아니아 연방의 부흥을 목적으로 하는 비밀 학생 조직에 관여하였다.

1819년부터 리투아니아, 카우나스의 학교에서 교사로 일하다가 정치적 활동으로 인해 1823년 체포되어 반소정치운동을 한 죄로 러시아로 추방되었다. 이미 빌뉴스에서 시집 두 권을 출판하여 슬라브어를 구사하는 대중의 호응을 받았던 바가 있어 미츠키에비치는 1824년 상트페테르부르크에 도착했을 때 그 곳 문학 사회의 환영을 받았다. 1825년에는 크림 반도 여행을 하여 그에 대한 소네트 몇 편을 썼다.

러시아에서 5년간 유배 생활 후 여행 허가를 받은 미츠키에비치는 러시아로 돌아가지 않기로 결심하고 바이마르로 떠나 괴테를 만났다. 이후 이탈리아의 로마에 정착하여 작품 활동을 계속하였다. 그의 대표작인 '판 타데우시(Pan Tadeusz)'은 이때 쓴 작품이다. 크림 전쟁 때에는 러시아 제국군에 대항한 폴란드인 연대를 소집하려 노력하기 위해 콘스탄티노폴리스에 갔으나 거기서 콜레라로 돌연 사망하였다.

최고 걸작은 〈선조들의 밤〉이라는 시극으로서 2부 · 4부가 먼저 나오고(1823), 3부가 10년 뒤에 나왔으나 1부는 완성을 보지 못하고 죽었다. 이 작품은 이교도의 조상숭배 의식을 바탕으로 한 작품인데 각 부가 일관된 이야기가 아니고, 다만 3부는 그의 투옥과 추방의 경험을 젊은 시인을 빌려 표현했다.

있다. 꼭대기까지 올라가면 크라쿠프 시
내의 경치를 즐길 수 있다.

구 시청사 탑
Town Hall Tower

1820년 구 시청사 건물이 파괴되었는데,
그 때 이 탑만 남았다. 탑 위에는 직경 3m
나 되는 큰 시계와 독수리상이 자리 잡고

홈페이지_ www.mhk.pl
주소_ Rynek Glowny
전화_ +48-12-619-2318

차르토리스키 박물관

Museum Czarytoryiskich

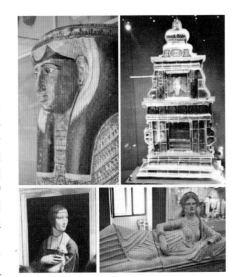

18세기 차르토라스카 가문이 설립한 이 박물관은 17세기 이후 폴란드의 회화, 조각뿐만 아니라 동 서양의 수준 높은 유물을 전시하고 있다. 이집트의 미이라도 전시되어 있는데 작은 규모의 박물관이지만 수집가의 감각, 폴란드 부유층의 역량을 말해주는 듯하다. 한 가문이 설립한 이 박물관의 놀라움은 몇 가지 소장품을 보며 배가 된다.

레오나르도 다빈치의 '담비를 안은 여인' 작품(1483~1490), 램브란트의 '착한 사마리안이 있는 풍경' 1638년 작품, 명품을 보기 위해 많은 여행객들이 크라쿠프를 찾고 있다.

홈페이지_ www.museum-czarytoryiskich.krakow.pl
주소_ Ul. Sw.Jana 19
관람시간_ 10~18시(토, 일요일은 16시 / 월요일 휴무)
요금_ 13zł (일요일 무료)
전화_ +48-12-422-5566

울리카 카노니차 거리
Ulica Kanonicza Street

그림 같은 크라쿠프의 유명한 거리로 왕의 길Royal Road의 마지막 부분이자 가장 영광스러운 거리로 알려져 있다. 카노니차 거리는 리네크 글로브니Rynek Glowny 구시가지 광장에서 플로리안 문Florian Gate을 지나 바벨 귀족 성Wawel Royal Castle에서 끝이 난다.

2차 세계대전 이후 사람들의 기억에서 사

울리카 카노니차 거리의 역사

14세기까지 거리에는 고귀한 저택이 줄 지어있었다. 그 후, 크라쿠프 대저택과 고위 성직자의 궁전 같은 거주지가 자리를 잡았다. 지금도 몇몇 건물은 여전히 교회에 속해 있다.

카노니차(Kanonicza) 거리는 대부분 관광객에게 강한 인상을 심어주는 르네상스의 아름다운 거리를 보존하고 있다. 위풍당당한 르네상스 양식의 주택이 줄 지어 서있어 유럽 최고의 거리 중 하나이다. 이어진 그로드카(Grodzka) 거리에서 1090년경, 세인트 앤드류(St. Andrew) 교회의 그랜드 로마네스크 양식 교회 옆에 있는 인상적인 바로크 양식의 예수회 성 베드로 성당과 1619년에 지어진 성 바울(St. Paul) 성당의 흰색 외관이 인상적이다

라져갔다가 요한 바오로 2세가 성 피터와 폴 교회St. Peter and St. Paul Church에서 있었다는 사실이 알려지면서 방문객이 급증하면서 울리카 카노니차 거리가 살아났다.

대교구 박물관
Archdiocesen Museum

작은 박물관이지만 요한 교황 바오로 2세의 사진과 생전 영상 등을 전시하여 방문객이 꾸준하다. 생전 유품과 그가 입었던 옷까지 상세히 전시되어 서양인과 폴란드 사람들의 방문이 특히 많다.

주소_ Ul. Kanonicza 19/21
관람시간_ 10~18시(토, 일요일 16시까지)
요금_ 12zł (학생 5zł)
전화_ +48-12-421-8963

성 피터와 폴 교회
St. Peter and St. Paul Church

크라쿠프 최초로 만들어진 바로크 양식의 교회로 라틴십자가 형태로 설계되었고 뒤로는 커다란 돔이 있다. 성당 정면에 12사도 조각상이 있다. 매일 교회 앞에서 다양한 버스킹이 행해져 사람들을 끌어 모으기 때문에 쉽게 찾을 수도 있을 것이다.

홈페이지_ www.apostolowie.pl
주소_ Grodzka 31-044

도미니칸 교회
Dominikanow Church

13세기에 건축된 오래된 교회이지만 1850
년 대화재 때 대부분이 파괴되었으나 현
재의 모습으로 복구되었다. 입구의 빨간
벽돌로 쌓아올린 삼각형 모양으로 된 모
습이 인상적이다.

홈페이지_ www.krakow.dominikarie.pl
주소_ Stolarska 1231-043

프란시스칸 교회
Franciszkanow Church

13세기부터 건축이 시작되어 몇 차례의
화재로 완공이 늦어지다가 1850년의 대
화재를 마지막으로 재건축되어 지금까지

이어오고 있다. 성당 내부는 재건축 때 비
스피안스키Stanislaw Wyapianski에 의해 아르
누보 스타일로 스테인드글라스를 만들어
유명하게 되었다.

홈페이지_ www.franciszkanska.pl
주소_ pl. Wszystkich Swietych 5 31-004
전화_ +48-12-422-5376

바벨 성
Wawel Royal Castle

크라쿠프의 오래된 골목을 나오면 11세기 중반부터 17세기 중반까지 왕의 거처로 사용된 바벨 성Wawel Castle을 만날 수 있다. 성 안의 바벨 대성당은 누구라도 장대한 성과 성당의 아름다움에 넋을 잃게 만든다. 로마네스크, 고딕, 르네상스, 바로크 등 다양한 양식의 건축물들이 겹겹이 이어져 내려오는 모습이 압도적이다. 성당 내부에 전시된 왕들의 유물과 예술품을 둘러보느라 시간 가는 줄 모를 정도로 외형만큼 화려하고 아름답다.

크라쿠프의 남쪽 끝 폴란드의 젓줄인 비스와 강을 내려다보고 있는 바벨성은 폴란드의 찬란한 역사를 상징하는 왕궁이다. 바벨 성으로 올라가는 길에 흥겨운 음악소리가 들린다.

성당 내의 여러 예배당 중 가장 아름다운 예배당은 지그문트Zygmuntowska 예배당으로 폴란드는 지그문트Zygmuntowska 1세 때 폴란드어 문학, 건축, 과학의 꽃을 피워 문화 황금기를 구가했다. 황금빛 금으로 도배된 지그문트Zygmuntowska 예배당은 지그문트Zygmuntowska 왕이 이탈리아 건축가를 초청해 만들었다고 한다.

지그문트Zygmuntowska 탑에는 폴란드 최대의 종이 있다는데 종을 보기 위해서는 탑의 꼭대기로 올라가야 한다. 둘레가 8m 종을 받치는 받침대는 전혀 못을 사용하

바벨성 지도

고고학박물관
Archaeological
Museum

올드타운
OLD TOWN

Ctarch of SS
Peter & Paul

Plac św Marii
Magdaleny

Planty

세인트엔드류 교회
Church of
St Andrew

웨스턴 크라쿠프
WESTERN KRAKÓW

Archdiocesan
Museum

Bishop Erazm
Ciotek Palace

바벨성당
Wawel Cathedral

Ceown Treasury
& Armoury

성당박물관
WawelCathedral Museum

구왕국
Wawel Royal Castle

개인아파트
Royel Private Apartments

캐슬룸
State Rooms

바벨 언덕
Wawel Hill

로스트바벨
Lost Wawel

용의 동굴
Drgon's Den

방문자센터
Wawel Visitor Center

카리미에라즈
KAZIMIERZ

지 않고 만들었다. 여행자는 하나같이 종에 손을 대고 사진을 찍는다. 이 종이 행운을 가져온다는 이유에서다.

성문 옆에는 18세기 말 3국 분할에 대해 반란을 일으킨 폴란드의 영웅 타데우시 코시추시코의 상이 서 있다. 이 상을 누군가 가지고 가서 없어졌다가 1976년에 재건하였다.

바벨 성으로 가는 2가지 방법
1. 하나는 중앙시장 광장에서 이어지는 그로즈카Grodzka거리에서 교차로를 건너 비탈길을 올라가기
2. 그로즈카 거리와 평행으로 한 블록 서쪽에 있는 카노니차Kanonicza거리를 따라 올라가기

바벨(Wawel) 성의 의미
바벨 성은 역대 폴란드 왕의 주거지로 유명한 바벨(Wawel) 성은 폴란드인들에게 정신적 지주 같은 역할을 하는 사당 같은 곳이다. 10세기 이후부터 건축이 시작되어 16세기에나 지금의 모습을 갖추었다는 바벨성은 500여 년 동안 폴란드 왕들이 살았던 궁전과 폴란드 왕들의 대관식과 장례가 치러졌다는 바벨 대성당이 있다. 역대 폴란드 왕과 왕비, 영웅들이 묻혀 있는데 전 교황 요한 바오로 2세가 젊은 시절 사제로 있었다고 한다.

아름다운 바벨 성 사진 찍기
구시가지의 남쪽 외곽, 'ㄴ'자로 꺾어져 흐르는 비스와 강가에 있는데, 정확히 각이 지는 부분에 바벨 성이 우뚝 서 있다.

바벨 성 둘러보기
크라코프에서 가장 큰 성을 방문하여 폴란드 왕들의 대관식 검과 화려한 왕족 거주 구역을 둘러보고, 르네상스 시대 회화와 지하 동굴을 감상하게 된다. 바벨 성의 침실과 접견실, 플랑드르 태피스트리와 루벤스의 회화 작품도 볼 수 있다. 보고에는 갑옷과 왕실 장신구가 전시되어 있다. 성의 부지에서 발굴된 전시물을 보며 성의 과거에 대해 직접 확인할 수 있고, 과거에 용이 살았다는 전설을 가진 동굴과 왕실 정원을 산책할 수 있다. 바벨 언덕에는 14세기에 최초로 성이 지어졌지만, 오늘날의 성은 지기스문트 왕에 의해 16세기에 지어진 것이다. 지그문트 왕은 이탈리아와 유럽 전역에서 최고의 조각가와 건축가와 장인들을 불러 모아 세련된 르네상스 양식 성을 건립하였다. 비스와 강을 굽어보며 서 있는 바벨 성은 오늘날 크라코프에서 가장 뛰어난 광경을 선사하는 랜드마크가 되었다.
폴란드 왕들이 대관식에 사용하는 검, 갑옷과 왕실 장신구가 전시되어 있다. 꼭대기 층에 있는 왕의 주거 공간에서는 수많은 왕실 보물을 볼 수 있다. 루벤스를 비롯한 르네상스 화가들의 작품과, 과거 왕족들이 사용한 가구, 왕족들의 인물화를 보고 헨스풋 탑에 오르면 크라코프의 전경이 내려다보인다.
'잃어버린 바벨' 전시에서는 10세기까지 거슬러 올라가는 각종 고고학적 전시물을 감상할 수 있다. 성 내부로 들어가면 역대 왕들의 정교한 무덤을 볼 수 있다. 성 밑에 자리 잡고 있는 미로 같은 동굴인 '드래곤스 댄'도 지나치지 말자. 정기적으로 거대한 불을 내뿜는 거대한 청동 용상이 입구를 지키고 있다.

바벨 성당
Wawel Cathderal

성문을 지나면 바로 왼쪽에 3곳의 예배당이 있는 대성당이 보인다. 1320년에 고딕 양식으로 착공하여 수세기에 걸쳐 르네상스 양식과 바로크 양식이 더해져 건설한 것으로 바르샤바 천도 후에도 18세기까지 왕의 대관식을 이것에서 거행하였다. 외관에서 인상적인 것은 광장을 접한 남쪽에 있는 금색 돔인 지그문트 차펠Kaplica Zygmuntowska로 폴란드에 있는 르네상스 건축 중 걸작으로 일컬어지고 있다.

1519~1533년에 지그문트 왕의 요청으로 이탈리아에서 초청한 건축가가 건설하였다. 북쪽의 지그문트 탑Wieza Zygmuntowska에는 폴란드 최대의 종이 있다. 이 종은 1520년에 주조했으며 종교 및 국가의 특별한 행사에만 울린다. 둘레가 8m인 종을 지탱하는 종대는 못을 전혀 사용하지 않고 나무만으로 조립한 것이다. 종은 탑의 맨 위층에 있으며 이곳에서의 전망 또한 각별하다. 대성당 지하에 있는 묘소에는 역대 왕과 영웅들이 잠들어 있다.

1364년에 건립된 로마 가톨릭 성당인 바벨성당은 폴란드에서 가장 중요하게 여기는 종교 건물이다. 폴란드인들이 가장 성스럽게 여기는 성당을 방문하여 종교 작품이 가득한 예배당과 폴란드 역대 통치자들의 정교한 무덤, 600년 된 거대한 종을 볼 수 있다. 수많은 역대 폴란드 왕들의 대관식이 거행되었던 성당에는 45명의 역대 폴란드 왕들 중 4명을 제외한 무덤이 있다.

내부 모습
바벨성당의 지그문트 예배당 꼭대기의

황금빛 돔 천장이 인상적이다. 회화와 조각과 치장 벽토는 유럽에서도 손에 꼽히는 르네상스 예술 작품이다. 성당의 다른 예배당에는 폴란드 역대 왕들의 정교한 무덤이 있고, 종탑에 오르면 유명한 지그문트 종을 볼 수 있다. 1520년에 제작된 지그문트 종은 국가의 중요한 축일에만 울린다. 종탑에 올라가면 종소리를 들을 수는 없어도, 원한다면 손을 뻗어 만져볼 수 있다.

입구에 들어서면 블라디슬라브 2세의 붉은 대리석 석관이 눈길을 끌고, 흰색 대리석과 사암, 각종 보석으로 제작된 다른 무덤도 볼 수 있다. 예배당 중앙 제단의 흑색 대리석 아래에 모셔져 있는 성 스타니슬라오의 은색 무덤과 무덤을 둘러싸고 있는 벽은 성인의 삶과 사후 기적을 그리고 있는 부조로 장식되어 있다. 바로크, 고딕, 르네상스 시대의 예술 작품이 전시된 예배당을 돌아보며 감상할 수 있다. 성 십자가 예배당에는 15세기의 스테인드글라스 창과 러시아 벽화가 보존되어 있다. 지그문트 예배당에서 게오르그 펜츠, 산티 구치, 헤르만 피셔 등 르네상스 시대 거장들의 예술 작품을 볼 수 있다.

바벨 성 구 왕궁
Wawel Royal Castle

대성당을 따라 안쪽으로 들어가면 구왕궁 입구가 나온다. 주위를 둘러싼 건물은 16세기 초에 지그문트 왕이 건설한 고딕과 르네상스의 복합양식이다. 현재 내부는 박물관으로 사용하고 있으며 몇 가지 전시로 나뉘어 있다.

왕궁의 전시에서는 16~17세기 무렵을 재현한 호화로운 방과 왕가의 초상화 등을 관람할 수 있다. 그 중에서도 1320년부터 폴란드 왕의 대관식에 사용했던 '슈체르비취Szczerbiec'라는 검과 지그문트 아우구스트 왕이 수집한 16세기 플랑드르산 타피스트리는 꼭 볼만하다. 그 외에 왕족의 개인실, 보물, 무기박물관, 오리엔탈 아트 등의 전시를 한다. 입구로 돌아가 동쪽에는 10세기 바벨성의 유구Wawel Zaginioy가 있다.

용의 동굴
Cuevas Drach

바벨 성 밑은 용이 살았다는 전설의 동굴과 연결되어 있다. 나선형 계단을 따라 내려가는 데, 현기증이 날 때쯤 용의 동굴이 모습을 드러낸다. 동굴은 2,500만 년 전에 형성되었지만, 16세기가 되어서야 발견되었다. 발견된 이후 창고, 사창가, 주거지로 사용되었다. 크라쿠프 언덕 위의 바벨 성 밑에 '드래곤스 댄Dragon Daen'이 있다. 으스스한 석회석 기암으로 둘러싸인 길은 흐릿한 불빛이 비추고 길을 따라 몸을 낮추고 걸어가야 한다.

바벨 성 밑의 지하 동굴은 전설에 따르면 과거 창고와 사창가로 사용된 이곳에 무시무시한 용이 살았다고 한다.

동굴의 길이는 250m가 넘지만, 관광객은 안전상의 이유로 80m까지만 둘러볼 수 있다. '도둑들의 탑'이라고 알려진 오래된 벽돌 우물 안의 135개의 계단을 따라 내려갈 수 있다. 우물은 1830년대에 만들어졌는데, 내부로 들어가면 '드래곤스 댄Dragon Daen'을 이루고 있는 3개의 방 중 하나가 나온다.

길을 따라 가면 가장 큰 방이기도 한 2번째 방이 나온다. 고개를 들면 동굴이 창고로 사용되던 시기에 만들어진 돔 모양 천장을 볼 수 있다. 흐릿한 조명과 석회석 기암의 흡사 조각과도 같은 모양이 빚어내어 흔들거리는 그림자로 인해 오싹한 분위기를 느낄 수 있다. 마지막 방에서는 암석 돌기와 오래된 벽돌 굴뚝을 볼 수 있다.

땅 위로 돌아오면 거대한 용 청동상을 볼 수 있다. 용 동상은 무섭다기보다 귀엽다는 생각이 든다. 5분 간격으로 용의 입에서 불꽃이 뿜어져 나오는 것을 볼 수 있다. 기다렸다가 불이 나올 때에 사진을 찍는 관광객의 모습을 볼 수 있다.

드래곤스 댄은 크라쿠프 중심지 남쪽에 위치한 바벨 성에 자리 잡고 있습니다. 구시가에서는 걸어서 갈 수 있습니다. 4월에서 11월까지 매일 문을 엽니다. 소액의 입장료가 있습니다. 동굴 입구에 있는 기계에서 입장권을 구입하세요.

야기엘론스키 대학

Uniwersytet Jagielloński

중앙 시장 광장 서쪽에는 식민지시절 폴
란드 만족 운동의 구심점이자 학문의 중심인 야기엘론스키 대학이 있다. 1364년
에 세워졌으며 유럽에서 2번째로 오랜 역
사를 지닌 대학이다. 독일 과테의 소설의
인물인 파우스트 박사가 이곳에서 연구
를 했다고 전해진다.

1548년 유명한 지동설을 발표했던 니콜
라스 코페르니쿠스(1473~1543)가 이 대학
출신이다. 천문학, 수학, 지리학에서 세계
최고 수준의 대학인 야기엘론스키 대학
은 지금도 폴란드 최고 명문대학으로 명
문을 이어오고 있다.

가장 오래된 건물은 콜레기움 마이우스
로 대학교에서 가장 오래된 간물로 코페
르니쿠스가 연구했던 곳이다. 야기엘론스
키 대학을 졸업한 폴란드 출신 천문학자
로 1543년 '천채의 회전에 대하여'라는 책
을 통해 '지동설'을 발표했다.

주소_ ul.Jagiellonska 15
전화_ +48-12-422-0549

쉰들러 공장
Oskar Schindler's Enamel Factory

크라쿠프는 제2차 세계 대전 당시 20세기 인류 최대의 잔혹사, 홀로코스트를 겪은 곳이기도 하다. 영화 쉰들러리스트의 배경이 되었던 쉰들러 공 장은 1939년 독일 기업가인 '오스카 쉰들러'가 처형당할 위기에 처한 1,200여명의 유대인을 자신의 공장 근로자로 채용해 목숨을 구해준 곳이다.

영화 '쉰들러 리스트'의 배경이 되기도 했다. 쉰들러가 실제로 사용했고 영화를 촬영한 쉰들러의 방은 썰렁했지만 세계 곳곳에서 다녀간 여행객의 흔적이 남아 있다. 이 곳 방에서 어떤 생각을 했을까?
1, 200명의 생명을 구한 인간애의 흔적을 보고 싶다. 검물 곳곳에는 유대 마크인 별 모양이 새겨져 있다.

홈페이지_ www.mhk.pl
위치_ 크라쿠프의 산업 지구 자블로시에 위치
구시가 남동쪽으로 3km
주소_ ul.Lipowa 4
시간_ 매월 첫째 주 월요일 휴관
전화_ +48-12-257-1017

About 쉰들러 공장

라쿠프 중심지에 위치한 오스카 쉰들러 공장은 홀로코스트 당시 유대인들의 역경에 대해 이야기하고 있는 박물관이다. 나치의 선전을 포고하고 있는 라디오를 들으며 전쟁 당시 크라쿠프의 오스카 쉰들러의 공장에서 일하던 유대인 노동자를 생각해 볼 수 있다. 각종 편지와 일기문, 일상생활을 재현해 놓은 각종 장면과 여러 사진을 통해 폴란드에 살고 있던 유대인들의 생생한 생활상을 경험할 수 있다.

오스카 쉰들러 공장은 2010년 6월에 박물관으로 재탄생했다. 공장은 오스카 수상에 빛나는 스티븐 스필버그 감독의 영화 '쉰들러 리스트'로 유명해졌다. 사업가 오스카 쉰들러는 제2차 세계대전 당시 이곳에서 법랑 제품 사업을 운영했다. 사업을 통해 재산을 축적한 쉰들러는 1,200명이 넘는 유대인들을 고용해 이들의 목숨을 구할 수 있었다. 박물관은 나치 점령 하의 크라쿠프의 생활상을 보존하고 있다.

둘러보기

안내판을 따라 여러 전시를 둘러보면 미용실과 거주 구역, 유대인 일가들이 종종 피난처로 삼아야 했던 비좁은 공간도 볼 수 있다. 각종 재현 장면, 사진과 생생한 묘사를 통해 공장에서의 삶과 노동자들의 생활상을 상상하게 된다. 법랑 제품으로 가득한 대형 유리 캐비닛과 책상이 놓인 쉰들러의 사무실도 볼 수 있다. 대규모 스크린 실에는 기록 영상과 다큐를 관람할 수 있다. 공장의 여러 구역과 물건은 영화에 등장하기도 했다.

카지미에라즈
Kazimierz

음산한 분위기의 2차 세계대전의 흔적을 고스란히 간직하고 있는 곳이다. 2차 세계대전이 발발하고 나치들은 카지미에라즈Kazimierz로 모이도록 했다. 그 이후에 아우슈비츠 수용소로 옮겨졌다. 바벨성 남동쪽으로 조금 내려간 곳에 있는 이 지역은 1820년대까지 독립적인 하나의 마을이었다.

15세기, 크라쿠프에서 쫓겨난 유대인들은 이 좁은 카지미에라즈Kazimierz 구역에 정착해, 방대한 기독교 주민지역과 담으로 분리되었다. 이 유대인 구역은 유럽 전역에서 박해를 피해 모여든 다른 유대인들과 합쳐져 2차 세계 대전 때는 7만 명의 유대인들이 거주하게 되었다고 한다. 스티븐 스필버그의 영화 '쉰들러 리스트'에서 전쟁 당시 나치 독일은 유대인들을 포조제Podgorze게토에 강제 이주시켜 인근 플라조프Plaszow 수용소에서 죽였다. 현재 크라쿠프의 유대인 수는 백여 명으로 추산된다.

유대인 구역에는 기적적으로 남은 유대 회당이 여기저기 있고, 이들 중 가장 중요한 곳은 폴란드에서 가장 오래된 유대인 건물인 15세기말 지어진 구 시나고그Old Synagogue로 오늘날 유대인 박물관으로 사용되고 있다.

홈페이지_ www.polin.pl **주소**_ Szeroka 24
전화_ +48-513-875-814

갈리시아 유대인 박물관
Galicia Jewish Museum

갈리시아 유대인 박물관에는 유대인들의 문화적 유적지, 홀로코스트 장소와 크라쿠프에서 유대인으로 산다는 것에 대한 현대적인 해석 등 다양한 정보를 얻을 수 있다. 현대적인 갈리시아 유대인 박물관은 2004년에 개관한 박물관은 크라쿠프 시에서의 유대인들의 삶을 기리고자 한 보도사진 작가 크리스 슈바르츠에 의해 오래된 유대인 공장에 세워졌다. 문화 센터이기도 한 사진 박물관을 방문하여 800년에 걸친 크라쿠프 유대인들의 삶에 대해 전시해 놓았다.

박물관의 주 전시장에는 오래된 사진과 유물 대신 1990년대부터 12년에 걸쳐 촬영된 천여 장의 사진이 전시되어 있다. 이곳은 역사적인 사건에 대한 현대적인 관점, 그리고 크라쿠프의 유대인 문화에 초점을 맞추고 있다. 박물관을 방문한 다음, 크라쿠프에서 찾아볼 수 있는 다른 유대인 관광지도 함께 둘러보자.

> **전시관**
> 시대순으로 배열된 5개의 전시가 있다. 첫 번째 전시에서는 유물과 역사 유적지 사진을 통해 과거의 유대인 문화를 조망하고 있다. 다음 전시에서는 홀로코스트가 발생한 장소를 볼 수 있다. 마지막 2개의 전시에서는 오늘날의 유대인 문화라는 주제와 관련된 사진을 훑어보도록 전시되어 있다.

신 유대인 묘지
Remuh Synagoga

크라쿠프 유일의 유대인 공동묘지를 방문하면 제 2차 세계대전 당시 목숨을 잃은 유대인들의 모습을 볼 수 있다. 신 유대인 묘지에는 10,000개가 넘는 묘비가 서 있다. 1,800년에 세워진 이후 유명한 랍비, 예술가, 정치가들이 영면하는 장소가 되어 왔다. 여러 묘비를 둘러보며 홀로코스트로 목숨을 잃은 유대인들에게 헌정된 기념비를 찾을 수 있다.

유대인 공동묘지의 면적은 4.5ha에 달한다. 지난 200년간 크라쿠프에는 유명한 유대인들이 정착하여 거주하였고, 이들 중 대부분이 이곳에 묻혔다. 랍비이자 의원이던 '오스자스 손Ousjas Son'의 이름이 새겨진 묘비와 낭만주의 화가 '모리시 고트리브Moris Gotriv'도 있다. 여름철에는 덩굴과 나뭇잎으로 무성한 나무들을 볼 수 있고, 겨울철에는 눈에 뒤덮인 장엄한 분위기를 만끽할 수 있다.

정문으로 이동하면 홀로코스트로 목숨을 잃은 이들을 기리는 거대한 기념비가 보

인다. 묘지 어디에서나 제 2차 세계대전 당시 목숨을 잃은 사람들에게 바쳐진 묘비를 볼 수 있다.

오래되어 조금씩 부서지고 있는 묘비 사이의 좁은 길을 따라 거닐면 제 2차 세계대전 당시 독일군에 의해 묘지의 대부분이 훼손되었기 때문에 현대적인 양식의 묘비가 대부분인 것을 볼 수 있다. 군인들은 도로를 까는 데 묘비 석을 사용하였고, 귀중품도 다수 팔아 버렸다. 묘비는 1957년에 이르러서야 복원되었다. 묘지를 둘러싸고 있는 벽을 관찰하면 부서진 묘비 석 조각들이 시멘트를 사용해 복구된 것을 볼 수 있다.

> **주의**
> 머리에 쓸 것을 착용해야 입장이 가능하다. 모자를 가져오거나 입구에서 종이 모자를 챙겨서 입장해야 한다.

홈페이지_ www.polin.pl
주소_ Szeroka 24
위치_ 크라쿠프 남동쪽의 유대인 마을 카지미에르즈 지구
시간_ 휴관 매주 토요일 / 유대인 명절
전화_ +48-513-875-814

크라쿠프의 대표적인 공원 Best 2

요르단 공원(Jordan Park)

크라쿠프에서 가장 오래된 공원에서 피트니스 트레일 위에서 달리기나 패들보트를 타고 뱃놀이를 즐기는 모습도 볼 수 있다. 자전거를 타고 요르단 공원의 수많은 길을 따라 달리면서 만개한 꽃으로 가득한 화단과 시끌벅적한 축구경기, 산책을 즐기는 가족들과 운동 기구에서 열심히 운동을 하는 사람들과 호숫가에 앉아 뱃놀이에 한창인 사람들을 볼 수 있다. 겨울에는 스케이트 램프에서 중력을 거슬러 묘기를 펼치는 신기한 장면이 인상적이다.

요르단 공원은 1889년에 의사이자 사회 개혁가이자 독지가였던 헨리크 요르단에 의해 세워졌다. 요르단은 어린이들의 성장에 신체 운동이 교육만큼 중요하다는 이론을 설파하기 위해 공원을 계획했다. 요르단 공원은 폴란드에 최초로 세워진 공립 공원이자 유럽 최초의 공립 공원이다. 제 2차 세계대전 당시 많은 부분이 파괴되었지만, 다시 과거의 영광을 되찾았다. 21 ha에 달하는 녹지는 각종 경기장과 주민들과 방문객들이 활동을 즐길 수 있는 공간으로 꾸며져 있다.
친절하게 다가가 주민들에게 합류해도 되는지 물어 보면 웃으면서 받아줄 것이다. 축구와 럭비, 프리스비를 즐기는 주민들을 곳곳에서 볼 수 있다. 예약을 하면 인근의 테니스 코트에서 테니스도 칠 수 있다.
만개한 꽃으로 가득한 화단과 백 년 된 느릅나무와 라임나무, 정성껏 가꾸어진 풀밭을 보면서 산책로를 거닐다 보면 폴란드의 역사적인 인물들의 흉상을 볼 수 있다. 아이들과 함께 36개의 흉상을 모두 찾아가는 장면을 보면 폴란드가 얼마나 역사교육에 관심을 가지는지 알 수 있다.

주소_ Aleja 3 Maja, Krakow

플란티 공원(Planty Park)

플란티 공원Planty Park은 크라쿠프 구시가를 둥그렇게 둘러싸고 있다. 공원을 구성하고 있는 30개의 정원에는 분수대와 조각상, 각양각색의 화단과 정성껏 가꾸어진 밭도 볼 수 있다. 고요한 공원은 구시가의 유명 관광지를 모두 둘러보고, 곳곳에 놓여 있는 벤치에 앉아 대학 건물의 붉은 벽돌 파사드를 감상하거나 도미니코 수도원 정원을 구경하는 것도 좋다.

21 ha규모의 플란티 정원Planty Park은 크라쿠프 구시가 외곽을 4㎞ 길이로 둥그렇게 둘러싸고 있다. 공원은 폐허가 된 구시가의 성벽을 대체하기 위해 1822년부터 1930년까지 조성되었다. 오늘날에는 독특한 양식의 정원 30개가 산책로에 의해 이어져 있다. 구시가의 여러 명소를 방문하다 공원에 들러 잠시 휴식을 취하고 시간을 내 공원을 산책하는 것도 좋다. 플란티 공원Planty Park 곳곳에서 볼 수 있는 카페와 레스토랑, 바에서 식사나 음료를 즐기거나 도시락을 준비해 오는 것도 좋다. 날씨가 따뜻한 때에는 널찍한 풀밭 위에 누워 피크닉을 즐기는 시민들을 볼 수 있다.

성 앞의 바벨 정원에서 공원 탐험을 시작하자. 벽돌로 된 신 고딕양식의 신학대학이 눈길을 끈다. 정원 사이를 거닐며 각종 분수대와 기념비, 조각상과 화단을 둘러보면서 휴식을 즐기자. 겨울철을 제외하면 연중 꽃들이 만개할 수 있도록 신중을 기해 심어진 식물들이 보인다. 우아한 수양버들과 연철 다리가 가로지르는 연못이 이루는 멋진 풍경도 볼만 하다.

크라쿠프의 박물관 Best 3

폴란드 국립박물관(National Museum)

폴란드 국립박물관에는 다양한 예술
작품과 유서 깊은 유물을 볼 수 있다.
1879년에 설립된 국립박물관은 성장
을 거듭한 결과 현재 78만 점에 이르
는 전시품과 예술 작품을 소장하게
되었다. 꼭대기 층의 여러 전시실에
는 20세기의 폴란드 예술 작품이 전
시되어 있다.

러그와 자기, 크라쿠프의 여러 교회
의 스테인드글라스 등 600년에 걸친
장식 예술을 볼 수 있다. 무기와 갑
옷, 정복 등 오래된 군사 용품을 보면
10세기까지 거슬러 올라가는 전시물
도 확인할 수 있다.
대부분의 관람을 하는 관광객은 다
빈치의 그림인 흰 족제비를 안은 여
인Lady with an Ermine을 보러 온 것이다.
차르토리스키 미술관의 리모델링 공
사로 국립박물관으로 옮겨졌다. 특별
전시 티켓을 구입해야 그림을 볼 수 있다. 비교적 여유롭게 그림을 볼 수 있어 무료보다 좋
다는 생각이 들게 될 것이다.

관람 순서
꼭대기 층에서 20세기 폴란드 예술가들의 작품을 둘러보며 관람을 시작하자. 올가 보즈난
스카의 '국화와 소녀', 야체크 말체프스키의 '자화상' 등 500여명에 이르는 폴란드 화가들
의 작품이 전시되어 있다.

장식 예술
전시에는 12세기 이후부터 폴란드의 가정집을 장식해 온 다양한 품목을 볼 수 있다. 금, 은,
주석 장식물과 악기, 폴란드 최대의 동양, 폴란드 러그 컬렉션이 인기가 높다.

폴란드 군사 역사 전시관
10세기에 사용된 무기, 1600년대의 갑옷, 18~20세기까지 이르는 전시물이 있다.

위치_ 버스나 트램을 타고 Cracovia 역 하차, 구시가의 중앙 광장에서 도보로 15분 소요
주소_ al. 3 Maja 1 **요금_** 20zł **전화_** +48-12-433-5500

About 흰 족제비를 안은 여인(Lady with an Ermine)

1489~1490년에 레오나르도 다 빈치가 그린 그림으로 주제는 도리에 맞는 안전함이다. 모델은 체칠리아 갈레라니(Cecilia Gallerani)인데 "로도비코 일 모로"라는 별명을 지닌 밀라노 공작인 루도비코 스포르차(Ludovico Sforza)의 애인이다. 이 그림은 레오나르도가 그린 오직 4점의 여성 초상화 중 하나이다. (다른 세 점은 모나리자, 지네브라 데 벤치의 초상과 라 벨 페로니에르(La Belle Ferronière)이다.) 표면은 많이 문질러졌고, 배경은 조정되지 않은 검은색으로 덧칠해졌고, 좌측 상단 구석은 깨진 뒤 수리되었고, 모델의 머리 위에 있는 투명한 베일은 사치스러운 머리모양으로 바뀌었으며 손가락들은 심하게 가필된 등의 많은 손상을 입었음에도, 레오나르도 다 빈치의 작품들 중에서는 양호한 상태의 작품에 속한다.

레오나르도는 로도비코 스포르차의 성채인 스포르체스코 성(Castello Sforzesco)에 그와 함께 살 때인 1848년 밀라노에서 체칠리아 갈레라니를 만났다고 한다. 체칠리아는 공작의 애인이었는데, 젊고 아름다운 17세의 그녀는 음악을 연주했고 시를 썼다.

그녀의 초상화에서 흰 족제비의 의미에 대해서는 다양한 해석이 있다. 애완용 흰 족제비는 귀족정치와 연관되었고 흰 족제비는 본래 갖고 있던 털가죽을 흙으로 더럽히느니 차라리 죽음을 선택하는 순수성의 상징이었다. 또한 흰족제비는 1488년 흰족제비 기사단을 만든 로도비코 스포르차의 개인적인 문장이었다.

엄밀히 보면, 이 그림에 있는 동물은 흰 족제비라기보다는 통통하고 덜 자란 흰 동물을 보는 것을 즐긴 중세 사람들이 좋아했던 페럿으로 보인다는 것이 정설이다.

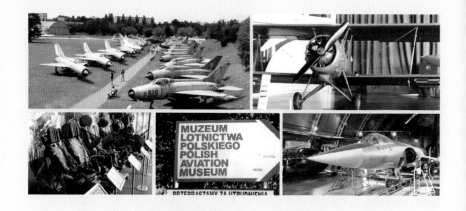

폴란드 항공 박물관(Aircraft Exhibits)

폴란드 항공 박물관에서는 20세기 초반의 항공기와 각종 기념물을 볼 수 있다. 20세기에 폴란드 공군에 복무한 조종사들의 사진과 오래된 제복을 보고, 아이들과 함께 인터랙티브 전시를 둘러보며 직접 항공기를 조종해 보는 경험을 할 수도 있다. 박물관은 광범위한 자료를 소장하고 있는 도서관과 정기적으로 영화가 상영되는 극장도 갖추고 있다. 20세기 초반의 희귀 항공기, 제2차 세계대전 당시 사용된 제트기, 최첨단 인터랙티브 전시를 볼 수 있다. 폴란드 항공 박물관은 라코비츠-치지니 비행장에 자리 잡고 있다. 1912년에 문을 연 비행장은 유럽 최초의 비행장 중 하나였다. 1964년에는 박물관이 들어섰고, 항공기 격납고와 2010년에 지어진 전시관에는 200대가 넘는 항공기, 각종 엔진, 항공 기념물 등이 전시되어 있다.

중앙 전시관

프랑스의 1909 블레리오 11과 현존하는 유일한 폴란드 PZL P11을 비롯하여 총 21대의 항공기가 전시되어 있다. 항공 시뮬레이터에서 조종 실력을 시험해 보고, 스크린 실에서 조종사들의 삶에 관한 다큐를 감상할 수 있다.

격납고

바로 옆에 위치한 격납고가 박물관의 나머지 공간을 차지하고 있다. 첫 번째 격납고의 제1차 세계대전 항공기 전시에서는 헤르만 괴링의 개인 소장품이었던 여러 대의 전쟁 전 항공기를 볼 수 있다. 중앙 전시 격납고에서 제2차 세계대전에 사용된 항공기와 글라이더, 고성능 활공기가 있다. 세 번째 격납고에는 '역사의 이야기' 전시를 볼 수 있다.

위치_ 구시가 북동쪽으로 3km 거리 **주소_** Jana Pawla 39 **시간_** 9~17시(화요일 무료)
전화_ +48-12-642-8700

민족학 박물관(Ethnographic Museum)

과거 시청으로 사용된 건물에 자리 잡고 있는 민족학 박물관에는 과거와 현재의 문화를 보존하고 있다. 정교하게 복원된 침실과 주방을 구경하며 폴란드 농부들의 과거 실제 생활을 상상할 수 있다. 마을 목수에 의해 사용되었던 도구를 둘러보고, 종교 작품과 민속 예술을 감상해보자.

민족학 박물관Ethnographic Museum은 1911년에 교사이자 향토사가인 인물에 의해 설립되었다. 과거 카지미에르즈의 시청이었던 르네상스 건물에 자리 잡고 있는 박물관은 폴란드 최대의 컬렉션을 소장하고 있다.

완벽하게 재건된 이즈바 포드할란스카와 이즈바 크라코브스카에는 100여 년 전 폴란드 마을 사람들의 생활공간을 눈으로 확인할 수 있다. 당시의 가구와 예술 작품, 장식이 과거의 모습 그대로 꾸며져 있다. 박물관의 여러 곳을 돌아다니며 나무 땔감을 사용하는 전통적인 화로에서 요리를 하는 모습을 상상하고, 목수의 작업장에는 가구를 만드는 데 사용된 도구를 감상할 수 있다. 의복과 전통 의상이 전시된 공간에는 오늘날의 옷과 과거의 옷을 비교해 보고 꼭대기 층에는 박물관의 대규모 민속 예술 컬렉션을 볼 수 있다.

위치_ 카지미에르즈 지구의 구시가 남쪽 **주소_** pl. Wonica **시간_** 10~17시
전화_ +48-12-430-6023

스테이크, 디저트 모두 적당한 간으로 맛있다. 직원은 과잉 친절일 정도로 주문을 받아 기분이 좋아진다. 현지의 젊은 비즈니스 인들이 주로 찾는다고 한다.

주소_ Kanonicza 15
요금_ 스테이크 65zl~, 와인40zl~
시간_ 13~23시
전화_ +48-537-872-193

베가브
Vegab

현지인이 아침 일찍부터 찾는 음식점이다. 특히 케밥은 우리가 먹어오던 케밥과 비슷해 친숙한 맛이다. 다른 밥이나 반찬들도 우리가 먹던 것과 보기에는 비슷하지만 맛은 다르기 때문에 잘 보고 선택해야 한다. 선택한 음식대로 가격이 매겨지기 때문에 적당하게 먹을 만큼만 선택해야 한다.

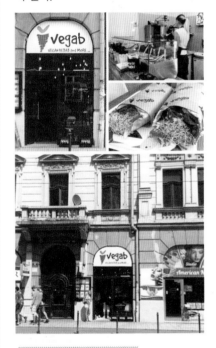

홈페이지_ www.vegab.pl
주소_ Starowislna 6
요금_ 주 메뉴 35~60zl
시간_ 11~23시
전화_ +48-889-113-373

레스타우라캬 스타르카
Restauracja Starka)

길가에 바로 보이는 레스토랑이 아니기 때문에 찾기가 쉽지 않은 단점이 있다. 사전에 미리 예약을 하는 것이 기다리지 않고 먹을 수 있는 레스토랑이다.
부드럽고 유명세만큼 가격이 비싸다는 단점이 있다. 폴란드 전통음식과 함께 와인, 디저트까지 유명하니 맛있는 폴란드 음식을 먹을 수 있는 기회로 활용하자.

홈페이지_ www.starka-restauracja.pl
주소_ ul. Jozefa 14
요금_ 주 메뉴 35~60zł **시간_** 12~23시 55분
전화_ +48-12-430-6538

올드 타운 레스토랑 와인 & 바
Old Town Restaurant Wine & Bar

정성들여 조리해 겉은 바삭하고 육즙이 나오는 쇠고기 전통요리는 비린 맛을 잡아 부드럽게 목을 넘긴다. 맛있는 고기가 양이 적다는 아쉬움이 많이 남는다. 겨자 소스와 고기 맛이 잘 어울리고 쫄깃쫄깃한 촉감의 고기는 와인과 함께 연인과 함께 가면 좋은 레스토랑이다.

주소_ Ulica Swietego Sebastiana 25 Kazimierz
요금_ 주 메뉴 15~30zł
시간_ 12~22시
전화_ +48-12-429-2476

프라즈스타넥 피에로기
Przystanek Pierogarnia

관광객보다 현지인이 주로 찾는 피에로기 전문식당이다. 폴란드인들이 직접 먹는 다양한 피에로기를 맛볼 수 있는 장소로 추천한다. 또한 햄버거로 메뉴를 다양화하고 있다.
작은 공간으로 대부분의 손님은 테이크아웃으로 가지고 가며 항상 빈자리가 없을 정도로 사람들이 많다. 피에로기를 구입해 광장으로 이동해 맥주와 함께 먹는 피에로기의 맛을 잊을 수 없다.

홈페이지_ www.przystanek-pierogarnia.ee
주소_ ul. Bonerowska 14
시간_ 12~21시 **요금_** 10~17zł
전화_ +48-796-449-886

차르나 칵카 더 블랙 덕
Czarna Kaczka The Black Duck

크라쿠프에서 폴란드 전통음식을 가장 맛깔스럽게 플레이팅이 되어 나오는 소문난 집이다. 특히 케이크와과 커피가 소문나서 전통음식인 피에로기와 골룡카를 먹고 나서 디저트까지 먹고 간다. 창문으로 보이는 크라쿠프의 모습이 여유를 즐기게 해준다.

주소_ ul. Poselska 22 old Town
시간_ 12~23시
요금_ 주 메뉴 35~80zł
전화_ +48-12-426-5440

크라쿠프 Krakow
근교 투어

오슈비엥침 Oswiecim

오슈비엥침Oswiecim은 크라쿠프에서 60㎞정도 떨어진 중소 공업도시이다. 폴란드어 이름은 생소하게 들리지만 독일어 이름인 아우슈비츠Auschwitz는 우리에게 익숙하게 들린다. 아우슈비츠는 가장 큰 나치 수용소로 인류 역사상 가장 많은 학살이 일어난 곳이기도 하다. 우리에게는 아우슈비츠로 알려진 곳은 크라쿠프에서 1시간 정도를 가면 있다. 도착했을 때의 절망감은 내리는 순간 느끼게 된다.

오슈비엥침 IN

대부분의 여행자들은 크라쿠프Krakow로 도착해 그곳의 다양한 수용소 투어에 참가하여 오슈비엥침Oswiecim으로 온다. 크라쿠프Krakow 중앙 기차역에서 이른 아침과 오후에 몇 편의 기차가 출발한다.

기차역 뒤에는 하루에 10편의 버스(2시간 소요, 64㎞)가 운행하고 있다. 아우슈비츠 정문에서 매시간 지나는 버스를 타고 크라쿠프Krakow로 돌아오면 된다.

아우슈비츠Auschwitz와 비르케나우Birkenau
사이를 오가는 셔틀버스 운행
▶6~8월_ 08시~19시
▶5, 9월_ 08시~18시
▶4, 10월_ 08시~17시
▶3, 11월_ 08시~16시
▶12~2월_ 08시~15시

한눈에 아우슈비츠 파악하기

1. 방문 센터에서
   먼저 티켓을
   받아야 한다.
   무료이지만
   입장티켓을
   받아야만 입장이 가능하다.

2. 티켓을 확인
   하고 철조망
   달린 정문을
   들어가면 위
   에 'Arbeit
   Macht Frei(노
   동이 자유를 만든다)'라고 쓴 모순적인
   구절을 읽을 수 있다.

아우슈비츠

오슈비엥침(Oswiecim) 외곽에 있던 폴란드 군용 막사를 이용해 1940년 4월에 세워졌으며 원래 폴란드 정치범을 가두려던 목적이었으나 결국에는 유대인을 학살하는 거대한 수용소로 변하고 말았다. 1941년에는 비르케나우와 모노비츠의 두 수용소가 더 세워졌다. 이 수용소에서 27개국 150~200만 명이 죽어갔으며 그 중 85~90%가 유대인이었다.

나치는 수용 인원이 늘어나자 원래 마구간으로 쓰이던 곳에 제2수용소를 만들었다. 각 막사마다 유대인 400명을 수용했다고 하는데 3층 침대만 덩그러니 있는 것이 닭장처럼 느껴졌다. 독일군은 철수하면서 자신들의 만행을 감추기 위해 가스실과 소각로 등 중요시설은 파괴했다. 그나마 당시의 모습을 잘 간직한 곳이 제1 수용소이다.

정문에는 "노동이 너희를 자유롭게 하리라"라는 문구가 쓰여 있는데 이 문구를 제작한 유대인들은 B 문자를 왜곡된 문자로 만듦으로써 나치에 대한 저항심으로 몰래 담았다고 한다. 정문을 지나면 28동의 수용소가 ㄷ자 모양으로 3열로 늘어서 있다. 이곳으로 끌려와 가혹한 노동을 하다가 학살된 인원이 400만 명 이상이라고 한다. 10동과 11동 사이에 있는 죽음의 벽, 죽음의 순간에 아무 저항을 할 수 없었던 유대인들의 모습이 머리 속에 그려질 것이다.

건물 내부에는 이곳에서 어떠한 일들이 일어났는지 알 수 있는 모습이 전시품들과 사진들이 있다. 강제 노동을 할 수 없는 노인들과 어린 아이들은 그 자리에서 처형당하기도 했다. 나치가 한통에 400명을 독살할 수 있도록 만든 가스통이 한쪽에 수북이 전시되어 있다. 이곳이 얼마나 생지옥이었는지 알 수 있는 참혹한 물건들이 전시되어 있고 어린 아이들을 대상으로 생체 실험을 한 서진들을 보면 눈물이 절로 나온다.

나치가 후퇴하면서 파괴한 건물은 극히 일부로 원래 건물 중 여러 채는 그대로 남아 당시의 섬뜩한 역사를 이야기하고 있다. 20여 채의 남은 감옥들 중 12채에는 박물관이 들어서있으며 일반 전시물과 여러 국가에서 희생자를 위해 제공된 전시물들이 포함되어 있다.

3. 감옥의 전시물을 본 후에는 마지막으로 가스실과 화장터로 쓰이던 건물로 연결된다. 이 생생한 투어를 보면서 새삼 등골이 오싹해진다.

4. 방문 센터에서 보여주는 15분짜리 다큐멘터리 필름은 1945년 1월 27일 소련군에 의해 수용소가 해방되는 장면을 보여주며, 매 30분마다 상영된다.

아우슈비츠 수용소
Auschwitz Concentration Camp

제2차 세계대전 중에 폴란드 남부 오슈비엥침Oswiecim(독일명은 아우슈비츠Auschwitz)에 있었던 독일의 강제수용소이자 집단 학살수용소로 나치에 의해 400만 명이 학살되었던 곳으로, 가스실, 철벽, 군영, 고문실 등이 남아 있다.

아우슈비츠 제1수용소 고압 철책
수용소 주변을 고압 전류가 흐르는 철조망으로 둘러 싸 유대인의 탈출을 막았다

폴란드 남부 크라쿠프에서 서쪽으로 50㎞ 지점에 위치해 있다. 인구 5만 명의 작은 공업도시로, 폴란드어로는 오슈비엥침Oswiecim이라고 한다. 나치가 저지른 유대인 학살의 상징으로 알려져 있으며, 당시 학살한 시체를 태웠던 소각로, 유대인들을 실어 나른 철로, 고문실 등이 남아 있다.

1940년 봄, 친위대 장관인 하인리히 힘러가 주동이 되어 고압전류가 흐르는 울타리, 기관총이 설치된 감시탑 등을 갖춘 강제수용소를 세웠다. 당해 6월 최초로 폴란드 정치범들이 수용되었고, 1941년 히틀

입구와 고압철책

러의 명령으로 대량살해시설로 확대되었으며, 1942년부터 대학살을 시작하였다.

열차로 실려 온 사람들 중 쇠약한 사람이나 노인, 어린이들은 곧바로 공동샤워실로 위장한 가스실로 보내 살해되었다. 가스, 총살, 고문, 질병, 굶주림, 인체실험 등을 당하여 죽은 사람이 400만 명으로 추산되며, 그 중 3분의 2가 유대인이다. 희생자의 유품은 재활용품으로 사용되었고, 장신구와 금니 등은 금괴로 만들었다. 또한 희생자의 머리카락을 모아 카펫을 짰으며, 뼈를 갈아서 골분비료로 썼다.

1945년 1월, 전쟁 막바지에 이르러 나치는 대량학살의 증거를 없애기 위해 막사를 불태우고 건물을 파괴하였다. 그러나 소련군이 예상보다 빨리 도착하여 수용소

건물과 막사의 일부가 파괴되지 않고 남게 되었다. 제2차 세계대전이 끝난 후, 1947년 폴란드의회에서는 이를 보존하기로 결정했다.

희생자를 위로하는 거대한 국제위령비가 비르케나우Birkenau에 세워졌으며, 수용소 터에 박물관이 건립되었다. 나치의 잔학행위에 희생된 사람들을 잊지 않기 위해 유네스코는 1979년 아우슈비츠를 세계문화유산에 지정하였다.

아우슈비츠 수용소조감도

자모시치 Zamosc

자모시치는 폴란드 르네상스 시대를 지휘했던 수상, 얀 자모이스키^{Jan Zamoyski}에 의해 1580년에 세워졌는데, 이곳을 만든 목적은 동쪽으로부터의 침략을 방어하고 이상적인 도시 거주지를 설립하기 위해서였다. 1992년 자모시치는 유네스코의 세계 문화유산으로 지정되었다.

인상적인 르네상스 시대 광장인 비엘키 광장에서 관광을 시작하면 된다. 이곳에는 이탈리아 스타일의 중산층 주택과 16세기 시청이 있다. 지역 박물관 건물은 광장에서 가장 예쁜 건물 중 하나로 다양한 전시물들이 있다. 근처 자모이스키 궁은 1830년대 군사 병원으로 바뀌면서 상당부분 매력을 잃어버렸다. 북동쪽으로 조금 가면 1592년 폴란드에서 3번째로 생긴 고등 교육기고나, 아카데미가 나온다.

2차 세계대전 이전에 자모치의 인구 중 45%가 유대인이었으며 이들은 아카데미 동쪽 지역에 살고 있었다. 유대인 관련 건물 유적 중 가장 중요하게 남아 있는 곳은 1610년대 르네상스 풍의 시나고그로 모퉁이에 있다. 구시가에서 10분 정도 남쪽으로 가면 1820년대에 지어진 원 모양의 성채, 로툰다^{Rotunda}가 나온다. 2차 세계대전 중 나치는 이곳에서 8천 명의 주민을 학살했다. 현재는 희생자들의 추모 장소가 되었다.

Gdańsk

그단스크

Gdansk
그 단 스 크

발트해 연안의 항만 도시인 그단스크는 폴란드에서 가장 아름다운 도시 중 하나이며 크라쿠프와 함께 폴란드가 세계에 자랑하는 문화, 역사, 관광의 도시이다. 중세를 그대로 옮겨 놓은 것 같은 빨간 벽돌의 올드타운^{Old Town}을 둘러보면 역사의 무게를 느끼게 된다.

간단한 그단스크 역사

997년에 폴란드령으로 이름이 기록되어, 1997년에 정확히 1,000주년을 맞이하였다. 예로부터 호박의 산지로도 유명하며, 인구 숫자로 독일인이 우세하지만 건축학적으로는 플랑드르 모습이 남아있는 그단스크는 역사적으로 사실상 독립적인 도시 국가였던 시절이 많았다. 지금 그단스크는 자유로운 정신을 상징하는 폴란드 자유노조의 탄생지로 알려져 있다.

13~14세기
한자동맹의 일원으로 독립국가로 번영을 이루었다.

16~17세기
그단스크는 독일기사단에 짓밟히며 도시는 쇠퇴하였다.

2차 세계대전
히틀러가 이끄는 나치 독일의 표적이 되기도 했다. 이는 발트 해Baltic Sea의 요충지로 번영했던 지리적 조건이 반대로 작용한 것이었다. 1939년 9월 1일, 독일군은 베스테르플라테로 기습작전을 전개하였는데 이것이 결과적으로 제 2차 세계대전의 시작으로 이어지면서 이 항구의 전략적 중요성이 강조되었다. 그단스크는 독일과 소련의 격전지가 되어 시가지의 90%가 파괴되고 말았다.

2차 세계대전 후~현재
도시의 모습을 그대로 복원하려는 시민의 열의와 노력이 결실을 맺어 지금은 찾아오는 이들을 중세로 이끌고 있다.

성 야콥 교회
Kosciol Sw. Jakuba

성 바르톨로메이 교회
Kosciol Sw. Bratlomieja

오르비스
ORBIS

교외전차 홈

그단스크 기차역

그단스크
버스터미널

성 브리지디 교회
Kosciol Sw. Brygidy

카타르치니 교회
Kosciol Sw. Katarzyny

성 요셉 교회
Kosciol Sw. Jlówny

구시청사
Ratusz Starorniejski

성 엘쥬베티 교회
Kosciol Sw. Elzbiety

그단스크 해안역

성 미코와이 박물관
Kosciol Sw. Mikolaja

해양박물관
Muzeum Morskie

왕실 예배당
Kaplica Krolewska

옛 무기고
Wielka Zbojownia

성모마리아 교회
Najswietszej Marili Panny

고고학박물
Muzeum Acrheole

황금의 문
Ztota Brama

시청사
Ratusz GłóWnego Mista

높은 문
Brama Wyzynna

수인탑
Wieza Wiezienna

웁하겐의 집
Dom Uphagena

넵튠의 분수
Fontanna Neptuna

녹색의 문
Zielona Brama

그단스크 IN

비행기
하루에 5~7편이 에스토니아 탈린, 덴마크 코펜하겐, 독일 프랑크푸르트와 함부르크, 오스트리아 빈(요일에 따라 운항수가 다름)에서 50~70분정도 소요된다.

기차, 버스
기차는 바르샤바 중앙역에서 3시간 45분~4시간 30분 정도가 소요된다. 버스는 폴스키^{Polski}익스프레스와 플릭스^{Flix Bus}버스가 하루에 2편이 운행하며 6~7시간이 소요된다.

페리
스웨덴의 뉘네스 항(주 3~4편)에서 18시간을 운항하여 그단스크의 시내에서 약 7km 북쪽의 신 항구에 도착한다.

추천 여행코스

1박 2일의 코스로 기차, 버스로 그단스크 중앙역으로 들어오면 중앙역에 숙소를 두고 둘러보면 된다. 우선 그단스크 중앙역이 기점이 되어 시가지만 관광하려면 하루면 충분하다. 동쪽에 있는 구 모트와

바 운하Motlawa River Embarkment 근처도 돌아
보려면 2일 정도가 소요된다.

한눈에 그단스크 파악하기

역사적인 구역
은 가장 풍부한
건축물과 철저
한 복구 작업이
눈에 띄는 곳이
다. 긴 도로라는
뜻의 울 들루가
Ul Dluga와 긴 시
장이라는 뜻의
들루기 타르그

Dlugi Targ는 이곳의 주요 도로를 이루는데,
이곳은 폴란드 왕이 전통적으로 행진하
던 왕의 거리였다. 왕들은 업 랜드 게이트
Upland Gate를 지나 마을 중심으로 들어와
서 골든 게이트Golden Gate를 거쳐 르네상
스 풍의 그린 게이트Green Gate까지 행진하
였다.

핵심 도보여행

그단스크 중앙역은 올드 타운Old Town에서
도보로 20~30분 거리에 있으며 버스 터
미널은 기차역 바로 옆에 있다. 시내는 3
곳의 유서 깊은 지역으로 이루어져 있는
데, 북부의 구시가, 시내 중심, 남부의 교
외 지역이다.
구시가지로 가기 위해서는 우선 성벽이
있었던 '높은 문'브라마 비진나Brama
Wyzynna에서 '황금의 문 즈워타 브라마Zlota
Brama'를 지난다. 시청사를 지나 그단스크
의 수호신 넵튠의 분수와 중세 그대로 분
위기를 전해주는 들루가Dluga 광장을 둘러
본 후 '초록문' 지엘로나 브라마Zielona
Brama로 가거나 운하를 따라서 걸어보자.

지엘로나 브라마(Zielona Brama)

중앙역 앞 큰 도로인 바워야기엘로니스키Waly Jagiellonskie를 따라 남쪽으로 약 500m정도가 그단스크 구시가지의 핵심이다. 1558년 완성되었으며, 당시에는 도개교로 만들어 외적이 접근하지 못하도록 하였다. 문 위에는 천사와 사자 조각, 폴란드와 독일 기사단, 그단스크의 문장이 있다.

드우기 광장

죄수의 탑
House of Copericus

높은 문과 황금의 문 사이에 있는 고딕, 르네양스 양식의 높은 탑은 수인을 고문하기 위해 지은 죄수의 탑이다. 1539년에 건설하였고, 당시에는 가장 발달한 고문 설비를 갖추었다. 스페인의 구두라고 부르는 안쪽에 바늘이 달린 구두와 바늘을 설치한 의자 등이 있다.

황금의 문 / 즈워타 브라마
Golden Gate / Zlota Brrama

높은 문과 죄수의 탑을 지나면, 황금의 문이 나타난다. 왕의 길의 시작점이자 올드 타운Old Town으로 들어가는 첫 번째 문으로 드우가Dluga거리 입구에 해당하며 1614년에 완성했다.

네덜란드 르네상스 양식으로 문 벽에는 성서 시편 1절이 조각되어 있다. 2차 세계 대전 때 나치와 소련의 공습으로 도시의 90%가 파괴될 때 같이 소실되었다가 1957년에 재건되었다.

시청사
Main Town Hall

1379년에 착공하여 1561년에 82m의 첨탑을 완성했다. 첨탑 위에는 지그문트 아우그스트 왕의 황금 상이 서 있는데 화재와 전쟁 등으로 3번에 걸쳐 피해를 입었지만 그 당당한 고딕양식의 탑은 드우기 광장의 풍경을 보다 매력적으로 만들어준다. 현재, 시청사 내부는 그단스크 역사박물관으로 공개하고 있는데, 인테리어 역시 예술적이다. 인테리어도 예술적이라서 붉은 홀이라고 부르는 평의회실은 꼭 둘러볼만하다.

유럽에서도 가장 아름다운 홀로 벽에는 폴랑드르 화가Jan Vredman de Veries가 1596년 이후에 그린 7장의 훌륭한 그림이 장식되어 있다. 천장의 그림은 이삭 반 덴 블록 Isaac Van den Blook의 첫 작품으로 당시의 폴란드, 프러시아, 그단스크, 리우아니아의 군대 모습이다. 벽면의 날로, 보석함 등의 장식품은 전부 16세기의 것이다. 시청사 위에는 전망대가 있어서 드우기 광장은 물론 구시가지에서 발트Baltic Sea해까지의 멋진 경치를 즐길 수 있다.

//

주소_ Dluga 46/47
전화_ +48-512-418-751

옛 무기고
Great Armoury

황금의 문을 지나서 좁은 골목길을 왼쪽으로 돌아가면 있는 플랑드르 르네상스 양식의 멋진 건물로 그단스크의 집들은 이 지붕을 모방했다고 한다.

제 2차 세계대전 때, 4개의 벽과 천장의 일부를 남기고 파괴되어 1945년에 재건되었다. 1954년부터 미술 아카데미의 교사로 이용하고 있다.

홈페이지_ https://m.trojmiasto.pl
주소_ ul. Targ Weglowy 6 Piwna

들루가 광장
Dluga Square

구시가지의 중심이라고 할 만한 곳으로 중세 귀족들의 거처가 늘어서 있어 수준 높은 분위기가 감돌고 있다.

예부터 갖가지 제전을 열렸던 곳으로 현재는 관광객이 모이는 활기찬 광장이다. 명물인 호박을 판매하는 노점상과 카페가 줄지어 있다.

북유럽의 내해인 발트 해

스웨덴 · 덴마크 · 독일 · 폴란드 · 러시아 · 핀란드에 둘러싸여 있는 발트 해의 옛 이름은 호박의 산지로서 알려진 마레수에비쿰$^{Mare\ Suevicum}$, 독일어로는 동쪽 바다라는 뜻의 오스트 제^{Ostsee}라고 불렀다. 스칸디나비아 반도와 유틀란트 반도에 의하여 북해와 갈라져 있지만 반도 사이의 스카게라크 해협과 카테가트 해협으로 바깥바다와 통한다.

북해(北海)의 연장선에 해당하는 바다로 덴마크 동부의 여러 해협 및 카테가트 해협으로 북해와 통하고 킬 운하로 연결된다. 러시아의 운하와 발트 해 운하로 백해로 배가 통하게 되었기 때문에 항상 발트 해를 둘러싸고 전쟁은 끊이지 않았다.

반도로 둘러싸여 있는 바다이기 때문에 염분이 적어서 동, 북부의 발트 해는 겨울 동안의 3~5개월 동안 얼게 된다. 발트 해는 섬들이 많아 다도해를 이루고 있는데, 주요 섬으로는 셀란 · 퓐 · 롤란 · 보른홀름(덴마크), 욀란드 · 고틀란드(스웨덴), 욀란드(핀란드), 히우마 · 사레마(러시아) 등이 있다.

어업은 활발하지 않으나, 발트 청어가 많이 잡히고, 그 밖에도 대구 · 송어 · 가자미 등이 잡힌다. 주요 항구로는 코펜하겐 · 스톡홀름 · 헬싱키 · 상트페테르부르크 · 리가 · 그단스크 · 킬 등이 있다.

넵튠의 분수
Neptune Fountain

드우기 광장의 한 부분인 시청사 바로 옆
에 있다. 낮은 목책으로 둘러싸인 우아한
분수로 1633에 청동으로 만들었다. 해상
교통의 요충지로 발전해온 도시인만큼
상징도 바다의 신이다.

녹색의 문 지엘로나 브라마
Green Gate

두우기 광장에서 그단스크 항으로 쏟아
지는 모트와바 운하 바로 앞에 초로의 문

지엘로나 브라마가 있다. 1568년에 건설
하였으며 이탈리아 네덜란드 르네상스
양식의 건물이다. 왕궁의 일부로 사용된
적도 있다.

주소_ ul Dluga
전화_ +48-58-301-7147

녹색문 안쪽

옛 항구
Old Port

발트 해로 이어지는 모트와바Motwaba 운 하는 한자동맹이 눈부셨던 무렵부터 19세 기까지 많은 배가 왕래하여 상당히 번화

했었다. 그러나 배가 대형화되고 그디니 아 항구가 더 중요해지면서 결국 한적한 도시가 되었다.

15~16세기에 모트와바Motwaba 운하 양쪽 에 늘어선 창고들과 망루가 2곳인 고딕 양식의 문 등이 있고 제로니 다리 부근에 는 이곳의 명물인 호박을 파는 가게들이 많다.

목조 크레인과 해양박물관
The Crane, Maritime Museum

세계적으로도 희소가치가 있는 목조 크레인은 초록의 문에서 약 200m 북쪽에 있다. 그 단스크가 영화를 구가하던 시절에 건설되었다. 해양박물관은 전부 3곳에 있다. 목조 크레인 북쪽에 인접한 박물관에서는 세계 각지의 전통적인 배를 전시하고 있다. 나머지 2곳인 해양 중앙 박물관과 선내 박물관은 모트와바^{Motwaba} 운하 건너편에 있고 전용 소형배가 15분 간격으로 왕

복한다. 해양 중앙 박물관은 다양한 전시품을 통해 그단스크를 중심으로 한 폴란드의 해양 산업 박전과 역사를 보여주고 있다.

제 2차 세계대전 후 폴란드에서 처음으로 만든 증기선은 총길이가 87m이다. 내부에는 최신 구명기구와 항해 도구를 전시했으며 선실도 관람할 수 있다.

주소_ Ul.Szeroka 67/68
전화_ +48-58-301-6938

성모 마리아 교회
St. Mary's Church

구시가지에 있는 드우가^{Dluga} 거리에서 한 블록 북쪽인 피브나^{Pivna} 거리에 있다. 벽돌로 지은 교회로는 세계 최대 규모이다. 1343년부터 1502년까지 약 160년에 걸쳐서 건설하였다. 고색창연한 제단과 15세기에 만들어진 천문시계와 성모상, 28개의 기둥이 떠받치고 있는 별모양의 원

형천장 등 볼거리가 많다.

하늘을 찌르는 듯한 첨탑은 높이 78m로 거리에 정취를 더해주고 있다. 건물 자체는 제 2차 세계대전으로 한 번 파괴되었으나 스테인드글라스는 피해를 입지 않은 원본이다. 400개 이상의 계단을 직접 걸어 타워 꼭대기에 올라가면 그단스크의 아름다운 전망을 볼 수 있으나 금지되는 경우도 상당히 많다.

주소_ Podkramarska 5
전화_ +48-58-301-3982

성모 마리아 교회 1997년 화재

1997년에 성모 마리아 교회(St. Mary's Church)의 화재로 성당의 많은 부분이 화재로 소실되었다. 전 세계에 뉴스로 전파될 정도로 심한 문화재 화재장면으로 지금도 소개되고 있을 정도이다. 그 때의 아픈 현장을 잊지 않고자 소방관의 도끼와 대들보가 교회 한편에 전시되어 있다.

왕실 예배당
Royal Chapel

아담하지만 수려하고 우아한 왕실 예배당도 빼놓지 말고 돌아보면 된다. 1681년에 건축가 슈루라가 완성한 예배당으로

성모 마리아 교회에 인접했다. 슈루라는 후에 얀 소비에스키 왕의 주선으로 바르샤바, 베를린 등 각지에서 활약하며 명성을 얻었다.

홈페이지_ https://bazylikamariacka.gdansk.pl
주소_ ul.Sw.Ducha 58
전화_ +48-58-301-39-82

그다우네 미아스토
Glowne Miasto Pasta, Wine & More

직원들이 친절하고 내부 인테리어도 깔끔한 스타일로 따뜻하게 꾸며놓았다. 파스타가 플레이팅이 잘 되어 먹음직스럽다. 메뉴인 파스타와 디저트까지 주문하

는 것이 일반적이어서 단품 메뉴만 주문하는 경우가 거의 없다.

빵도 거칠지 않고 안이 부드러워 한국인의 입에 맞고 같이 나온 버터와 곁들이면 더욱 맛있다. 시민은 크림 파스타를 추천해 주었다.

주소_ Weglarska 1
시간_ 12~21시
요금_ 주 메뉴 25~60zł
전화_ +48-791-255-355

자코르코바니 와인 비스트로
Zakorkowani Wine Bistro

식탁 위에 놓인 스테이크와 케익을 맛보면 전문 레스토랑처럼 느껴진다. 맥주나 와인과 같이 스테이크는 맛보면 좋을 것 같다. 폴란드 전통음식을 만들었다가 관광객을 대상으로 음식 메뉴를 바꾸고 소스도 다르게 변화시켜 관광객은 부담없이 즐길 수 있다.

주소_ Chmielna 72/4
시간_ 09~22시
요금_ 주 메뉴 25~60zł
전화_ +48-536-263-033

코르레제
Correze

해외 유명인사가 오면 한 번씩 찾는 최고급 레스토랑으로 알려져 있다. 폴란드 음식은 달고 짠 음식이 많지만 코르레제는 과하게 달고 짜지 않아 어떤 메뉴를 주문해도 맛있다는 이야기를 듣고야 마는 레스토랑이다.

빵의 종류부터 다양해 놀라고 스테이크는 부드럽게 목을 타고 넘어간다. 생선스테이크는 잘게 부서지지 않고 두툼하게 찍어 먹을 수 있는데 맛은 신선하다.

홈페이지_ www.correze.pl
주소_ Stara Stocznia 2/7
시간_ 12~22시
요금_ 주 메뉴 35~70zł
전화_ +48-792-595-969

피에로기 만두 센트럼
Pierogarnia Mandu Centrum

폴란드의 대표적인 음식인 피에로기가 대한민국의 만두와 비슷한 폴란드식 만두이다. 이름부터 친근한 '만두'가 들어갔는데 대한민국 '만두'에서 이름을 따온 것이라고 한다. 피에로기 전문 레스토랑으로 피에로기 종류가 정말 다양하다.
첫 번째 메뉴가 우리나라의 만두로 주문하면 김치가 같이 나온다. 김치가 달기는

하지만 폴란드에서 먹는 김치와 만두가
반가울 것이다.

홈페이지_ www.pierogarnia-mandu.pl
주소_ ul. Elzbietanska 4/8
시간_ 11~22시
요금_ 주 메뉴 25~60zl
전화_ +48-58-300-0000

마치나
Machina Eats & Beats

우리가 평소에 먹던 파
스타와 맥주를 생각했
다면 기대감을 올려서
만족할 수 있다. 파스
타가 다양한 유기농 재

료와 어울리고 풍성한 크림은 입맛을 돋
울 것이다. 맥주와 함께 같이 먹는다면 한
끼 식사로 추천한다.

홈페이지_ www.machinaeats.pl
주소_ Chlebnicka 13/16
시간_ 12~23시
요금_ 주 메뉴 15~50zl
전화_ +48-58-717-4067

포메로 비스트로
Pomelo Bistro

폴란드식 정식을 주문하면 주스, 빵과 버
터도 무료이다. 커피의 양은 적은 편이므
로 다른 음료를 같이 주문하는 것이 좋
다. 음식은 맛이 좋고 대부분은 맥주를 같
이 주문한다.

오믈렛보다는 폴란드식 아침식사나 화이트 소시지 메뉴를 추천한다. 짠 폴란드 음식들이 많으니 참고해 주문하는 것이 좋으나 오믈렛은 간이 맞는 편이다.

급화된 피에로기등의 폴란드 요리를 맛보고 싶다면 추천한다.

주소_ Garbary 2 / 4 Street
시간_ 11~23시
요금_ 주 메뉴 35~70zł
전화_ +48-512-922-514

주소_ Ogarna 121/122
시간_ 09~21시
요금_ 주 메뉴 25~60zł
전화_ +48-883-090-907

파밀리아 비스트로 카르바리
Familla Bistro Garbary

발트 해의 신선한 어류를 재료로 다양한 음식을 만들 수 있다는 사실을 알 수 있는 레스토랑이다. 친절한 직원과 서비스도 훌륭하며 다양한 음식에 폴란드의 맛을 가미했다는 이야기를 듣는 곳으로 고

리츠 레스토랑
Ritz Restaurant

젊은 감각의 레스토랑으로 젊은이들이 주로 찾는 레스토랑이다. 전통 폴란드요리와 스테이크 등이 인기가 많은 주 메뉴로 가격도 25zł시작해 가격부담도 적다. 현대화되고 있는 그단스크에서 퓨전요리 입맛에 맞는 레스토랑으로 추천해주는 곳이다.

주소_ ul. Szafarnia 6 80-755
시간_ 13~22시 **요금_** 주 메뉴 35~70zł
전화_ +48-666-669-009

Torun

토룬

민족박물관

극장 앞
광장

도미니칸 수도원

카타

성 야콥 교회

신시가지
광장

코페르니쿠스 대학

플라네타리움

도미니카 수도원
성 니콜라스 교

구 시청사

성모마리아 교회
St. Mary's Church

구 시가지 광장

동양미술관

코페니쿠스 동상
Statue of Copernicus

라파츠키에고
광장

성 요한 대성당

독일기사단 성터

코페니쿠스 박물관
UL Kopermika
(코페니쿠스 생가)

토룬의 성문

비스와 강

보트 선착장

Kepa Bazarowa

보스와 운하

토룬역

말보르크 | 2시간 30분 소요 / 138km
그단스크 | 3시간 소요 / 211km
포 즈 난 | 2시간 30분 소요 / 142km
바르샤바 | 3시간 소요 / 237km

Torun
토   룬

2차 세계대전의 폭격을 피해있었기 때문에 중세의 향기가 비스와 강에 내려진 도시인 토룬은 중세 고딕 양식의 교회가 가장 잘 보존된 도시로 좁은 도로와 중산층의 주택들과 커다란 고딕 교회가 특징이다. 지동설을 주장한 천문학자 코페르니쿠스가 태어난 도시로 알려져 있다. 북쪽의 발트해 연안에서 나오는 호박을 바르샤바와 크라쿠프로 수송하는 중간에 위치한 도시로 성장해 호박의 도시로도 알려져 있다. 독일 기사단의 근거지 중 한 곳으로 성장하여 거리의 분위기는 독일의 소도시에 와있다는 느낌을 받기도 한다.

중앙역에서 시내 IN

비츌라 북쪽 제방에 위치한 토룬의 사적지는 서쪽으로 구시가Stare Miast와 동쪽으로 신시가Nowe Miasto으로 나누어져 있다. 버스 터미널은 북쪽으로 5분 거리에 있고 중앙역은 강 건너 남쪽에 있다.

바르샤바와 그단스크 방면으로 연결되는 열차는 전부 토룬 중앙역에 도착한다. 역 앞에는 버스 정류장이 위치했는데 시내로 이동하려면 22, 27번 버스를 타고 5~6분 정도 이동하여 비스와 강의 철교를 건너 다음 정류장에서 하차하면 라파츠키에고 광장pl. M. Rapackiego에 도착할 것이다. 이곳이 구시가지의 입구이다.

기억할 **토룬의 이미지**

1. 폴란드에서 가장 잘 보존된 고딕 마을로 도시 내의 유서 깊은 지역인 구시가지가 1997년 유네스코 세계 문화유산으로 지정되었다.
2. 1543년, 지동설을 주장하여 천문학계의 지각변동을 일으킨 니콜라우스 코페르니쿠스가 태어난 고향으로 코페르니쿠스의 흔적이 도시 곳곳에 있는 것으로 유명하다.
3. 아름다운 붉은 벽돌로 이루어진 교회와 정교한 파사드로 이루어진 도시의 풍경이 유명한 토룬의 쿠키인 진저브레드와 닮았다고 한다.

한눈에 토론 파악하기

구시가지 중심지역은 구시가 시장광장 Rynek Staromiejski이다. 14세기에 지어진 커다란 벽돌 건물은 구시청으로 현재 지역 박물관이 들어서 있다. 붉은 벽돌의 시청과 복원된 가옥들이 줄지어 있고 광장 남동쪽 모퉁이에 있는 코페르니쿠스의 동상 Statue of Copernicus은 항상 관광객들로 붐빈다. 광장 북서쪽에는 13세기 말에 성모 마리아 교회St. Mary's Church가 있다. 이 교회 뒤로 천문대가 있는데 여름에는 설명회를 열기도 한다.

코페르니쿠스 박물관ul Kopermika은 1473년 출생한 코페르니쿠스의 고딕 벽돌집이다. 박물관에서 오른쪽으로 이동하면 13~15세기에 건축된 성 요한 성당이 나온다. 성당의 거대한 탑에는 미사를 알리는 폴란드에서 2번째로 큰 종이 울리는 곳이다. 더 직진하면 독일 기사단 성 유적지가 나오는데 이곳은 강압적인 지배에 대항하여 1454년에 일으킨 지역 주민들의 봉기에 파괴되었다.

구시청사
Ratusz Staromiejski Old Town Hall

1391년에 고딕 양식으로 만들어 구시가지 광장을 대표하는 건물로 상징되는 곳으로 화려한 외관의 장식이 인상적이다. 전쟁이 날 때마다 훼손되었지만 고딕양식의 구조는 지금까지 이어오고 있다. 가장 큰 훼손은 18세기 초에 스웨덴군의 포화로 희생되었다가 다시 복구되어 지금에 이르고 있다. 시청사 내부를 박물관으로 사용하고 있어 14세기에 제작된 종교화와 그리스도 상을 볼 수 있다. 토룬이 지역박물관으로 활용되고 있다. 17~18세기 공예품과 고딕 예술작품인 회화와 스테인드글라스가 화려하게 전시되어 있다.

높이 40m의 탑을 개방하고 있는데 도시를 바라보기 위해 관광객이 방문하는 필수코스이다. 구 시청사 남쪽으로 코페르니쿠스의 상Statue of Copernicus / Pomnik M. Kopernika도 인기 관광코스이다.

홈페이지_ www.muzeum.torun.pl
주소_ Rynek Staromiejski 1
시간_ 5~9월 10~18시(탑은 20시까지)
　　　10~4월 10~16시(탑은 17시까지)
요금_ 11zł(탑 11zł)

코페르니쿠스 집
House of Copericus

지동설을 주장하여 천문학계의 새로운 업적을 만들어낸 코페르니쿠스의 생가인지는 확실하지 않지만 그의 생애와 업적에 대해 다루고 있다. 당시의 가구와 집필 자료가 전시되어 있다.

생가를 박물관으로 개조해 사용하고 있는데 컴퍼스와 지구의 등, 생전에 사용한 기구들을 전시하고 있다. 의외로 작은 곳에서 지동설을 관측한 그의 업적이 놀랍다는 사실을 알게 된다. 생가에서 가장 특이한 것은 '진저브레드 세계World of Torun's Gingerbread'라는 것으로 진저브레드가 만들어진 과장에 예술적인 통찰력을 만들어낸 것이다.

주소_ ul Kopernika 15/17
시간_ 5~9월 10~18시 / 10~4월 10~16시
요금_ 11zł(시청각자료실 13zł, 진저브레드 전시실 11zł
　　　통합입장권 22zł)
전화_ 56-660-5613

성모 마리아 교회
St. Mary's Church

구시가지 광장에서 북서쪽으로 한 블록 떨어진 곳에 14세기 후반에 지어진 전형적인 고딕양식의 건물로 위용 있게 서있다. 가장 가치 있는 교회당 안에는 14세기 고딕풍의 벽화에서 나오는 화려한 스테인드글라스가 인상적이다.

홈페이지_ www.muzeumoiernika.pl
주소_ ul Rabianski 9 **시간_** 9~18시
요금_ 12zl(학생할인 10zl) **전화_** 56-663-6617

성 요한 대성당

Cahedral of SS John the Baptist
& John the Evangelist

토룬에서 가장 오래된 성당으로 성모 마
리아의 여성적이고 우아한 이미지를 띤
성당이 성모 마리아 교회라면 반대로 남
성적인 이미지의 성당이다. 고딕, 르네상
스, 바로크, 로코코 등 시대를 지나가면서
장식이 변화된 성당의 이미지를 볼 수 있
다. 위에 있는 2.27m의 종이 크라쿠프의
지그문트 종에 이어 2번째로 크다.

홈페이지_ www.katedra.diecezja.tourn.pl
주소_ ul Zeglarska 16
시간_ 9~17시30분(일요일 14~17시 30분)
요금_ 3zl
전화_ +48-56-657-1480

독일 기사단 성터
Ruin's of Teutonic Knights' Castle

13세기 중반부터 시작된 나무로 만들기 시작했다. 15세기 중반부터 점차 벽돌과 돌로 연장되었지만 지금은 폐허가 된 녹음이 우거진 공원의 분위기이다. 비스와 강변에 있는 구시가를 지키는 삼각형의 모습을 띠고 있다. 1454년 토룬 시민군의 봉기로 일어난 폐허가 되어 지금에 이르고 있다.

토룬의 성문
Torun's Bridge Gate

브릿지 게이트(The Bridge Gate)
1432년 비스와 강가의 배가 내리는 지점에서 성문으로 이어지는 길에 만들어져

성 문(앞)　　　　성 문(뒤)

페리 게이트Ferry Gate라고 불리기도 했다고 한다.

토룬의 성문(Torun's Bridge Gate)
15세기 후반부터 성이 확대되면서 목조다리로 시작되었지만 점차 벽돌로 보강하면서 지금은 자동차들이 구시가를 드나드는 곳으로 사용하고 있다.

기울어진 탑
Krzywa Wieza

피사의 사탑까지 기울어져 있지는 않지만 어느 정도 기울어져 있다. 토룬의 성문에서 오른쪽으로 비스와 강변을 따라 이어진 성벽이 시작되는 지점에 있다. '기울어진 탑The Leaning Tower으로 불리는 탑에서 벽면에 몸을 붙이고 손을 앞으로 내밀어 쓰러지지 않는지 확인하는 행동을 취하는 것이 포인트이다.

사랑이 이루어지고 모자를 만지면 시험을 잘 보게 된다는 속설이 있다고 한다.

바이올린 연주하는 동상
(Pomnik Fkisaka)
구 시청 앞에 있는 동상으로 바이올린을 연주하는 소년 주변에 개구리들이 있다. 비스와 강에 개구리 떼가 나타나 피해를 입었을 때 바이올린을 연주하여 개구리 떼를 마을에서 멀리 떠나보냈다는 이야기가 전해진다.

벽면에 몸을 붙이고 손을 앞으로 내밀어 쓰러지지 않는지 확인하는 아이

주소_ ul Pod Krzywa Wieza 1
관람시간_ 10~18시
전화_ +48-881-628-545

여러가지 동상

강아지 동상(Monument to Filus)
폴란드의 작가인 즈비그뉴 렝그렌의 만화에 등장하는 강아지 동상 꼬리를 잡으면

진저브레드 박물관
Gingerbread Museum

16세기에 진저브레드 공장을 개조한 박물관으로 진저브레드의 역사를 알 수 있다. 중세시대 진저브레드가 만들어진 과정을 직접 만들어 볼 수도 있다.

홈페이지_ www.piernikarniatorun.pl
주소_ ul Rabianski 9
관람시간_ 9~18시
요금_ 12zł(학생할인 10zł)
전화_ +48-56-678-1800

과자로 만든 생강 빵(Gingerbread)의 경우 서양에서 아이들 간식으로 곧잘 굽기도 하며, 그 외에도 축제나 크리스마스 시즌이 되면 이걸로 과자 집이나 과자 사람 등을 만들어 장식하는 경우가 많다. 중세 이후로, 피에르니키(pierniki)는 폴란드의 속담과 전설에서 토룬(Toruń)과 연결되었다. 한 가지 전설에 따르면 진저 브레드는 꿀벌의 여왕으로부터 도제인 보그 미우에게 주는 선물이었다고 전해진다. 시인 프라이데릭(Fryderyk) 호프만에 의해 "17 세기에 폴란드의 4개의 최고의 물건을 말한다. 보드카의 그단스크, 토룬 진저의 여성, 크라쿠프와 바르샤바의 신발을" 토룬(Toruń)은 진저 빵 축제(Święto Piernika)라는 진저 브레드의 행사를 매년 개최하고 있다.

최근에 진저브레드라고 하면 거의 대부분은 사진과 같은 사람 모양 과자를 가리킨다고 보면 된다. 다만 먹음직스런 외관과는 달리 전통적인 방식으로 만든 생강 과자는 딱딱하고 생강 특유의 향이 강해서 맛이 그다지 좋지 않다. 사실 이건 장식용 공예품이지 결코 식품이 아니다. 만약 과자로서 즐기고 싶다면 반죽에 버터, 우유, 계란 등을 다량 첨가하는 편이 좋은데, 이렇게 만들면 기존보다 잘 부서지는 탓에 장식용으로 쓰기에는 다소 부적합하지만, 맛 측면에서는 훨씬 낫다.

토룬의 옛 법원
The Arther's Court

구 시청 건물에서 오른쪽으로 돌아가는 외곽에 특이한 건물이 보인다. 토룬의 옛 4~9월까지 매일 유람선을 운항하는데 관광객보다 주말에 현지인들이 가족단위로 주로 승선한다. 약 40분 동안 비스와

주소_ ul Rynek Staromiejski 6
전화_ +48-56-655-4929

비스와 강 유람선

강을 천천히 돌면서 토룬의 성채를 전체적으로 볼 수 있다. 수면에 비친 독일 기사단 성터가 가장 아름답게 보인다. 법원으로 빨간색의 독특한 모양을 하고 있다. 지금은 레스토랑과 상점으로 사용되고 있다.

요금_ 12zł / 인원 10명이상이 모이면 출발
시간_ 9~18시

EATING

커피 앤 위스키 하우스
Coffee and Whisky House

토룬은 관광객이 폴란드의 다른 도시보다 많지 않다. 그래서 대부분의 레스토랑은 현지인의 추천이 중요하다. 그들이 가장 처음으로 추천한 곳이 커피와 위스키 전문점이다. 현대적인 분위기로 토룬 시민들이 자주 찾는다.

커피와 위스키가 인기가 없다가 점차 커피맛이 알려지면서 시민들이 많이 찾는 인기 장소로 2009년 이후에 확장하면서 토룬에서 가장 유명한 커피전문점이 되었다.

홈페이지_ www.coffeeandwhisky.pl
주소_ South West Ducha 3
시간_ 12~24시 요금_ 주 메뉴 10~30zl
전화_ +48-533-985-144

카르크마 스피츠르즈
Karczma Spichrz

호텔에서 운영하는 스테이크 맛으로 유명한 레스토랑이다. 특히 고기를 날짜별로 보관하면서 원하는 고기상태가 되면 꺼내 스페이크로 구워준다. 토룬 시민들은 피에로기와 스테이크를 같이 먹는 경우가 많다. 맥주와 함께 레스토랑에서 맛있는 코스 요리도 즐길 수 있다.

홈페이지_ www.spichrz.pl
주소_ Mostowa 1
시간_ 12~23시 요금_ 주 메뉴 10~30zl
전화_ +48-56-657-1140

레스토랑 1231
Restaurant 1231

호텔에서 운영하는 레스토랑으로 폴란드 음식을 퓨전스타일로 변형한 요리를 선보이고 있다. 원래 건물은 중세 건물로 사용되던 것을 호텔에서 인수하면서 1층을 레스토랑으로 바꾸었다. 건물의 형태는 바꾸지 않았기 때문에 동일하게 지금도 유지하고 있다. 대부분 생선요리가 많고 셰프의 요리는 매일 선보이고 있다.

주소_ ul.Przedzamcze 6
시간_ 12~23시
요금_ 주 메뉴 20~70zł
전화_ +48-56-619-0910

피자리아 피콜로
Pizzeria Piccolo

이탈리아 음식을 전문으로 내놓는 레스토랑으로 피자가 담백한 맛을 낸다. 광장에 있어 쉽게 찾을 수 있고 피자뿐만 아 니라 파스타도 짜지 않고 담백한 맛을 낸다. 피자와 파스타를 토룬에서 찾는다면 추천한다. 저녁까지만 먹을 수 있기 때문에 밤에는 먹을 수 없다. 이탈리아에서 온 셰프가 직접 만들기 때문에 다른 피자전문점과 다른 맛을 낸다.

주소_ ul.Prosta 20
시간_ 10~21시
요금_ 주 메뉴 20~50zł
전화_ +48-56-621-0678

마네킨
Manekin

만든다. 마네킨은 토룬에 2곳에 있지만 광장에 있는 마네킨을 더 많이 찾는다. 크레페와 맥주나 커피를 주문해 먹는데 조지아의 펠메니와 비슷한 맛을 낸다.

토룬에서 돼지고기와 허브가 들어간 크레페가 유명한 음식점이다. 오븐에 구워 모짜렐라 치즈, 채소, 살라미 등을 넣어

주소_ ul.Rynek Staromiejski 16
시간_ 10~23시
요금_ 주 메뉴 20~70zl
전화_ +48-56-621-0504

폴란드 인에 대한 오해

불친절하다는 오해

처음에는 굉장히 쌀쌀맞다는 느낌이 든다. 무례한 행동을 하는 것처럼 보이는 사람도 많이 있기 때문에 기분이 나빠지기도 한다. 폴란드 상점에서 물건을 구입하고 결제를 하면 프런트 직원들이 불친절하다.

A) 그런데 오해일 수도 있다. 폴란드 인들은 폴란드에 대한 자부심이 강하기도 하지만 성격이 의외로 급하다. 또한 영어를 잘 못해서 관광객이 영어로 물어보고 말하는 상황이 싫은 것이다. 말이 안 통해서 답답하면 성격이 급해진다. 그래서 폴란드어로 인사라도 한 마디 하면 대우가 달라진다. 물론 폴란드어를 잘 모르기 때문에 말은 안 통해도 마음을 열고 이해하려고 해 준다. 이때부터 친절해지기 시작한다. 한 마디라도 폴란드어로 인사를 한다면 친절한 폴란드인들을 쉽게 만날 수 있을 것이다.

폴란드인들이 뚫어지게 쳐다본다.

처음에 어느 장소에 들어가면 계속 쳐다볼 때가 많다. 인종차별은 아니고 정말 신기해서 쳐다보는 것이다. 한번 토룬Torun에서 친구와 식사를 하고 있었다. 그런데 한 어린이가 와서 폴란드어로 와서 뭐라고 물어보는 것이었다.

A) 폴란드어를 모르는 나는 부모를 쳐다보니 어느 나라에서 왔냐고 물어보고 싶다고 해서 직접 가보라고 했다는 이야기를 들었다. 그럴 정도로 폴란드에는 동양인 관광객이 별로 없다. 당연히 살고 있는 동양인도 드물고 한국인은 정말 없다. "어떻게 저 사람이 여기에 있는 걸까?" 궁금해 하는 경우가 많다. 그러므로 기분 나쁘게 생각하지 말고 즐기면 된다. 폴란드에서 인종차별은 거의 없을 것이다. 그들도 차별을 심하게 당했기 때문에 차별당하는 것은 나쁘다는 사실을 잘 알고 있다.

남자가 문을 열어준다.

유럽에서는 남자가 여자를 위해 문을 열어주는 경우가 있지만 특히 폴란드에서 남자가 문을 열어 준다.

A) 폴란드에서는 여성에 대해 특히 배려해주는 것이 기본적인 매너이다. 가장 기본적인 것이 남자가 여성을 위해 문을 열어주는 행동이다. 심지어 반대편에서 빠르게 다가와 문을 열어 주는 경우도 있다, 문까지 오는 여성을 보고 문 열고 기다려 주는 경우도 있다.

Wroclaw

브로츠와프

성 십
Kościo

사상의 성처녀 교회
Kościoł MNP na Piasku

성

오드리강

브로츠와프대학
Uniwersytet Wrocławski

Nowy Świat

성 엘리자베스 교회
Church of Elizabeth

성 빈센트 교회
Kościoł Św. Wincentego

시장의 홀
Hala Targowa

구시가지

Rzeźnicza

성 엘즈베티 교회
Kościoł Św.Elzbiety

Kuźnicza

Szewska

Kotlarska

파노라마 라츠와비츠카 민족 박물
Muzeum Narodowe Wrocław
Oddzieł Panorama Racławie

Psie Budy

역사박물관
Muzeum Historyczne

성 알베르트 교회
Kościoł Św. Wojciecha

시청사
Ratusz

마리 막달레니 교회
Kościoł Św.M. Magdaleny

고고학 박물관
Muzeum Architektur

오르비스
ORBIS

Olawska

체신 박
Muzeum
i Telekomu

시나고고
Synagoga

역사민족박물관
Muzeum Archeologicane
i Etnografitczne

성 트르지스토파 교회
Kościoł Św. Krzysztorfa

보르노시치 광장

성 도로시 교회
Kościoł Św. Doroty

P. Skargi

Podwale

Z. Krasińskiego

Mennicza

Podwale

Teatralna

Lakowa

오페라 극장
Opera Dolnoslaska

구시가지 공원

Podwale

백화점
Centrum

Crysta

H. Kollataja

타데우시
코시추시코 광장

Gen. K. Kniaziewicza

Holiday Inn
Wroclaw

Polonia

Taadeusza Kościuszki

Europejski
Piast

Dwercowa

Wroclaw
브 로 츠 와 프

폴란드 내에서 매우 이국적인 느낌을 주는 도시이다. 폴란드와 체코, 독일 문화권의 교차로인 실레지아의 중심도시이다. 독일과 체코 접경지역에 위치한 브로츠와프는 폴란드 서부 최대 도시로서 예로부터 공업의 중심지로 발전했으며 2016년 EU가 선정한 '유럽 문화의 수도'이자 유네스코가 선정한 '세계 책의 수도'이기도 하다.

오드라 강을 끼고 발생한 브로츠와프 도시는 실레지아 지방의 중심지로 성장했다. 오드라 강을 잇는 다리인 모스트 포코유Most Pokoju를 건너보면 브로츠와프를 확실히 알 수 있다. 이 도시의 요람인 오스트로프 툼스키Ostrow Tumski 지역은 8세기경부터 사람들이 거주했던 곳으로 이 지역의 중앙에는 2개의 탑이 높이 솟은 고딕 성당이 있다.

한눈에 보는 브로츠와프 역사

6세기에 슬라브인의 거주지가 발생했다는 기록이 남아있다. 13세기에 몽고, 14세기에 보헤미아, 그 이후에는 1944년까지 합스부르크 왕국의 지배를 받았다. 복잡한 지배를 받은 만큼 다양한 문화유산이 풍부해 박물관, 교회도 다양한 스타일이 즐비하다.

실레지아는 오스트리아와 프러시아 지배하에서 있던 도시였다. 1차 세계대전 후 폴란드 민족주의자의 봉기로 실레지아 북부 상당 부분이 폴란드에 합병되었고, 남은 실레지아 지역은 2차 세계대전 후

소련에게 점령된 폴란드 동부 지역 주민들이 이주하면서 폴란드 영토가 되었다. 1945년 폴란드에 반환될 당시 브로츠와프Wroclaw의 상태는 최악이었다. 2차 세계대전이 막바지로 치달을 무렵 나치는 81일 동안 이곳을 장악하면서 시의 70%를 파괴하였고 1945년 5월 2일 베를린이 함

락될 때야 비로소 항복하고 말았다.

현재의 브로츠와프^{Wroclaw}는 아름답고 재건된 구 시장 광장과 강변에 모여 있는 예쁜 교회들, 다양한 문화 공연으로 활기찬 도시가 되었다.

폴란드 도시와 다른 역사적 특징

그단스크, 바르샤바, 크라쿠프에 비해 브로츠와프는 폴란드의 주요 도시 중에서 역사적으로 폴란드인의 지배를 받은 기간이 짧은 도시다. 초기 약 300여년을 제외하면 이 도시는 줄곧 체코인(중~근세)과 독일인(근세~근현대)의 도시였고, 2차 세계대전 후 약 600여 년 만에 폴란드에 다시 귀속되었다.

브로츠와프 IN

비행기

하루에 4~6편이 수도인 바르샤바(요일에 따라 운항수가 다름)에서 운행하고 있다. 60~70분정도 소요된다.

기차/버스

기차는 11편의 직행과 완행이 바르샤바 중앙역에서 출발해 4시간 45분~6시간 30분 정도가 소요된다. 크라쿠프에서 13편의 기차가 운행하고 있으며 3시간 45분~4시간 45분이 소요된다. 버스는 폴스키^{Polski} 익스프레스와 플릭스버스^{Flix Bus}가 하루에 2편이 운행하며 6~7시간 30분이 소요된다.

중앙역

규모가 큰 중앙역은 다양한 상점이 입점해 있어서 도시 내에서 찾기 힘든 장소는 중앙역에서 찾는 것이 수월하다. 오래된 청사 내에는 연결통로로 기차의 선로와 연결되어 있다. 중앙역에서 왼쪽으로 돌면 폴스키 버스를 탈 수 있는 버스터미널이 나온다.

국내공항에서 시내 IN

406번 버스가 중앙역에서 25분정도 소요되어 공항까지 이동한다. 다만 버스의 운행 간격이 30분정도이기 때문에 급한 경우에는 택시를 이용하는 것이 좋다.(약 10분 소요)

시내교통

다른 폴란드의 도시와 마찬가지로 버스와 트램이 운행하고 있다. 자동판매기에서 구입하면 3.2zł이기 때문에 조금 저렴하다. 운전사에게도 구입할 수 있지만 4zł이기 때문에 사전에 1회권을 사전에 구입하는 것이 좋다.
관광객의 숙소는 리넥 광장과 가까운 위치에 예약을 하는 것이 좋다. 대부분의 관광지는 광장을 중심으로 모여 있으므로 걸어 다닐 수 있는 위치를 확인하는 것이 여행을 하기에 편리하다.

한눈에 브로츠와프 이해하기

브로츠와프 중앙역의 정면에는 광장과 로터리로 이어져 제프 피우스츠키Marsz. Jozefa Pilsudskiego 거리가 있다. 역 정면 출입구를 나오면 광장을 지나 요제프 피우스츠키Jozef Pilsudskiego 거리에서 왼쪽으로 나오면 홀리데이 인Holiday Inn이 나온다. 여기서 오른쪽으로 돌면 시비드니츠카 거리와 타데우시 코시츄시코 광장pl. Tadeusza Kosciuzki이 나온다. 이 광장이 백화점과 카페가 즐비한 번화가이다.

북쪽으로 가다 카지미에즈 왕 거리와 교차하는 곳에서 지하로 들어가 맞은편에서 올라가면 중세의 정취를 느낄 수 있다. 똑바로 직진하면 구 시장 광장Stary Rynek이 나오는데 13세기에 고딕양식으로 지은 시청사가 있다. 오드라 강이 있는 다리를 건너면 폴란드어로 섬이라는 뜻의 오스트로프 툼스키에 도착할 수 있다.

시내 곳곳에 흩어져 있는 난쟁이들

브로츠와프 광장의 재미는. 골목골목 숨겨져 있는 작은 난쟁이 조각상을 찾는 것이다. 앙증맞고 익살스러운 난쟁이를 찾는 매력에 푹 빠져 버리게 된다.

브로츠와프는 우리에게 생소한 도시이지만 난쟁이 도시로 유명하다. 관광객의 즐거움 중에 가장 큰 것은 아마 시내 곳곳에 흩어져 있는 작은 난쟁이를 찾는 것일 것이다. 판타지나 게임, 만화 등에 나오는 1m보다 작은 턱수염을 가진 난쟁이 도시는 여행자의 호기심을 자극하는 도시로 인기 급상승 중이다.

난쟁이 동상이 설치된 것은 1980년 중반에 반공산주의 운동단체인 '오렌지 얼터너티브'가 공산주의를 조롱하는 평화적 시위의 일환으로 난쟁이 상징을 사용하면서부터 동상이 세워졌다고 한다. 2005년부터 작은 난쟁이 동상은 대장장이, 세공사, 소방수, 죄수, 도둑, 등 장인

으로 활약하는 드워프(난쟁이)의 도시로 거리 곳곳에 설치되어 공업이 발달한 도시 브로츠 와프를 관광도시로 탈바꿈시키고 있다. 아기자기한 건축물과 각양각색의 난쟁이 동상이 환상적으로 어울리며 판타지 세계로 안내하고 있다. 400여개가 도시 곳곳에 자리 잡고 브로츠와프 거리에 활기를 불어넣고 있다. 가장 최근에 세워진 것은 '빈센트'라는 이름을 가진 난쟁이 동상이다.

구 시청사
Ratusz / Town Hall

1290~1504년 까지 조금씩 높게 지어진 시청사는 중세 시대를 대표하는 구 시장 광장Rynek Square의 상징이다. 13세기 중반에 사람들이 모여들기 시작하면서 조성된 광장은 광장을 360도로 둘러싼 아름다운 건물로 눈을 뗄 수가 없다. 동쪽보다 서쪽에 역사적인 건축물이 모여 있어 광장의 동쪽과 서쪽이 레스토랑의 음식 가격도 조금 차이가 난다.

주소_ Sukiennice 14/15
시간_ 11~17시(월요일 휴관)
요금_ 성인 15zł, 어린이 6zł
전화_ 071-347-1690

브로츠와프 3대박물관

브로츠와프는 시청광장을 중심으로 도시의 기능이 모여있기 때문에 여행하기에 쉬운 도시이다. 박물관도 기존의 시청이나 교회를 사용하고 있어서 자연스럽게 박물관으로 입장할 수 있다. 브로츠와프의 거리를 따라 발걸음을 옮기면서 박물관까지 함께 섭렵한다면 여행이 더욱 풍성해 질 것이다.

역사박물관(Museum Historyczne / 구 시청사)

구 시청 광장은 크라코프에 이어 2번째로 큰 시장 광장이다. 중앙 구역 남쪽에 자리한 시청은 폴란드에서 가장 아름다운 곳 중하나로, 안에는 화려한 내부 장식을 자랑하는 역사박물관이 있다. 광장 북서쪽 구석에는 바로크 양식의 문으로 이어진 헨젤과 그레텔이라는 뜻의 야스 이 말고시아Jas I Malgosia라는 작은 2개의 집이 있다.

건축박물관(Museum of Bourgeois Art)

이 집들 바로 뒤로 거대하게 서있는 것은 14세기 성 엘리자베스 교회St. Elizabeth's Church로 83m 높이의 탑이 있다. 광장 동쪽으로 한 블록을 더 이동하면 고딕풍의 성 마리아 막달레나 교회St. Mary Magdalene's Church가 있으며 더 동쪽으로 이동하면 15세기 베르나르도 교회와 수도원이 있는데 현재는 건축 박물관으로 사용되고 있다.

국립박물관

박물관 뒤 공원에는 1794년 라치라비체 전투를 묘사한 커다란 360도 파노라마 라치라비치카가 있다. 이 유명한 전투에서 타테우스 코시우즈코Tadeusz Raclawicka가 이끄는 폴란드 농민군은 폴란드를 분할하기 위해 쳐들어 온 러시아 군을 물리쳤다. 바로 동쪽으로 이동하면 국립 박물관이 있는데 중세 실레지아 예술품과 현대 폴란드 회화 등이 볼 만하다.

구 시장 광장
Rynek Square

시내 중심가에 위치한 구 시장 광장은 크라쿠프, 포즈난과 함께 폴란드를 대표하는 중세 시장 중 하나이다. 소금 광장pl. Solny과 함께 13세기 중반에 조성한 광장을 둘러싼 아름다운 건물들이 즐비하다. 오래되고 가치 있는 건물은 주로 서쪽에 위치해 있다. 1290~1504년까지 서서히 건축되어 지금에 이르렀고 현재 역사박물관으로 사용되고 있다.

리넥 광장Rynek Square이 무척 크다. 유럽의 다른 나라의 광장들처럼 파스텔톤의 예쁜 집들이 옹기종기 모여 있어 색다른 분위기를 풍긴다. 주변에는 중세풍의 멋진 성당과 조각상들이 눈에 띈다.

크리스마스 마켓

폴란드 리넥 광장(Rynek Square)에는 계절별로 사람들이 즐기는 모습도 다르고, 분위기도 달라진다. 추운 국가답게 사람들은 여름을 즐기고 겨울에는 광장을 중심으로 크리스마스 분위기가 물씬 풍긴다.

익명의 보행자
Anonymous Pedestrians

아르카디 사거리에 있는 조각상으로 제목은 '익명의 보행자'이다. 1977년에 만들어진 조각상은 2005년까지 브로츠와프 박물관에 있다가 보행로로 공산주의시기인 1988년에 옮겨졌다.

주소_ Pilsudskiego

시치트니츠키 공원
Szczytnicki Park

1913년 〈가드닝 아트 박람회〉 때문에 조성하기 시작한 시치트니츠키 공원Szczytnicki Park은 녹음이 우거진 공원으로 브로츠와프 시민들의 휴식공간이다.

넓은 부지 안에 숲에는 딱따구리와 다람쥐가 보이고 유모차에 아이를 태우고 다니는 부부와 손잡고 다니는 노부부의 모습은 여유로운 일상을 즐기는 시민을 볼 수 있는 장소이다. 일반적인 공원이지만 특이하게 일본정원이 있다. 정원 안에 연목과 금색으로 만들어진 금각사와 정자, 폭포, 다리가 있다.

파노라마 박물관
Panorama Museum

파노라마 그림 속에 여러 가지 전쟁의 그림이 이어져 하나의 전쟁으로 이어지는 자연스러운 모습은 장관이다. 한국어로 된 해설까지 있어 박물관의 이해에 도움을 준다.

주소_ ul. Jana Ewanglisty Purkniego 11
전화_ +48 71 344 2344

성 엘리자베스 교회
Church of Elizabeth

헨젤과 그레텔 집 바로 북쪽에 있는 83m의 높은 탑을 가진 고딕양식의 벽돌교회이다. 브로츠와프를 대표하는 교회는 아니지만 탑에서 보는 풍경이 아름다워 항상 관광객의 발길이 끊이지 않는다.
300개가 넘는 계단을 올라가면 브로츠와프의 아름다운 모습을 볼 수 있다.

홈페이지_ www.elzbieta.archidiecezja.wroc.pl
주소_ ul. Sw Elzbiety 1
시간_ 10~19시(토요일 17시까지 / 일요일 13시 시작)

성당의 섬
Ostrów Tumski

파란색 강철 소재의 툼 스키 다리를 건너야 도착할 수 있다. '사랑의 다리'라는 이름도 가지고 있는 이 다리는 자물쇠를 채워 오데르 강으로 열쇠를 던지며 영원한 사랑을 약속하는 의식 때문에 유명해졌다. 툼스키 다리를 지나 성당 섬에 위치한 브로츠와프의 랜드마크인 성 요한 대성당에 도착했다. 세계 제2차 대전 당시 폭격으로 인하여 심하게 훼손되었다가 1950년대에 재건되었다고 한다.

요금_ 내부 무료 개방
타워 전망대 : 일반 5zł, 학생 4zł

성 요한 대성당
Cathedral of St. John the Baptist

오드라 강의 북쪽은 오스트루프 툼스키에 성직자와 권력자가 많이 살았던 장소였다. 13세기 건설을 시작해 1590년에 완성한 높게 솟은 2개의 탑은 파괴되었다가 1991년에 현재의 모습으로 재건되었다. 최고의 전망을 자랑하는 91m의 탑이 우뚝 솟아있다. 탑에서 바라본 광장의 모습은 매우 아름다워 꼭 한번 올라가야 하는 탑으로 힘들게 올라가지 않고 중간까지 엘리베이터(10zł)를 타고 이동할 수 있다.

홈페이지_ www.muzeum.miejskie.wroclaw.pl
주소_ Katedralna 18
요금_ 성인 5zł / 어린이 4zł
시간_ 10~18시(일요일 휴관)

백년 홀
Hala stulecia

20세기 초반 콘크리트로 지은 건물인데 기념비적인 건축물로 인정되어 유네스코 지정 세계문화유산에 등재되었다. 1813년 브로츠와프가 독일령이었던 당시 독일을 정복하려던 나폴레옹 군대를 물리친 라이프치히 전투에서의 승리 100주년을 기념해 건축했다.

2차 대전 이후 폴란드의 소련의 사회주의이던 시절 독일의 백년 홀 보다 높게 지어 소련의 위엄을 보여주고자 지은 강철 첨탑도 백년홀과 나란히 위치해 있다. 백년 홀 뒤편에는 큰 분수대가 있다. 낮에는 발을 담그거나 물놀이를 하며 더위를 식히는 시민들이 많다. 정해진 시간에는 분수 쇼도 진행하고 있다고 한다.

브로츠와프 오페라
Wroclaw Opera

폴란드에서 가장 유명한 오페라 전용극장 중에 하나로 1841년에 문을 열었다. 1945년까지는 독일영토였기 때문에 독일식 이름인 브레슬라우 오페라Breslau Opera로 불렸다. 1997년에 새롭게 개조하여 완공되어 다양한 공연을 보여주고 있다.

홈페이지_ www.opera.wroclaw.pl
주소_ Świdnicka 35
시간_ 12~19시(일요일 11~17시)
전화_ +48-71-370-88-50

브로츠와프 대학교
Wroclaw University

브로츠와프 대학교^{Uniwersytet Wrocławski}는 브로츠와프에 있는 공립대학교로 현재 약 30,000명의 학생들이 재학하고 있다. 1702년 10월 21일 신성 로마 제국의 황제인 레오폴트 1세에 의해 설립된 중부유럽에서 가장 오랜 역사를 가진 대학교이다. 설립 당시에는 5개 학과인 철학, 약학, 법학, 개신교 신학, 가톨릭 신학이 설치되어 발전하다가 19세기 브로츠와프가 있는 실레시아지역이 프로이센에 합병된 이후에 빠르게 성장했다.

제2차 세계대전 중이던 1945년 5월에 소련 군대가 브로츠와프를 점령하면서 폴란드의 영토가 되었고 브로츠와프에 거주하던 독일인들은 추방당했다. 리비우 대학교의 폴란드인 교수들이 브로츠와프에 도착하면서 리비우 대학교에 있던 소장품을 이관하면서 지금과 같은 모습을 갖추었다.

예수대학교 교회
이웃 대학과의 초기 바로크 양식의 교회는 예수회에 의해 남겨진 실레지아의 건축물 중 하나이다. 본당과 옆의 채플로 이루어져 있다.

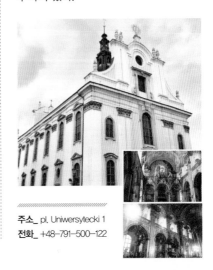

주소_ pl. Uniwersytecki 1
전화_ +48-791-500-122

콘스피라
Restauracja Konspira

폴란드 전통음식을 바탕으로 유럽의 채식을 접목시킨 요리를 선보인다. 맥주에 골룡카를 곁들여 짠맛을 중화시킨 돼지고기와 감자로 만든 요리들이 주 메뉴이다. 현지인의 기호에 맞추어서 호불호가 갈린다. 양이 많기 때문에 한 개씩 나누어서 주문하는 것이 좋다.

주소_ Plac Solny 11 **시간**_ 12~22시
요금_ 주 메뉴 35~70zł
전화_ +48-796-326-600

비베레 이탈리아노
Vivere Italiano

폴란드에서 이탈리아의 지중해 음식을 재해석해 유럽의 다른 나라 음식에 조화를 이룬 요리로 인기를 끌고 있다. 비트, 말린 버섯, 양파, 감자, 훈제 고기 등의 재료를 사용하고 신선한 채소로 기발한 스파케티, 리조또, 피자를 만든다. 다만 우리나라 관광객의 입맛에는 조금 난해할 수 있으니 추천음식으로 선택하는 것이 좋겠다.

주소_ Ofiar Oswiecimskich 21 **시간**_ 12~23시
요금_ 주 메뉴 25~60zł
전화_ +48-513-288-029

스톨 나 스제베드키에
Stol na Szwedzkiej

내부 인테리어는 깔끔하고 세련된 분위기다. 고급 레스토랑답게 음식의 질도 높고 서비스 수준도 훌륭하다. 메인 요리는 가격대가 비싸서 부담이 되지만 고급호텔의 유명 셰프가 만드는 요리에 맛있는 음식을 먹을 수 있다. 스테이크는 풍부한 식감을 보이고 디저트도 상당히 맛있는 레스토랑이다.

주소_ ul. Szwedzka 17a Lokal Miesci sie z drugiej
시간_ 14~21시
요금_ 주 메뉴 25~60zł
전화_ +48-791-240-484

버거
Ltd Burger Ltd

폴란드에는 버거Burger를 파는 전문점이 많지 않다. 물론 버거킹과 맥도날드도 있지만 대한민국에도 있는 대형 패스트푸드이기 때문에 버거Burger의 고급화를 대표하는 버거 전문점은 이 찾기 쉽지 않다. 수제버거와 커피를 파는 세련된 내부 인테리어인데 저렴한 가격으로 관광객에게 인기를 끌고 있다.

주소_ Psie Budy 7/8/9
시간_ 10~22시
요금_ 주 메뉴 15~50zł
전화_ +48-733-281-334

시에스타 트라토리아
Siesta Trattoria

직원은 친절하고 내부 인테리어는 차분하고 조용한 느낌에 음식은 맛있다고 소문난 맛집이다. 코스별로 나오기 때문에 허겁지겁 먹기보다 맛을 즐기면서 여행의 이야기를 풀어 놓으면 좋은 레스토랑이다. 지중해 스타일의 재료 본연의 맛을 내도록 짠맛도 덜하다.

홈페이지_ www.hostel.is
주소_ Bankastræti 7
요금_ 도미토리 5,500kr~
전화_ 553-8140

센트럴 카페
Central Cafe

베이글과 케이크, 다양한 커피를 마시면서 이야기를 나누기 때문에 한 끼를 해결하기보다 간식이 더 적합할 수도 있다. 북유럽스타일의 깔끔한 내부 인테리어도 폴란드에 있을 것 같지 않은 카페이다. 관광객보다 현지인이 더 많이 찾는 카페로 단맛이 강한 케이크는 우리나라 관광객의 입맛에 달 수 있다.

주소_ ul. Sw. Antoniego 10
시간_ 07~21시 **요금_** 주 메뉴 15~60zl
전화_ +48-71-794-96-23

폴란드의 유네스코(UNESCO) 세계유산

폴란드에는 14개의 세계 문화유산이 등재되
어 있다. 전쟁이 남긴 상처와 함께 되살아난
유산들을 찾아가 보자.

No	세계유산	분류	지정연도
1	크라쿠프 [Historic Centre of Krakow]	문화유산	1978
2	비엘리치카 소금광산 [Wieliczka and Bochnia Royal Salt Mines]	문화유산	1979년
3	아우슈비츠 수용소 [Auschwitz Birkenau German Nazi Concentration and Extermination Camp (1940-1945)]	자연유산	1979년
4	벨로베시스카야 푸슈차와 비아워비에자 삼림지대 [Bia ł owieza Forest]	문화유산	1980년
5	바르샤바 역사 지구 [Historic Centre of Warsaw]	문화유산	1992년
6	자모시치 옛 시가지 [Old City of Zamosc]	문화유산	1997년
7	말보르크의 독일기사단 성 [Castle of the Teutonic Order in Malbork]	문화유산	1997년
8	토룬의 중세 마을 [Medieval Town of Torun]	문화유산	1999년
9	칼바리아 제브르도프스카 [Kalwaria Zebrzydowska: the Mannerist Architectural and Park Landscape Complex and Pilgrimage Park]	문화유산	2001년
10	야보르와 시비드니차의 자유교회 [Churches of Peace in Jawor and swidnica]	문화유산	2003년
11	남부 리틀 폴란드의 목조교회 [Wooden Churches of Southern Ma ł opolska]	문화유산	2004년
12	무스카우어 공원 [Muskauer Park / Park Muzakowski]	문화유산	2006년
13	브로츠와프의 백주년관 [Centennial Hall in Wroc ł aw]	문화유산	2013년
14	폴란드와 우크라이나 카르파티아 지역의 목조교회 [Wooden Tserkvas of the Carpathian Region in Poland and Ukraine]	문화유산	2013년

CZECH

체코

리베러
Libere

우스티나트라벰
Ústí nad Labem

호무토프
Chomutov

모스트
Most

믈라다볼레슬라
Mladá Boleslav

카를로비바리
Karlovy Vary

포데ᄇ
Podě

헤프
Cheb

프라하

마리안스케라즈네
Mariánské Lázně

쿠

로키차니
Rokycany

필센
Plzeň

프르지브람
Příbram

하블리치
H

클라토비
Klatovy

피세크
Písek

타보르
Tábor

펠ᄒ
Pe

스트라코니체
Strakonice

유인드르지
흐라데츠
Jindřichův Hra

슈마바 국립공원
Národní park Šumava

체스케부데요비체
České Budějovice

체스키크룸로프
Cesky Krumlov

츠크랄로베
ec Králové

예세니크
Jeseník

크르노프
Krnov

파르두비체
Pardubice

호루딤
nrudim

우스티 나트 오를리치
Ústí nad Orlicí

슈므페르크
Šumperk

오파바
Opava

오스트라바
Ostrava

보우조프
Bouzov

스비타비
Svitavy

올로모우츠
Olomouc

노비 유이친
Nový Jičín

흘라바
ava

블란스코
Blansko

프르제로프
Přerov

흐라니체
Hranice

트르제비치
Třebíč

브르노

즐린
Zlín

우헤르스케흐라디슈테
Uherské Hradiště

미쿨로프
Mikulov

호도닌
Hodonín

즈노이모
Znojmo

레드니체
Lednice

체코 여행 계획 짜기

체코 여행에 대한 정보가 부족한 상황에서 어떻게 여행계획을 세울까? 라는 걱정은 누구나 가지고 있다. 하지만 체코 여행도 역시 유럽의 나라를 여행하는 것과 동일하게 도시를 중심으로 여행을 한다고 생각하면 여행계획을 세우는 데에 큰 문제는 없을 것이다.

1. 먼저 지도를 보면서 입국하는 도시와 출국하는 도시를 항공권과 같이 연계하여 결정해야 한다. 동유럽여행을 하고 있다면 독일의 프랑크푸르트에서 체코의 프라하로 여행을 시작하고, 오스트리아의 비엔나에서 입국한다면 체코의 남부인 체스키크룸로프부터 여행을 시작한다. 체코 항공을 이용한 패키지 상품은 많지 않다. 대한항공이 체코의 프라하를 직항으로 왕복하고 있다.

2. 체코는 좌, 우로 늘어난 계란 모양의 국가이기 때문에 수도인 프라하부터 여행을 시작한다면 오른쪽의 모라비아 지방을 어떻게 연결하여 여행코스를 만드는 지가 관건이다.
동유럽 여행을 위해 독일이나 오스트리아를 경유하여 입국한다면 버스나 기차로 어디서부터 여행을 시작할지 결정해야 한다. 동유럽의 각 나라에서 프라하로 이동하는 기차와 버스가 매일 운행하고 있다. 시작하는 도시에 따라 여행하는 도시의 루트가 다르게 된다.

3. 입국 도시가 결정되었다면 여행기간을 결정해야 한다. 프라하는 2~4일 정도 여행하는 것이 일반적이라서 체코의 다른 도시를 얼마나 여행하지에 따라 여행기간이 길어질 수 있다.

4. 대한민국의 인천에서 출발하는 일정은 체코의 프라하에서 2~4일 정도를 배정하고 IN / OUT을 하면 여행하는 코스는 쉽게 만들어진다. 프라하 → 카를로비 바리 → 쿠트나호라 → 플젠 → 보헤미안 스위스 → 체스키크룸로프 → 텔치 → 올로모우츠 → 브르노 → 레드니체 → 프라하 추천여행코스를 활용하자.

5. 7~14일 정도의 기간이 체코를 여행하는데 가장 기본적인 여행기간이다. 그래야 중요 도시들을 보며 여행할 수 있다. 물론 2주 이상의 기간이라면 체코의 대부분의 도시까지 볼 수 있지만 개인적인 여행기간이 있기 때문에 각자의 여행시간을 고려해 결정하면 된다.

보헤미아
| 6일 | 프라하 → 쿠트나호라 → 플젠 → 보헤미안 스위스 → 체스키크룸로프 → 프라하

| 7일 | 프라하 → 카를로비 바리 → 쿠트나호라 → 플젠 → 보헤미안 스위스
　　　→ 체스키크룸로프 → 프라하

10일 | 프라하 → 카를로비 바리 → 쿠트나호라 → 플젠 → 보헤미안 스위스
　　　→ 체스카부데요비체 → 체스키크룸로프 → 프라하

보헤미아→모라비아
8일 | 프라하 → 쿠트나호라 → 플젠 → 체스키크룸로프 → 올로모우츠 → 브르노 → 프라하

10일 | 프라하 → 쿠트나호라 → 플젠 → 체스카부데요비체 → 체스키크룸로프
　　　→ 올로모우츠 → 브르노 → 레드니체 → 프라하

2주 | 프라하 → 카를로비 바리 → 쿠트나호라 → 플젠 → 보헤미안 스위스 → 체스카부데
　　　요비체 → 체스키크룸로프 → 텔치 → 올로모우츠 → 브르노 → 레드니체 → 프라하

Ceský Krumlov

체스키크룸로프

Česku Krumlov

체 스 키 크 룸 로 프

체코에서도 중세의 모습이 가장 잘 남아 있는 도시로, 가장 아름다운 색을 모아 천국과 가장 흡사하게 꾸며놓은 듯하다. 13세기에 세워진 성에는 영주가 살던 궁전과 4개의 정원이 있으며, 건물들은 고딕, 르네상스, 바로크 스타일 등이 다양하게 섞여 멋진 모습을 모여 준다.

여름에는 온화하고 겨울에는 눈 덮인 절경을 자아내는 체스키크룸로프Český Krumlov는 체코의 수도, 프라하를 축소해 놓은 듯하다. 블타바 강변에 자리 잡은 유서 깊은 도시에서 중세 시대 기념물과 분위기 있는 바가 늘어선 매혹적인 거리를 산책하면서 걸어서 여행이 가능한 작은 도시이다.

체코의 오솔길, 체스키크룸로프(Český Krumlov)
체코어로 '체코의 오솔길'이라는 뜻의 체스키크룸로프는 정겨운 시골길이 이어진 도시 전체가 유네스코 세계문화유산에 등재된 도시이다.

축제
6월 다섯 꽃잎 장미 축제(Five-Petalled Rose Celebration) | 중세 시대의 현장을 재현해 보인다.
7월 국제 음악 축제 | 실내악과 오페라, 교향악 콘서트 관람
9월 바로크 미술 축제

체스키크룸로프 역

부데요비츠카 문

펜지온 로보

펜지온 대디

체스키 크룸로프 성

플라스토비 다리

탑 전망대

이발사의 다리

파르칸

우 드바우 마리

라이본

볼터바 강

채수카 쿠룸로프
버스 터미널

애곤 실레 아트센터

호텔 올드 인

스보르노스티 광장

분수대

호텔 루체

성 비타 성당

슈퍼마켓 쿱

펜지온 가르데나

블터바 강

체스키크룸로프 성 구경하기

경이로운 성이 내려다보고 있는 체스키크룸로프Český Krumlov는 체코의 찬란했던 중세와 르네상스 시대를 떠올리게 하는 곳이다. 유네스코에서 보호하는 역사지구의 미로 같은 거리를 거닐어 보고, 수백 년의 역사를 간직한 교회와 인도교, 정원, 굽이치는 블타바 강의 로맨틱한 매력을 느낄 수 있다. 굽이치는 강변에 자리한 체스키크룸로프Český Krumlov 한가운데에는 유네스코 세계 문화유산으로 등재된 고혹적인 구시가지가 있다.

흑요석 박물관Moldavite Museum, 고문 박물관Museum of Torture, 체스키크룸로프 지역 박물관Regional Museum in Český Krumlov에서 수백 년에 걸친 지역의 역사에 대해 알 수 있다. 에곤 쉴레 미술관Egon Schiele Art Centrum에서 빈 출신 화가인 에곤 쉴레의 작품도 감상할 수 있다. 강변에서 카약, 보트, 튜빙을 즐기며 도시의 아기자기한 건물 옥상을 구경해 보자.

구시가지 북쪽 끝자락에 있는 인도교를 건너면 13세기에 건축된 체스키크룸로프 성^{Český Krumlov Castle}이 나온다. 눈부시게 화려한 내실과 자연 그대로의 아름다움을 간직한 바로크식 정원과 1,700년대부터 곰들이 살고 있는 해자를 볼 수 있다. 매력적인 라트란 스트리트 Latrán Street를 따라 산책을 즐기거나, 인형 박물관^{Marionette Museum}에 들러 인형 전시관을 관람해도 좋다. 에겐베르크 양조장^{Eggenberg Brewery}에서 진행되는 투어도 인기가 높다.

구시가지의 강 맞은편에는 화창한 날 휴식을 취하고 싶은 시립 공원^{Městský Park}이 있다. 근처에는 포토아틀리에 세이델 박물관^{Museum of Fotoatelier Seidel}과 성 비투스 교회가 있어서 어디를 가나 체스키크룸로프^{Český Krumlov}는 아름다운 볼거리로 둘러싸여 있는 곳이다.

체스키크룸로프 IN

체코의 보헤미아 남부 지역에 자리한 체스키크룸로프Český Krumlov로 가려면 프라하에서 기차로 4시간이 소요된다. 프라하 안델 역에서 출발하여 2시간 정도가 지나면 푸릇푸릇한 들판이 끝없이 이어지고 높은 빌딩이 어느덧 사라지고 전원풍의 동화 같은 마을이 나타나면 체스키크룸로프에 도착한다.

스튜던트 에이전시
(Student Agency/2시간 30분 소요)
하루에 다녀올 수 있는 체스키크룸로프Český Krumlov는 프라하에서 버스나 기차를 타고 이동한다. 기차보다 버스가 1시간 정도 빠르다.

스쿨버스처럼 생긴 노란색 버스 '스튜던트 에이전시Student Agency'를 타면 한 번에 도착한다. 홈페이지에서 예약해 출력한 후, 버스 승차를 할 때 '전자 티켓'을 보여주어야 한다. 메트로 B호선 안델Andel역에서 내려 버스터미널Na Knizeci로 나오면, 체스키크룸로프Český Krumlov행 버스를 탈 수 있다.

▶홈페이지 : bustickets.studentagency.eu

기차
프라하 중앙역에서 출발한 기차는 체스케부데요비체Ceske Budejovice에서 한 번 갈아타야 한다. 여름 성수기 기간에는 하루에 1번 직행열차가 운행되고 있다.

국가	도시	편도 이동거리	소요시간	1인 탑승	4인승 전세
체코	프라하	185km	2시간	870kč	3990kč
오스트리아	린츠	80km	1시간	420kč	1750kč
	잘츠부르크	210km	2시간 30분	870kč	3990kč
	할슈타트	240km	2시간 30분	870kč	3990kč
	빈	230km	2시간 30분	890kč	3990kč
독일	뮌헨	350km	3시간	1590kč	6990kč

스보르노스티 광장
Náměstí Svornosti

구시가지 중심에 스보르노스티 광장 Náměstí Svornosti이 있다. 자갈 광장은 웅장한 부르주아식 저택에 둘러싸여 있고, 미로 같이 좁은 거리를 따라 걸어가면 성비투스 성당과 자코벡 하우스Jakoubek House 등의 체스키크룸로프Cesky Krumlov의 명소를 볼 수 있다.

구시가지 곳곳에서 거리 공연가의 재미있는 공연이 펼쳐지고, 인도를 가득 메운 카페와 아늑한 바Bar에는 체코 맥주를 즐기는 관광객들을 만날 수 있다.

체스키크룸로프 성
Český Krumlov Castle

체스키크룸로프Cesky Krumlov의 역사 지구에 우뚝 솟아 있는 마을을 굽어보는 르네상스풍의 성에서 아름다운 정원과 궁전, 응접실, 극장을 둘러볼 수 있다. 유서 깊은 유네스코 문화유산으로 프라하 성 다음으로 크고 웅장한 성이다.

성이 보헤미아 귀족층의 미술, 경제, 정치적 중심지 역할을 했던 곳이다. 1,200년대에 지어진 성과 마을은 중세의 고풍스런 모습을 잘 간직하고 있다.

자연 그대로의 아름다움을 간직한 성의 정원은 1600년대에 조성되었다. 완벽하

관람 순서
체스키크룸로프 성 입구 → 오르막길 → 성 입구 / 마을과 성 사이의 다리와 해자(곰 관람) → 성 본체 → 분수대 뒤로 성탑 입구 → 나무 계단을 따라 올라감 → 성탑 아래의 블타바 강과 마을 풍경 전망 → 내부 입구 → 중정 → 망토 다리 위 조각상 → 망토 다리 위 전망 관람

위치_ 스보르노스티 광장(Náměstí Svornosti)에서 도보로 10분 거리
주소_ Zamek 59, 381 01 ČskyKrumlov
시간_ 9~17시(4 · 5 · 9 · 10월 / 월요일 휴무 / 6~8월은 18시까지)
9~16시(1~3, 11~12월 / 월요일 휴무 / 12월 23일~1월 2일까지 휴관)
요금_ 박물관+타워 : 성인 130Kc(학생 & 어린이 60Kc)
박물관 : 성인 100Kc(학생 & 어린이 50Kc)
타워 : 성인 50Kc(학생 & 어린이 30Kc)
홈페이지_ www.castle.ckrumlov.cz

게 정돈된 정원, 산책로와 화려한 분수대 사이에 설치된 산울타리도 살펴보자. 체

코 출신 화가, '프란티섹 야쿱 프로키'가 그린 벽화로 꾸며 놓은 공연장이 있다.

간략한 체스키크룸로프 성(Česky Krumlov Castle) 역사

체코 남서쪽 오스트리아 국경 근처에 있었던 13세기 크룸로프 영주의 명에 따라 돌산 위에 성을 건축했다. 그 이후 주변으로 사람들이 모여들면서 마을이 형성됐다. 고딕 양식을 중심으로 르네상스, 바로크 양식이 혼합된 성은 로젠베르크와 슈바르젠베르크 가문에 의해 16세기에 완공됐다. 로젠버그, 합스부르크, 슈바르젠베르크의 귀족 가문이 머물렀던 곳이다.

외부

성의 전체 면적은 7ha에 달하며 다섯 개의 뜰 주변으로 40채의 건물이 들어서 있다. 성 안에는 마을 크기와 맞먹는 넓은 정원이 4개나 있다. 뜰 사이를 거닐며 고딕, 르네상스, 바로크 건축 양식이 어우러진 모습을 감상할 수 있다. 성 외벽은 르네상스 시대에 유행한 스그라피토(Sgraffito) 기법으로 벽면을 채색해 멀리서 보면 견고하게 벽돌을 쌓아놓은 것 같다.

내부

체스키크룸로프 성에서는 영향력과 덕망을 두루 갖춘 체코의 한 귀족 가문이 누렸던 호화로운 생활양식을 확인해 볼 수 있다. 화려하게 장식된 내실을 둘러보고 초상화 갤러리를 볼 수 있다.

박물관

깔끔하게 정리된 박물관에서 성을 둘러싼 삶과 사건에 대해 알 수 있다. 지하실에는 고대 조각상과 현대 미술품 전시관이 있다.

타워

162개의 계단을 올라가면 캐슬 타워(Castle Tower) 꼭대기에 다다르게 된다. 체스키크룸로프 시가지가 한눈에 들어오는 멋진 전망을 볼 수 있다. 성에서 꼭 둘러봐야 할 곳은 마을을 360도로 내려다볼 수 있는 높이 54.5m의 '타워'이다. 162개의 계단을 빙글빙글 돌아 오르면 왜 체스키크룸로프를 '유럽에서 가장 아름다운 마을'이라고 극찬하는지 알게 될 것이다. 땅 위에선 보이지 않던 마을 지형이 한눈에 보인다. 블타바 강이 마을을 휘감아 돌아 마치 강 위에 떠 있는 섬처럼 느껴진다.

가이드투어

아름답고 장엄한 건물 내부를 살펴보고 싶다면 가이드 투어에 참가해야 한다. 처음으로 르네상스와 바로크풍의 내부와 무도회장, 세인트 조지 예배당(St. George's Castle Chapel)을 구경한다. 다음으로 슈바르젠베르크 가문의 역사를 집중적으로 살펴보고 정교한 초상화 갤러리를 관람한다. 마지막으로 캐슬 시어터(Castle Theater)의 무대 뒤에서 어떤 일이 벌어지는지 설명을 들으면서 돌아보게 되는 데 극장투어는 별개로 상품이 구성되어 있다.

곰 해자
Medvêdi príkop

18세기부터 곰 사육장으로 이용되어 온 해자는 깔끔하게 정돈된 정원을 산책하면서 찾을 수 있다. 성벽을 지키는 곰들로 아래에서 어슬렁거리며 여기저기 돌아다니고 있는 것을 볼 수 있다.

라트란 거리
Latrán

체스키크룸로프와 스보르노스티 광장 Náměstí Svornosti 사이에 있는 중세의 거리로

영주를 모시는 하인들이 살던 곳이다. 아기자기한 상점들이 모여 있어 천천히 이동하면서 즐길 수 있는 거리이다.

버스터미널로 이동하면 성벽에 있는 9개의 문에서 유일하게 남아있는 부데요비츠카 문 Budějovická Brána 을 볼 수 있다.

이발사의 거리
Lazebnicky Most V

다리 위에 십자가에 못 박힌 예수상과 다
리의 수호성인인 네포무크의 조각상이
서 있는 다리는 라트란 거리에서 구시가
를 가기 위해 놓여졌다. 라트란 1번지에
이발소가 있어서 붙여진 이름이다. 귀족
과 이발사의 딸 사이에 비극적인 러브스
토리가 있다.

에곤 실레 아트 센트룸
Egon Schiele Art Centrum

1911년에 여름휴가로 여자 친구인 발리 노이질Wally Neuzil과 지내면서 다양한 작품을 그린 곳이다. 오스트리아 출신의 천재 화가인 에곤 실레Egon Schiele는 어머니의 고향인 체스키크룸로프Cesky Krumlov에서 자유롭게 지냈지만 당시의 주민들은 좋아하지 않았다. 뼈대만 앙상하게 남긴 채 인체의 실루엣을 적나라하고 노골적으로 묘사한 에로티시즘의 거장으로 우뚝 선 에곤 실레지만 어느 누구도 작품세계를 이해하지는 못했다.

당시에는 자극적인 에로티시즘으로 체스키크룸로프Cesky Krumlov 주민들은 실레의 작품 세계를 이해하지도 받아들이지도 못했지만 지금은 그를 추모하는 미술관이 마을 중심에 들어서 체스키크룸로프Cesky Krumlov를 대표하는 예술가로 우뚝 섰다. 연습작과 드로잉 위주의 작품을 비롯해 그의 흑백사진과 자화상 등이 전시되어 있다. 그의 작품이 인쇄된 포스터를 저렴하게(150Kc) 구입할 수 있다.

> **에곤 실레(Egon Schiele)**
>
> 1890년에 오스트리아의 빈에서 태어난 에곤 실레는 클림트와 함께 오스트리아 표현주의를 대표하는 인물이다. 소녀들을 누드 모델로 세운다는 이유로 법정에 서기도 하고, 동성애와 노골적인 성행위를 그리는 성도착자라는 별명을 얻기도 했다. 제1차 세계대전에 징집당해 참전했지만 지속적으로 작품을 그리려고 노력했다. 여자 친구와의 헤어짐으로 슬퍼하고 작품을 만들지 못해 괴로워하다가 스페인 독감에 걸려 29살이라는 젊은 나이로 생을 마감했다.

홈페이지_ www.schieleartcentrum.cz
주소_ Siroka 71, Cesky Krumlov, Czech Republic
시간_ 10~18시(월요일 휴관)
요금_ 160Kc
전화_ +420-380-704-011

성 비투스 성당
Kostel sv. Vita / Church of St. Vitus

굽이치는 블타바 강 위 곶 지대에 돌로 된 언덕 위에 우뚝 솟은 성당으로 뾰족한 첨탑이 인상적이다. 도시의 중앙 광장을 내려다보고 있는 14세기 성당에서 다양한 건축 양식을 살펴보고 프레스코화와 조각상을 감상할 수 있다.

성 비투스 성당Church of St. Vitus에 가면 약 700년의 역사를 간직한 미술품, 다양한 건축 양식을 감상하고 흥미로운 종교화와 유명 귀족의 묘지도 구경할 수 있다.

주소_ Horni 156
시간_ 9시 30분~18시
주의사항_ 성당 안 사진 촬영 금지
전화_ +420-380-711-336

간략한 역사

수호성인 성 비트(St. Vitus)의 이름을 따 지은 '성 비투스 성당'은 프라하의 성 비투스 성당과 이름이 같다. 성 비투스 성당은 페테르 1세 본 로젠버그의 명에 따라 1300년대 초기에 건립되었다. 1407년 독일의 건축가 린하르트에 의해 건립되었다가 왕족 일원과 귀족들이 이후 건물 외관을 17세기 바로크 양식으로 개축됐다.

외관

심플한 외관에 비해 내부는 정교하고 화려하다. 건물 외관의 고딕 양식과 바로크 양식에는 성당 외벽의 전체 높이와 맞먹는 거대한 창문을 볼 수 있다. 19세기에 증축된 신 고딕 양식의 8면체 탑도 볼 수 있다.

내부

고딕 양식의 아치형 천장이 웅장한 느낌을 준다. 정면엔 성 비투스 성인과 성모마리아를 그린 제단화가 걸려 있고, 좌측엔 예수의 생애를 담은 성화들이 장식되어 있다. 17세기에 제작된 바로크 양식의 중앙 제단에는 동정녀 마리아의 대관식을 묘사한 그림이 전시되어 있다. 체코의 수호성인 성 바츨라프의 조각상 바로 옆에는 성 프란시스코 자비에르 같은 대표적인 성인들의 조각상도 진열되어 있다.

세인트 존 예배당(Chapel of St. John of Nepomuk)

예배당은 1725년 슈바르젠베르크 귀족 가문이 건축한 곳이다. 예배당 입구에는 로젠버그의 윌리엄과 아내 바덴의 안나 마리아가 잠든 묘지가 있다. 성경 속 장면을 묘사해 예배당 주변의 벽면을 장식하고 있는 15세기 프레스코화도 놓치지 말자. 부활 예배당(Resurrection Chapel)에서 체코 출신 화가 프란티섹 야쿱 프로키의 작품도 유명하다.

파르칸
parkan

이발사의 다리 바로 앞에 위치해 전망이 좋은 레스토랑. 고기 요리가 맛있는 곳으로 한국인들은 칠리 치킨과 코르동블루 슈니첼을 주로 시키며, 칠리 치킨은 밥을 함께 주문해 먹어도 좋다.
스테이크나 꼬치구이도 추천 메뉴. 많은 사람들이 찾기 때문에 웨이팅도 피하며

테라스 자리에 앉고 싶다면 예약 후 방문하는 것을 추천한다. 이발사의 다리에 많은 사람들이 몰려 다소 시끄러운 곳이므로 조용하고 한적하게 식사하고 싶다면 추천하지 않는다.

홈페이지_ www.penzionparkan.com
주소_ Parkán 102, 381 01 Český Krumlov
위치_ 이발사의 다리 바로 앞
시간_ 11:00~23:00
요금_ 메인요리 200kc~
전화_ 420-607-206-559

에겐베르그 레스토랑
Eggenberg Restaurant

이발사의 다리를 건넌 후 동쪽 방향에 있는 체스키 수도원 인근에 있는 음식점. 양조장과 함께 운영을 하는 바Bar이자 레스토랑으로, 대부분의 메뉴가 맛있지만 고기요리와 생선요리가 특히 맛있는 것으로 호평이다. 내부가 널찍하고 테이블도 많지만 관광객과 현지인에게 인기가 많은 곳이기 때문에 시간을 잘 선택하여 방문하자.

홈페이지_ www.eggenberg.cz
주소_ Pivovarská 27, 381 01 Český Krumlov
위치_ 크룸로프타워 호텔 인근
시간_ 11:00~23:00
요금_ 메인요리 175kc~
전화_ 420-777-616-260

337

레스토랑 콘비체
Restaurant Konvice

계절별로 생산되는 지역 농산물을 사용하는 체코 전통 음식점으로, 스비치코바가 맛있는 집이다. 아침 일찍부터 밤까지 운영하며, 식사뿐만 아니라 커피와 홈 메이드 케이크도 판매하는 곳이기 때문에 언제 방문해도 좋은 곳이다.

8시부터 10시까지는 아침 식사도 가능하며, 단품 주문뿐만 아니라 코스 요리도 주문할 수 있다.

카페 콜렉티브
KOLEKTIV

체스키 크룸로프 성으로 올라가는 길목에 있는 통 유리창 카페. 고전적인 중세도시 체스키크룸로프에서 가장 현대적인 분위기를 뽐내는 곳으로 잠깐 들러 쉬기 좋은 곳이다. 아침부터 저녁 늦게까지 운영하기 때문에 간단한 브런치를 즐기거나, 커피와 디저트를 즐기며 관광의 피로를 푸는 것도 좋을 것이다.

홈페이지_ www.ckrumlov.info/docs/en/ksz143.xml
주소_ Horní 145, 381 01 Český Krumlov
위치_ 관광안내소에서 동쪽으로 도보 약 2분
시간_ 08:00~22:00
요금_ 스타터 125kc~ / 메인메뉴 200kc~
전화_ 420-380-711-611

홈페이지_ www.facebook.com
주소_ Latrán 14, Latrán, 381 01 Český Krumlov
위치_ 이발사의 다리에서 도보 약 2분
시간_ 일~목 08:00~20:00 / 금,토 08:00~21:00
요금_ 커피류 40kc~ / 케이크류 59kc~
전화_ 420-776-626-644

리즈코바 레스토랑 피보니카
Řízková restaurace Pivoňka

다양한 방법으로 조리한 슈니첼을 내놓는 레스토랑으로 역시 슈니첼이 맛있다. 관광지 및 시내와 다소 떨어져 있지만 관광객이 북적거리고 불친절한 음식점을 피할 겸, 소도시 산책 겸 방문할 가치가 있다. 메뉴가 체코어기 때문에 직원에게 메뉴 추천을 받는 게 가장 좋으며, 추천메뉴는 한국인 입맛에 잘 맞으며 가장 인기가 있는 메뉴인 파마산 슈니첼이다.

홈페이지_ www.rizekprespultalire.cz
주소_ U Zelené Ratolesti 232, 381 01 Český Krumlov
위치_ 에곤 쉴레 아트 센터에서 남쪽 방향으로
　　　도보 약 10분
시간_ 화~토 11:00~22:00 / 일요일 11:00~15:00
　　　월요일 휴무
요금_ 파마산 슈니첼
　　　(Vepřový řízek s krustou v parmezánu) 139Kč
전화_ 420-723-113-100

Karlovy Vary

카를로비 바리

Karlovy Vary
카 를 로 비 바 리

수도인 프라하에서 서쪽 방향으로 약 110㎞ 떨어져 있는 카를로비 바리^{Karlovy Vary}에는 약 52,000명이 거주하고 있다. 카를로비 바리^{Karlovy Vary}에서 가장 유명한 장소는 역사를 되새길 수 있는 마토니 미네랄 워터이다. 또한 많은 역사적 건축물이 훌륭하게 보존되어 있다. 디아나 전망대, 밀 콜로나데 같은 관광지에서 과거를 여행하는 듯한 느낌을 받는다. 세인트 마리 막달레인 교회에 들러 종교적으로 유명한 성지의 평온한 분위기를 사진으로 담는 관광객도 많다.

도시 이름의 유래
프라하로부터 서쪽에 위치한 온천 도시이다. 카를 4세가 사냥을 나갔다가 우연히 온천물이 솟아나는 것을 발견했기 때문에 그의 이름을 붙여 '카를 4세의 온천'이란 뜻으로 '카를로비 바리(Karlovy Vary)'라고 지었다고 한다.

온천 찾기
테플라 강과 오흐제 강이 침식으로 형성된 깊은 계곡에 있는 온천 도시로 온천의 용출량과 긴 역사를 자랑하는 온천 휴양지로 치료와 온천을 목적으로 찾는 사람들의 발길이 1년 내내 끊이지 않는 장소이다. 온천은 12개의 원천에 40개 이상의 성분을 포함하고 있다.

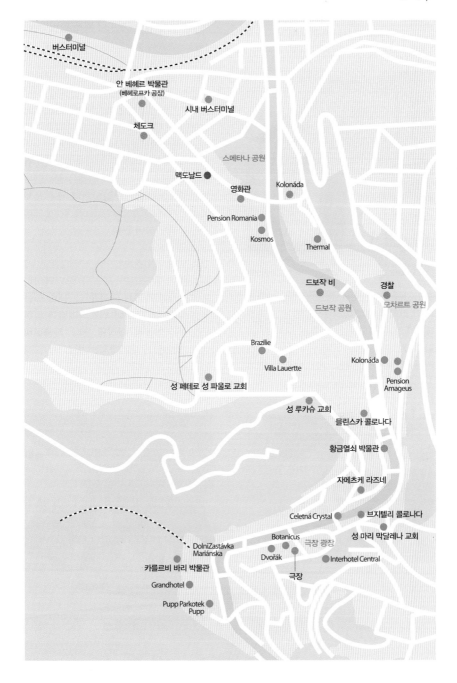

버스터미널

안 베헤르 박물관
(베헤로프카 공장)

시내 버스터미널

체도크

스메타나 공원

맥도날드

영화관   Kolonáda

Pension Romania

Kosmos

Thermal

드보작 비   경찰

드보작 공원   모차르트 공원

Brazilie

Villa Lauertte   Kolonáda

성 페테로 성 파울로 교회   Pension
Amageus

성 루카슈 교회

믈린스카 콜로나다

황금열쇠 박물관

자메츠케 라즈네

DolniZastávka   Celetná Crystal   브지텔리 콜로나다
Mariánska
                        Botanicus   성 마리 막달레나 교회
카를르비 바리 박물관   Dvořák   극장 광장
                                        Interhotel Central
Grandhotel   극장

Pupp Parkotek
Pupp

카를로비 바리 IN

프라하에서 약 130㎞ 정도 떨어진 카를로비 바리카를로비 바리Karlovy Vary는 프라하에서 당일여행으로 많이 찾는 도시 중 하나이다.

카를로비바리로 가는 버스와 기차 중에 버스로 이동하는 것이 더 빠른 방법이다.

버스(약 2시간 소요)

프라하 플로렌츠 터미널Florenc Autobus에서 출발해 카를로비바리 버스터미널 바로 전 역인 바르사브스카Varsavska 거리에서 내리면 카를로비 바리 구시가와 더 가깝다. 단 프라하로 다시 돌아갈 때에는 버스 터미널까지 걸어가서 탑승해야 하는 점을 주의해야 한다. 버스 티켓은 플로렌츠 터미널에서 직접 구입하거나 스튜던트 에이전시(www.studentagency.eu)홈페이지에서 확인하면 된다.

기차(약 3시간 소요)

기차를 이용하려면 프라하 중앙역이나 홀레쇼비체 역에서 타야 한다. 내릴 때는 카를로비바리 역이나 버스터미널과 붙어있는 돌리역에서 내리면 된다. 카를로비 바리 역에서 구시가까지는 버스 11, 12, 13번을 타고 이동하면 된다.

마시는 온천

체코 서쪽에 있는 카를로비바리는 체코에서 가장 넓고 오래된 아주 유명한 온천 도시이다. 카를 4세가 이곳을 발견하여 '카를의 온천'이라는 뜻으로 카를로비 바리(Karlovy Vary)라고 이름을 짓고 개발하기 시작했다. 이곳에는 도시 곳곳에 온천수를 받아먹을 수 있는 수도꼭지가 달려 있다. 탄산과 알칼리 성분이 풍부해 온천수는 위장과 간장 등의 질병에 효과가 있어서 휴양하려는 관광객들이 많이 찾는다.

이곳 온천의 물은 위장병에 효과가 있어서 사람들은 주둥이가 달린 작은 물컵을 들고 다니면서 직접 물을 마시기도 한다. 괴테, 베토벤 등의 작가나 음악가뿐만 아니라 유럽의 귀족들이 수시로 찾아와 온천을 즐기고 또 온천물을 마시며 병을 고치기도 했다.

효능

카를로비 바리(Karlovy Vary)의 온천수에는 나트륨, 마그네슘, 황산 등 50여 가지 성분이 함유되어 당뇨, 비만, 스트레스, 소화계 장애 등에 치유 효과가 뛰어나다고 한다. 테플라 강을 따라 곳곳에 12개의 온천이 있으며 온천수를 마시면서 산책할 수 있도록 만든 회랑인 콜로나다(Kolonáda)가 군데군데 모여 있다. 온천마다 함유 성분은 비슷하나 온천수의 온도와 이산화탄소의 함량이 조금씩 다르며 효과 또한 조금씩 다르다고 한다.

순서

이곳에 오면 누구가 이렇게 하는 것이 의식처럼 굳어져 있다.
1. 일단 온천수를 마실 수 있는 도자기 컵을 구입한다. 2. 곳곳에 있는 녹슨 듯한 냄새가 나는 온천수를 마셔본다. 3. 달달한 와플로 마무리한다.

꼭 구입할 품목

도자기 컵

라젠스키 포하레크 뜨거운 온천수를 마시기 쉽게 주전자 모양의 도자기 컵이다. 다양한 도자기 컵을 판매하니 취향에 맞게 골라보자.

슈퍼 와플

뻥튀기만 한 크기의 둥근 웨하스에 바닐라, 초코, 딸기 크림 등을 넣어 밀전병처럼 얇게 만든 와플로 쌉싸름한 온천수를 마신 후 먹으면 좋다. 큰 와플이 부담스럽다면 작은 크기의 미니 와플이라도 꼭 맛보는 것이 후회하지 않는다.

베헤로브카(Jan Becher)

베헤로브카(Jan Becher)는 체코인이 식사 전에 가볍게 마시는 200여 종류의 약초가 들어간 약술로 소화를 촉진시키는 데 효과가 좋으며 감기에도 효능이 탁월하다고 한다. 카를로비 바리(Karlovy Vary)뿐만 아니라 체코를 대표하는 기념품으로 체코 어디에서나 구입이 가능하다.

브지델니 콜로나다
Vřidelní Kolonáda

통유리로 된 건물에 사람들이 온천수를 보기 위해 모여드는 곳으로 마시지는 못하고 볼 수만 있는 온천이다. 온천수를 마실 수 있도록 건물 안에 5개의 수도꼭지가 준비되어 있다.
콜로나다Kolonáda와 다르게 마시는 온천수 꼭지는 실내에 있는 것이 특징이다.

1969～1975년에 지어진 콜로나다Kolonáda로 1분에 2,000L나 뿜어져 나오는 온천수의 압력으로 천장까지 솟아오르는 12m 높이의 물기둥을 볼 수 있다. 카를로비 바리Karlovy Vary에서 가장 뜨거운 72℃의 온천수를 비롯하여 57℃, 41℃ 등 각각 다른 온도로 뿜어져 나오는 5개의 온천수가 있으며 건물 안에는 기념품 판매소, 관광안내소 등이 있다.

주소_ Vřidelní
시간_ 6～18시

사도바 콜로나다
Sadová Kolonáda

1880~1881년에 오스트리아 제국의 건축가 펠르너Fellner와 헬머Helmer가 지었다. 1960년에 무너진 브라넨스키 파빌리온의 산책로였으나 대대적인 복원을 통해 지금은 푸른 돔의 콜로나다만 남아 있다.

돔 안에 들어서면 뱀 모양의 꼭지가 있는데 뱀 입에서 30℃의 온천수가 흘러나온다. 엷은 블루의 원형 돔이 인상적이고 공원을 따라 프롬나드가 나있는 아름다운 콜로나다가 이어져 많은 관광객이 걷고 쉬는 곳이다. 버스가 내리는 정거장에서 테플라Tefla 강을 따라 이동해 15분 정도 걸으면 찾을 수 있다.

주소_ Zahradni

믈린스카 콜로나다
Mlýnská Kolonáda

카를로비 바리^{Karlovy Vary} 시내 중심에 있는 가장 유명하고 아름다운 콜로나다 Kolonáda이다. 1871~1881년에 지어진 네오 르네상스 양식의 건물로 124개의 코린트 양식의 기둥이 지붕을 받들고 있으며 지붕 위에는 1년 12달을 상징하는 조각상이 서 있다. 프라하의 국민극장의 설계자인 요제프 지테크^{Josef Zitek}가 건설하였다. 믈린스카 콜로나다^{Mlýnská Kolonáda}에는 각기 다른 온도의 온천수 5개가 있다.

주소_ I. P. Pavlova

다른 온도의 온천수 5개

Mlýnská Pramen : 53.8℃ 3.7L/분
Rusalčin Pramen : 58.6℃ 4.3L/분
Pramaen knížete Václava 1 : 62.8℃ 2.6L/분
Pramaen knížete Václava 2 : 59℃ 3.7L/분
Libušin Pramen : 9.6℃ 2.6L/분

트르주니 콜로나다
Tržní Kolonáda

브지델니 콜로나다Vřidelní Kolonáda 인근에 하얀 레이스 장식을 한 삼각형의 지붕이 아름답다. 1883년 스위스 건축가가 목조 건물로 지었으나 이후 전반적인 복원을 통해 지금의 모습을 갖추었다.
카를 4세가 치료를 위해 들른 온천으로 64℃의 '카를 온천수'가 나온다. 독일인 화가 죄르클러가 그린 왕이 온천을 발견하는 모습이 나오는 부조가 걸려 있다. 카를 4세가 다친 다리를 치료한 곳으로 알려져 있다.

주소_ Tržiště

성 마리 막달레나 교회
**Chrám sv. Máři Magdalény /
Church of St. Mary Magdlalene**

브지델니 콜로나다의 건너편에 있는 카를로비 바리를 대표하는 교회이다. 2개의 아름다운 탑과 하얀 벽이 멀리서도 눈길을 사로잡는다.
1732~1736년까지 건축가 딘첸호퍼가 건축한 것으로 내부에는 2개의 고딕양식의 마리아 상과 바로크 양식으로 장식된 제단이 유명하다.

주소_ nám Xvobody
전화_ +420-355-321-161

EATING

벨코포포비츠카 피브니체 오리온
Velkopopovická Pivnice Orion

현지인들도 자주 찾는 체코 전통 음식점으로 체코 맥주와 함께하는 고기 요리가 맛있는 곳이다. 체코 전통음식으로는 꼴레뇨·굴라쉬가 맛있으며, 특히 오리고기를 맛있게 조리하기로 유명하다.

식당으로 올라가는 길이 언덕이라 조금 힘들지만, 약간의 괴로움 뒤에 친절한 직원들이 갖다주는 맛있는 현지 음식을 먹는다면 더 꿀맛처럼 느껴질 것이다.

홈페이지_ www.velkopopovicka-orion.webrestaurant.eu
주소_ Petřín 1113/10, 360 01 Karlovy Vary
위치_ 나 비흘리드체 공원 인근
시간_ 월~금 11:00~22:00 / 토, 일 12:00~22:00
요금_ 메인요리 199kc~
전화_ 420-353-232-007

레스토랑 프로메나다
Restaurace promenada

호텔에서 운영하는 레스토랑으로 2018년 카를로비바리 최고의 레스토랑과 체코 최고의 레스토랑으로 동시에 선정되었다. 다수의 헐리웃 영화배우들이 다녀간 음식점이다.

체코 남부에서 생산한 다양한 와인과 함께하는 생선과 고기 요리가 맛있는 것으로 소문난 곳. 항상 웃는 얼굴로 친절한 직원들과 질 높고 맛있는 음식은 언제나 여행객과 현지인들의 발걸음을 이끌고 있다.

레스토랑 스크리펙
Restaurace Sklípek

지하로 내려가야 해서 불편하고, 내부가 다소 협소하기 때문에 식사시간에는 대기를 할 수 있지만 현지인들에게 인기가 높다. 대부분의 메뉴가 맛있는데 저렴하기까지 해 호평일색이다.

체코 전통 음식인 굴라쉬나 꼴레뇨가 맛있으며, 그 밖의 고기요리 또한 후회하지 않을 것이다. 예약을 하는 레스토랑으로 알려져 있으므로 사전에 예약을 하지 않으면 기다릴 수 있다. 예약을 하지 않았다면 식사시간 전에 가서 입장해 있는 것이 기다리지 않는 방법이다.

홈페이지_ www.hotel-promenada.cz
주소_ Tržiště 381/31, 360 01 Karlovy Vary
위치_ 온천지역 관광안내소에서 남쪽으로 도보 약 3분
시간_ 12:00~23:00
요금_ 메인요리 449kc~
전화_ 420-353-225-648

홈페이지_ www.restaurantsklipek.cz
주소_ Moskevská 901/2, 360 01 Karlovy Vary
위치_ 다운타운 관광 안내소에서 도보 약 4분
시간_ 11:00~22:00
요금_ 스타터 55kc~ / 메인요리 135kc~
전화_ 420-602-882-887

Plzen

플젠

Plzen
플   젠

약 160,000명의 인구가 사는 플젠Plzen은 북동쪽 방향에 있는 수도인 프라하까지 거리가 85km 정도이다. 약 700년 동안 맥주가 양조되어 왔으며 필스너 맥주Pilsner Beer의 본고장으로 유명하다. 그래서 플젠Plzen을 방문하는 목적은 대부분 필스너 우르켈 양조장Pilsner Urquell Brewery에 가기 위해서이다. 맥주 양조 방법은 필스너 우르켈 양조장Pilsner Urquell Brewery에 들러 양조 기술자가 직접 각각의 맥주를 특별하게 만드는 비결인 다양한 양조 공정을 친절하게 설명해 준다.

더 많은 양조지식을 넓히고 싶다면 시내에 있는 양조 박물관에 방문해보자. 플젠의 역사를 한눈에 알 수 있는 웨스트 보헤미안 박물관도 좋다. 종교에 대해 알고 싶은 관광객들은 대회당과 성 바르톨로뮤 교회St. Bartholomew Church 같은 종교적 명소에도 방문한다.

맥주 양조 박물관

지하도 박물관
Penske Podzemi
Gondola

성 바르톨로메이 교회

대시나고그
Cedok
공화국광장

성 안 교회
민족 박물관

Pension K
Continental

성 프란시스코 수도원과
성모피승천 교회

서 보헤미아 박물관

Slovan

슈퍼마켓
지하도 출입구
지하도 출입구

문화회관
지하도 출입구
지하도 출입구

플젠 IN

버스

플젠으로 향하는 버스는 프라하 지하철 B선의 종점인 즐리친 터미널에서 30분마다 출발하여 1시간이면 도착할 수 있다. 플젠 도시의 서쪽에 위치한 버스터미널은 공화국 광장으로 이동하려면 2번 트램을 이용한다. 필스너 우르켈 양조장Pilsner Urquell Brewery까지는 걸어서 이동해도 10분

정도면 도착할 수 있다.

기차

프라하 중앙역에서 1시간 마다 출발하는 기차는 약1시간 40분이면 도착한다. 플젠의 중앙역은 구시가지의 광장보다 필스너 우르켈 양조장Pilsner Urquell Brewery에서 가까우므로 양조장 방문이 목적이라면 기차가 더 편리할 수 있다. 중앙역에서 나와 100m 정도를 직진해 지하보도를 건너 2번 트램을 타고 이동하면 된다.

한눈에 플젠 파악하기

플젠 기차역사에서 나오면 금박의 외관에서 느껴지는 당당함이 있다. 역을 나가면 걸어가다가 오른쪽으로 돌아가면 지하도가 나온다. 지하로 내려가서 도로를 건너면 트램 정류장이 나온다. 2번 트램을 타면 구시가지까지 쉽게 도착할 수 있다.

광장의 중앙에 있는 고딕 양식의 성 바르톨로뮤 교회St. Bartholomew Church은 보헤미아에서 가장 높은 102m의 탑이 있는 성당이다. 플젠에서 가장 볼만한 곳은 맥주 박물관으로 중세 시대의 맥아 제조소였던 곳에서 맥주 제조에 관련된 물건들을 전시해 놓았다.

모퉁이를 돌아 나오면 중세 지하 회랑의 입구가 나온다. 마을 아래 9㎞를 이어져 있는 회랑은 포위가 되었을 때 대피소로 사용하기 위해 지어진 곳이다. 필스너 우르켈 양조장Pilsner Urquell Brewery은 걸어서 약 10분 정도면 도착할 수 있다. 플젠의 중앙 기차역에서는 바로 북쪽에 있어서 쉽게 도착할 수 있다.

공화국광장
Náměsti Republiky

수수한 색으로 광장을 둘러싼 건물들이
아름답게 조화를 이루고 있는 광장이다.

공화국 광장에서 유명한 건물이 르네상
스 양식의 시청사Radnice이다. 네오르네상
스 양식의 대시나고그는 유럽에서 최대
규모이다. 1606년, 황제인 루돌프 2세를
위해 지어졌다. 동쪽방향에 민족박물관
도 르네상스 양식이다.

성 바르톨로뮤 교회
St. Bartholomew Church

1320~1470년 동안 고딕양식으로 지은 교회로 공화국 광장 중앙에 우뚝 서 있다. 건물도 크지만 첨탑의 높이는 103m로 체코에서 가장 높아서, 주변의 건물은 낮고 작아서 상대적으로 더 커 보인다. 좁은 계단을 301개의 계단을 올라가면 탑 꼭대기에 올라 시내를 조망할 수 있다.

홈페이지_ www.katedralaplzen.org
주소_ Náměsti Republiky
시간_ 10~16시(4~9월, 10~다음해 2월 14시까지)
     탑 10~18시
요금_ 50Kc

맥주 박물관 & 지하세계박물관
Plzenske historicke podzemi

중세의 플젠에서는 지하 2~3층으로 파내서 저장고로 사용했다. 14~20세기까지 확장이 되면서 미로처럼 얽혀 버린 지하세계는 교회와 주요 건물을 이어주며 길이가 20km에 이른다고 전해진다. 가장 오래된 부분은 플젠의 남쪽 15km의 교회에 있는 976년에 지어진 것이다.
주변을 흐르는 라부자 강의 물을 수도 탑으로 끌어 올리는 시스템과 지하도 안에 있어 플젠의 시민들은 물 걱정없이 지냈다고 한다.

지금은 약 600m의 지하도를 정비해서 가이드 투어로 직접 돌아볼 수 있도록 관광지화 했다. 입구에서 헬멧을 받아쓰고 좁고 어두운 지하도로 내려가면 더운 여름에도 서늘한 공기를 느낄 수 있다. 가이드 투어(약 50분 소요)를 하면 맥주 박물관과 연결된 지하 저장고는 서로 연결되어 둘러볼 수 있고 맥주 시음도 할 수 있다.

홈페이지_ www.plzenskepodzemi.cz
주소_ Veleslavinova 6
시간_ 10~18시(2~3월 17시까지)
전화_ +420-377-235-574

필스너 우르켈 양조장
Pilsner Urquell Brewery

1842년에 황금색을 띠는 홉과 몰트의 감칠맛 나는 필스너 우르켈Pilsner Urquell은 플젠에서 처음으로 제조되었다. 맥주 대국인 체코에서 가장 유명한 브랜드로 구시가지에서 조금 떨어진 곳에 있다.

양조장에서 직접 맥주가 제조되는 과정을 견학하므로 사람들을 매혹시키는 맥주의 비밀을 들을 수 있다. 최신 시설을 도입했지만 전통 제조 기법을 유지하고 있다. 공기가 서늘한 석조 셀러에서 보관된 오크통에서 직접 따라 마시는 맥주의 맛은 기가 막히다.

주소_ U Prazdroje 7
가이드투어_ 가이드투어 13시, 14시 45분, 16시 30분
시간_ 8~18시(10~다음해 3월까지 17시)
요금_ 250Kc(130Kc)
전화_ +420-377-062-888

양조장 투어

제조광정의 순서대로 이루어지는데 가이드투어로만 둘러볼 수 있다. (약 100분 정도 소요)

1. 가이드투어를 신청하는 관광 안내소의 내부는 옛 양조장을 그대로 재현 놓았다. 여기에서 시간에 맞춰 가이드 투어를 신청하면 된다.

2. 옛 양조장부터 최신 현대 맥주 공장까지 살펴보면서 가이드는 설명을 해준다. 1시간에 약 12만 병의 맥주가 만들어진다고 한다.

3. 맥주의 원료인 홉과 몰트, 물로 필스너 우르켈만의 맛을 좌우하는 재료의 비밀을 파노라마 극장에서 영화로 상연한다. 양질의 몰트를 공급받아 탄산을 가진 플젠만의 물맛이 조화롭게 이루어진 맛이라고 알려준다.

4. 19세기에는 마차, 그 이후에는 기차에 실어 수출하고 있으며 맥주를 실어나르는 기차가 매일 운행된다는 설명을 듣게 된다.

5. 지하 저장고로 내려가서 살균하기 이전의 상태에 있는 맥주를 오크통에서 직접 따라 마시는데 더욱 진한 향이 나는 맛이다.

6. 마지막으로 기념품점으로 이동한다. 다양한 옷과 맥주 잔 등을 구입할 수 있다.

맥주의 고향, 플젠

체코 사람들이 가장 자랑스럽게 생각하는 필스너 맥주(Pilsner Beer)의 고향이 바로 플젠이다. 체코 사람들에게 맥주는 단순한 술이 아니라 '마시는 빵'이라 할 수 있을 정도로 중요한 의미를 가지고 있다. 전 세계에서 맥주 소비량이 가장 많은 나라가 바로 체코인만큼 그들의 맥주 사랑은 유별나서 맥주를 민족의 음료로 생각할 정도이다. 이곳에서는 1295년부터 맥주를 만들어 왔으며, 19세기에는 현대식 맥주 공장이 들어서 대량으로 맥주를 생산하고 있다.

맥주

프라하를 떠나 서쪽의 플젠으로 떠나면 창밖에는 보헤미아 분지의 울창한 숲과 언덕이 펼쳐져 있다. 언덕 사이에 있는 강과 호수에서 물비늘이 반작거리는 장면은 아름답다. 체코는 우리나라와 기후가 비슷하다. 여름에만 조금 더 건조하다는 차이점만 있다. 풍요로운 땅과 온화한 기후 덕분에 체코의 너른 평야에서는 밀, 보리, 감자 등이 잘 자란다.

특히 맥주의 원료가 되는 홉이 유명하다. 체코는 품질 좋은 홉이 잘 자라는데다가 물이 깨끗해서 최고의 맥주 맛을 자랑한다. 투명한 황금빛에 알싸하고도 부드러운 맛을 내는 플젠의 맥주는 다른 나라에서도 인기가 좋다. 맥주 공장은 크기도 엄청나지만 무척 깨끗하다. 관광객들과 함께 맥주가 만들어지는 과정을 구경하고 저장고에 끝없이 쌓여 있는 참나무통이 인상적이다. 참나무통에서 직접 맥주를 받아 마시면 자꾸만 손이 간다. 체코인들의 맥주 사랑과 자부심은 정말 대단하다.

맥주 제조 순서

1. 보리를 갈아 물에 잘 섞는다.
2. 홉을 넣고 끓인다.
3. 식힌 뒤 효모를 넣는다.
4. 일주일 정도 지하 창고에서 숙성한다.
5. 맥주를 병에 담아 판매한다.

필스너 우르켈(Pilsner Urquell)

'우르켈(Urquell)'은 우리말로 '원조'라는 뜻으로 우리나라에서도 즐겨 마시는 황금색 맥주가 탄생한 곳이 플젠이다.

버스와이저

미국 맥주인 버드와이저는 사실 체코 맥주에서 이름을 따 온 것이다.

랑고 레스토랑
Rango Restaurant

랑고Rango 호텔 내에 위치한 이탈리아·지중해 요리 전문점이다. 내부는 고급스럽고 현대적인 1층, 고전적인 중세 유럽 분위기가 넘치는 지하 레스토랑으로 나누어져있다. 분위기는 고급스러워도 체코의 일반적인 물가보다 크게 차이가 나지 않는 곳으로, 친절하고 유쾌한 직원들의 서비스와 지중해풍 음식을 즐기기 좋은 식당으로 추천메뉴는 리조또나 피자이다.

홈페이지_ www.rango.cz
주소_ Pražská 89/10, 301 00 Plzeň 3-Vnitřní Mĕst
위치_ 필스너 우르켈 양조장에서 도보로 약 10분
시간_ 월~금 11:00~23:00 / 토,일 12:00~2:00
요금_ 스타터 119kc~ / 메인 155kc~
전화_ 420-377-329-969

나 파르카누
Na parkanu

현지인들도 자주 찾는 체코 전통 음식점으로 대부분의 음식이 맛있는 것으로 호평인 곳이다. 그 중에서도 한국인 입맛에 잘 맞는 육회 타르타르나 마늘스프, 굴라쉬 중 하나는 꼭 시켜 먹어볼 것. 나 파르카누에서는 공정 가장 마지막에 시행되는 필터링을 하지 않아 끝 맛에 강한 홉향이 감도는 필스너 우르켈 맛도 느껴볼 수 있으므로, 맥주 마니아라면 반드시 들려볼 것을 추천한다.

홈페이지_ www.naparkanu.com
주소_ Veleslavínova 59/4, 301 00 Plzeň
위치_ 랑고 레스토랑에서 도보로 약 3분
시간_ 월~수 11:00~23:00 / 목 11:00~24:00
　　　금,토 11:00~25:00 / 일 11:00~22:00
요금_ 스타터 99kc~ / 메인 179kc~
전화_ 420-724-618-037

델리쉬
Delish

치열한 순위 싸움을 하는 플젠의 3대 햄버거 맛집 중 1위를 차지한 햄버거 전문점. 자그마치 25가지 종류의 햄버거를 판매하고 있으며, 관광객에게도 인기 있는 곳이다. 두껍고 질 좋은데다 촉촉한 패티가 들어있는 햄버거는 플젠에 다시 오고 싶을 정도의 인생 햄버거가 될 수도 있다.

홈페이지_ www.delish.cz
주소_ Riegrova 20, 301 00 Plzeň 3
위치_ 랑고 레스토랑에서 도보로 약 5분
시간_ 월~목 11:00~22:00 / 금 11:00~23:00
　　　토 12:00~23:00 / 일 12:00~21:00
요금_ 버거류 139kc~
전화_ 420-773-039-513

Bruno

브로노

Bruno
브 르 노

체코 제2도시인 브르노^{Bruno}는 화이트 와인의 성지로 유명하다. 브르노^{Bruno}는 규모 면에서는 체코에서 인구는 40만 명의 2번째로 큰 도시이고 버스, 기차 등 교통의 허브이다. 아름다운 자연경관으로 둘러싸여 있고, 프라하보다 조용하고 아늑한 분위기를 물씬 풍긴다. 브르노는 겨울을 제외하고 대체로

날씨가 좋은 편이라 판란 하늘을 자주 볼 수 있다. 9월에 많은 관광객들이 가을의 와인 투어를 가장 많이 즐긴다.

체코는 보헤미안 지방의 맥주가 익히 알려져 있지만, 모라비아 지역에서 맥주만큼 와인이 유명하다. 브르노 지역이 체코 와인 생산량의 96%를 담당한다. 중세의 고즈넉한 풍경에 와인 맛까지 음미하려면 발티체 성에 있는 국립와인협회 와인 살롱을 찾으면 된다. 이곳에서 열리는 시음 프로그램에 참가해 와인을 맛보고 구입할 수 있다. 화이트 와인은 아주 달콤하다.

간단한 브르노 역사

11세기에 성채로 건설된 브르노^{Bruno}는 오늘날 체코에서 2번째로 큰 도시이자 모라비아 지역의 주도로 발전했다. 브르노^{Bruno}의 구시가지에 자리 잡은 자유의 광장^{Náměstí Svobody}에는 14세기의 성 베드로와 성 바오로 대성당, 올드 타운홀^{Old Town Hall} 같은 건축학적 걸작들이 모여 있다. 카푸친 수도원^{Capuchin Monastery}의 음산한 지하실에서 미라를 구경하고, 세인트 제임스 교회^{Church of St. James}의 납골당에서 전염병과 전쟁으로 목숨을 잃은 사람들의 유골도 살펴볼 수 있다.

모라비아 왕국의 수도로 번영을 누렸던 브르노에는 슈필베르크 성과 교회 등의 많은 문화유산이 있다. 문화와 학문의 중심지로 미술관, 박물관, 도서관, 대학이 자리하고 있어 젊고 활기찬 분위기를 느껴진다. 모라비안 박물관^{Moravian Museum}에서 현지 역사를 알 수 있고 브르노 모라비안 갤러리^{Moravian Gallery in Brno}와 브르노 미술관^{Brno House of Arts}에서 전시관도 둘러볼 수 있다.

코멘스키 교회 ●

성 토마슈 교회 ●

● 미스토드르지텔스키 궁전

성 야곱 교회 ●

마헨 극장 ●

프라자쿠 궁전 ●

크노시 박물관

● 성벽 입구

슈필베르크 성

수공예 미술관 ●

신시청사 ●

성 미하르 교회 ●

● 메닌스카 문

구시청사

● 브르노역 출구

모라비아 박물관

체도크 ●

성 페테로 성 파울로 교회 ●

보르노 분역

밤의 도시

밤이 되면 구시가지의 바와 레스토랑에서 즐거운 시간을 만끽해 보자. 커다란 광장이 내려다보이는 야외 테라스를 갖추고 있는 바가 많다. 현지에서 만든 스타로 브르노 맥주와 남부 모라비아의 포도원에서 생산된 와인도 맛보고, 시민들과 대화를 나누면서 활기찬 하루를 마무리할 수 있다. 마헨 극장Mahen Theatre과 레두타 극장Reduta Theatre에서 발레와 오페라, 교향악단 공연을 관람하면서 여유를 즐기는 것도 좋은 방법이다.

잘 알려지지 않은 대학도시

브르노Brno는 인구와 규모 면에서는 체코에서 두 번째로 큰 도시지만, 관광지 인기도로 보자면 유네스코 문화유산에 등재된 체스키크롬로프, 모라비아의 올로모우츠에 훨씬 못 미친다. 버스, 트램을 타고 주요 관광지를 편안하게 둘러볼 수 있는 브르노는 인파로 북적대는 프라하에서는 느낄 수 없는 체코의 매력을 만끽할 수 있다.

브르노 IN

브르노Bruno는 남부 모라비아의 광활한 전원 지역으로 향하는 관문이다. 프라하에서 브르노까지는 기차를 타고 오면 쉽다. 프라하는 2시간 남짓, 오스트리아 비엔나는 1시간 30분, 헝가리 부다페스트는 3시간이면 버스로 도착할 수 있다.

기차

브르노Bruno는 프라하에서 18편, 올로모우츠에서 6편, 슬로바키아의 브라티슬라바에서 5편의 기차가 운행하는 교통의 중심지로 성장해왔다.

프라하 본역에서 매일 13편의 기차가 3시간 거리에 있는 브르노로 운행을 하고 있다. 홀레쇼비체 역에서 5편의 기차가 운행을 하는 교통의 중심지이다. 모라비아의 중심도시인 올로모우츠까지 매일 6편의 기차가 1시간 30분이면 도착한다.

버스

프라하와 올로모우츠에서 매시간 30분마다 출발하는 버스들이 브르노로 향하고 있다. 프라하에서 약 2시간 30분이 소요되며 올로모우츠에서 1시간 10분이면 도착하여 체코를 여행하는 관광객은 버스를 이용하는 비율이 높다.

버스로 프라하에서 출발해 브르노를 거쳐 헝가리의 부다페스트까지 이동하는 버스도 여행자들이 많이 선택하고 있다.

한눈에 브르노 파악하기

미술관과 중세 시대의 랜드마크인 활기 넘치는 바를 두루 갖춘 브르노^{Bruno}를 방문해 모라비아의 여유로운 매력을 느껴보자. 건축학적으로 인상 깊은 기념물과 분위기 있는 바, 갤러리, 아름다운 공원과 박물관이 있는 브르노로 여행을 떠나면 넉넉한 인심을 느낄 수 있다.

브르노 시 전체는 큰 도시이지만 관광을 위한 구시가지는 작은 규모의 도시라고 알고 있어야 한다. 브르노 기차역에서 자유 광장으로 걸어서 약 10~15분 정도면 도착할 수 있어, 걸어서 여행을 즐길 수 있다. 버스터미널은 더 남쪽으로 위치해 있어 구시가지까지 10분 정도가 더 소요된다. 9번 트램이 역을 지나 구시가지까지 이동하므로 편하게 이용이 가능하다.

기차역에서 자유 광장까지 이어진 마사리코바^{Masarykova} 거리는 가장 활발한 번화가로 레스토랑과 카페, 각종 상점들이 늘어서 있다. 북쪽으로 계속 이동하면 자유 광장^{nám. Svobody}에 도착한다. 자유 광장을 중심으로 북쪽으로 성 야곱 교회, 남쪽으로 성 파울로 교회, 서쪽으로 슈필베르크 성이 있다.

광장 근처에 있는 고딕건축이나 은행 건물들은 현대적인 건물도 있지만 르네상스 양식으로 지어진 건물을 그대로 이용하고 있다. 도미키칸 광장이나 녹색 광장도 2블록 거리에 있어 여행하기에 좋은 도시이다.

도심 외곽에 자리 잡은 마사리크 대학교 멘델 박물관Mendel Museum of Masaryk University과 로마 문화 박물관Museum of Romani Culture, 브르노 기술박물관Technical Museum of Brno도 찾아가 보자. 트램을 타거나 걸어서 슈필베르크 성Spilberk Castle과 기능주의 양식의 두겐다트 별장Villa Tugendhat이 있는 언덕 위로 올라가 도시를 바라봐도 좋다.

화창한 날에 브르노의 공원과 정원에 들러 보자. 루잔키 공원의 넓은 잔디밭에서 여유를 만끽하며 식물원Botanicka Zahrada에서 자연경관을 감상하고 향기에 취해도 좋다. 브르노 동물원Zoo Brno에 들러 이국적인 야생동물도 만나고 보트를 타고 지하 강을 따라 마코차 심연 Macocha Abyss의 경이로운 동굴이 모여 있는 곳으로 이동해도 좋다.

자유 광장
Náměstí Svobody / Freedom Square

구시가지의 중심에 있는 큰 광장으로 브르노 시민들이 걸어 다니면서 활동할 수 있는 곳이다.
자유 광장^{nám. Svobody}에서 이어진 마사리코바^{Masarykova} 거리는 가장 활발한 번화가로 레스토랑과 카페, 각종 상점들이 늘어서 있다. 자유 광장^{nám. Svobody} 근처에는 성 야콥 교회부터 현대적인 건물까지 다양한 시대의 건축들이 둘러싸 있다.

전화_ +420 549 251 246

구 시청사
Stará Radnice / Old Town Hall

브르노의 랜드 마크인 언덕 위쪽의 세인트 피터 앤드 폴 성당 앞에서 사진도 찍고, 구 시청 건물 안에 들어가 이곳의 상징인 매달려 있는 악어도 구경해 본다. 고딕양식의 돌로 된 세공은 1511년 안톤 필그람^{Anton Pilgram}이 제작했다. 그는 충분한 보수를 받지 못해 중심의 작은 탑을 뒤틀어놓았다고 전해진다.

건물로 들어가는 통로에는 브르노의 상징인 악어가 날카로운 눈으로 쳐다보고 있어 어두울 때에는 깜짝 놀라기도 한다. 내부에는 파노라마에서 입체사진을 보고, 세공의 오르골, 축음기 등이 전시되어 있으며 스테인드글라스도 아름다워 많은 관광객이 찾고 있다. 시청사의 탑에 올라가 브르노 시내를 조망할 수도 있다.

주소_ Radnická 8
시간_ 9∼17시
전화_ +420-542-321-255

오메가 팰리스 백화점
Omega Palace Department Store

브르노 구시가의 중심부인 자유 광장 Naměsti Svobody에 들어서면, 네오르네상스와 바로크 양식의 빛바랜 건축물들 사이로 유독 모던한 빌딩 하나가 눈에 띈다. 바로 오메가 팰리스 백화점Omega Palace Department Store이다.

건축 스튜디오 쿠바 & 필라 아르키텍티 Kuba & Pilar Architekti가 설계를 맡아 특유의 미니멀한 건축 미학을 선보였다. 직사각형으로 덩어리진 유백색 유리들이 기하학적 패턴처럼 연결되어 낮에는 빛을 품고, 밤에는 요요히 빛난다.

또 하나의 감상 포인트는 몇 해 전 건물 앞에 설치한 천문시계다. 조각가 올드리흐 루이브르Oldřich Rujbr와 그래픽 디자이너 페트르 카메니크Petr Kamenik가 디자인한 검은 기둥이 마치 현대미술 작품을 보는 듯한 착각을 불러일으킨다. 밤이 되면 푸른빛 조명이 건물 전체에 들어와 더 이색적인 풍광을 즐길 수 있다.

시간_ 10~19시

현대적인 도시, 브르노

구시가 외곽까지 나가지 않아도 고딕과 바로크 사이, 우아함과 고풍스러움 사이로 군데군데 아주 모던한 건축물이 눈에 띄었다. 시티 투어를 맡은 마르티나에게 이에 관해 물었다. "1918년 체코와 슬로바키아가 합병한 이후 브르노는 연방에서 두 번째로 큰 도시가 되었다.

새로 생긴 기관이나 단체는 많은데 들어설 공간이 없으니까 자연스레 건축 붐이 일었죠." 일거리가 많아지니 당연히 건축가들이 모여들었고, 온갖 테크닉으로 무장한 젊은 건축가들이 하나의 세대를 이루며 일대의 문화적 트렌드를 선도하게 된 거다.

브르노 구시가에 기능주의 양식이 들어서기 시작한 건 그때부터다. 사실 브르노를 오늘날 모라비아에서 가장 현대적인 도시로 진화시킨 데는 건축의 공이 적잖다. 현지인들이 가장 자랑스러워하는 빌라 투겐타트(Villa Tugendhat)부터 구시가가 한복판을 점령한 백화점 건물까지, 브르노를 '다른 맛'으로 기억하게 하는 주요 모던 건축을 둘러봤다.

녹색 광장
Zelny trh

자유 광장 근처에 작은 광장이 하나 더 있다. 겨울 시즌과 일요일을 제외하고는 늘 장이 서는 광장이다. 근처에서 생산된 신선한 제철 과일과 채소를 늘 쌓아두고 판다. 마트에서 파는 것보다 더 신선한 것들을 살 수 있다. 시장이 문을 닫는 겨울 시즌에는 크리스마스 마켓이 열린다. 각종 공예품과 크리스마스 관련 제품, 먹을거리를 판매해 눈과 입을 자극한다.

양배추 시장Zelný trh에서 다채로운 음식 가판대를 둘러보며 현지 주민들과 어울릴 수 있다. 바빌로니아, 그리스, 페르시아 제국을 상징하는 바르나소스 분수대 Parnassus Fountain를 찾아가도 좋다. 가이드 투어에 참여하면 과거 은신처, 창고이자 고문실로 사용되었던 지하 터널도 구경할 수 있다.

주소_ Náměstí Svobody 1550

슈필베르크 성
Spilberk Castle

시내와 연결된 언덕을 통해 슈필베르크 성Spilberk Castle에 올라 시내를 조망할 수 있다 도심 속 숲속 같은 분위기를 주는 슈필베르크 성Spilberk Castle으로 올라가는 길은 나무로 둘러싸인 언덕이라 산책하기 좋다. 성 위쪽까지 올라가면 시내를 한눈에 볼 수 있는 최고의 장소이다.

언덕에 있는 13세기 요새의 포와 음산한 지하 감옥 안에 들어가 보고 미술 전시관을 관람할 수 있다. 브르노 구시가지가 한 눈에 들어오는 멋진 전망도 보러 관광객이 많이 찾는다. 슈필베르크 성Spilberk Castle의 지하 감옥과 성벽, 박물관을 살펴보며 수백 년간 이어져 온 왕궁 역사에 대해 알 수 있다. 아름다운 성은 모라비안 총독의 관저이자 요새였고 합스부르크 시절에는 교도소로도 이용되었다. 슈필베르크 성Spilberk Castle은 1200년대 중반 오트카르 프르제미슬 2세의 명으로 건축되었다.

주소_ Spilberk 210/1
위치_ 슈필베르크 성에서 15분만 더 걸어가면 자유의 광장(Náměstí Svobody) 도착
시간_ 9~17시(월요일 휴관)
전화_ +420-542-123-611

전망 탑
입장료를 내고 안에 들어가면 더 높이 올라 볼 수 있는 전망대도 있다. 꼭대기에 올라가 브르노 도심과 주변 전원 지역이 한눈에 들어오는 멋진 전망을 감상할 수 있다. 나무가 줄지어 정원으로 둘러싸인 언덕 꼭대기에서 브르노 구 시가지가 보인다. 해 지는 시간에 맞춰 오르면 일몰 풍경도 한 번에 볼 수 있으니 일석이조다.

지하 감옥
적의 공격을 막기 위해 무기를 보관해 두었던 포곽은 18세기에 합스부르크 왕가 구성원들이 성의 중세 구조물에 지하 감옥을 증축하였다. 지하 감옥 안을 들여다보며 합스부르크 왕가에서 죄수들을 열악한 환경에 감금했던 것을 상상할 수 있다. 가장 유명했던 죄수로는 오스트리아의 장군 바론 프란츠 반 본 데르 트렌크, 이탈리아의 시인 실비오 펠리코, 체코의 악명 높은 무법자 바츨라프 바빈스키 등이 있다.

브르노 시립 박물관(Brno City Museum)
브르노의 문화적 유산을 소개하는 상설 전시관이 있다. 성에서 요새로(From Castle to Fortress)이동해 전시관에 가서 700년에 이르는 슈필베르크 성의 역사상 주요한 건축학적 변천사를 알 수 있다. 국립 교도소(Prison of the Nations) 전시관에 들러 성이 악명 높은 감옥으로 이용되던 당시의 상황을 이해하면서 브르노의 주요 역사적 사건을 시간대별로 살펴보고 바로크 조각상과 당시 가구, 르네상스 시대의 그림들을 관람하게 된다.

두겐다트 별장
Villa Tugendhat

기능주의의 진수를 보여 주는 유네스코 세계 문화유산인 두겐다트 별장은 체코의 부유한 가문이 머물렀던 곳이다. 두겐다트 별장Villa Tugendhat은 1920년대 브르노를 강타한 기능주의 건축 양식을 가진 건물이 모여 있다. 현대적으로 설계한 방과 당시 가구를 살펴보고, 창밖을 바라보면 자연 그대로의 아름다움을 간직한 정원을 볼 수 있다.

간략한 역사

두겐다트 별장Villa Tugendhat은 부유한 기업의 두 상속자인 그레테 두겐타트Grete Tugendhat와 프리츠 두겐타트Pritz Tugendhat가 살던 곳이다. 두 사람은 1927년 독일 건축가인 루드비히 미스 반데어로에Mies

van der Rohe를 고용해 저택을 지었다. 이 저택은 뛰어난 디자인을 인정받아 세계적인 유명세를 얻게 되었다. 제2차 세계대전 때는 독일군에게 점령당해 폭격으로 피해도 보았다. 전쟁 이후 소아과 병원으로 운영되었다가 다시 별장으로 사용되고 있다.

주소_ Cernopolni 45
위치_ 구시가지에서 차로 10분, 걸어서 25분 거리
        트램 3, 5, 11번 타고 이동
시간_ 10~18시(월요일 휴관)
전화_ +420-515-511-015

EATING

카펙
Kafec

브르노에서 진짜 맛있는 커피를 마시고 싶다면 꼭 들러야 할 카페. 현지인들이 추천하는 커피 맛집으로 2010년에 문을 열었으며, 플젠과 즐린에도 지점이 있다. 카페의 대표이자 모든 것을 관리 감독하는 토마스 코네티는 8살부터 커피를 만든 커피광이라고 알려져 있다. 친절하고 유쾌한 직원들이 내려주는 진한 커피 맛은 당신의 기대 이상일 것이다.

홈페이지_ www.kafec.cz
주소_ Orlí 491/16, 602 00 Brno-město
위치_ 양배추 시장에서 도보 약 2분
시간_ 월~금 09:00~20:00 / 토,일 09:00~20:00
요금_ 커피류 45Kc~
전화_ 420-537-021-965

고 브르노
Gỗ Brno - Pravá vietnamská kuchyně

브르노에서 맛있고 양 많기로 소문난 베
트남 음식 전문점이다. 한국에서 먹는 베
트남 음식과 크게 다르지 않아 좋다. 쌀국
수나 분짜, 스프링 롤 등 대체로 모든 메
뉴가 맛있다. 식사 만족도가 높아 재 방문
률이 높다. 내부는 테이블이 많고 꽤 넓지
만 브르노 내 인기 식당이기 때문에 식사
시간에는 사람이 붐빈다.

버거 인
BURGER INN

나이와 성별을 불문하고 현지인들에게
인기 있는 수제 버거 전문점이다. 육즙이
촉촉하게 살아있는 두툼한 패티와 어우
러지는 맛있는 소스와 야채, 노릇한 번까
지 보면 먹고 싶은 마음이 생겨난다.
큰 접시가 꽉 차도록 내어주는 햄버거와
감자튀김을 먹고 나면 맛있고 배부른 식
사에 저절로 만족하게 된다. 버거 인의 시
그니처이자 한국인 입맛에 딱 맞는 체다
베이컨을 주로 주문한다.

홈페이지_ www.facebook.com/GoBrno
주소_ Běhounská 115/4, 602 00 Brno-střed-Brno-město
위치_ 자유광장에서 북쪽으로 도보 약 2분
시간_ 월~토 11:00~22:00 / 일 12:00~22:00
요금_ 스프링롤 65Kc~ / 쌀국수 139Kc~
전화_ 420-720-021-575

홈페이지_ www.burgerinn.business.site
주소_ Běhounská 9, 602 00 Brno-střed
위치_ 고 브르노에서 북쪽으로 도보 약 2분
시간_ 일~목 11:00~22:00 / 금.토 11:00~23:00
요금_ 버거류 169Kc~
전화_ 420-775-253-799

크테리 네그지스토예
který neexistuje

브르노에 방문했다면 한번쯤 들러봐야 할 바. 가게 이름도 '존재하지 않는 바'라는 뜻이며, 브르노의 힙 플레이스로 유명해 오픈 전부터 대기 줄로 넘친다.

브르노의 대학생 2명이 최고의 술집을 찾으려 미국 동부로 여행을 다녀온 후 만든 곳으로, 체코에서 한 번도 느껴보지 못한 힙한 분위기에 저절로 들뜨게 될 것이다.

홈페이지_ www.barkteryneexistuje.cz
주소_ Běhounská 9, 602 00 Brno-střed
위치_ 고 브르노에서 북쪽으로 도보 약 2분
시간_ 일~목 11:00~22:00 / 금.토 11:00~23:00
요금_ 버거류 169Kc~
전화_ 420-775-253-799

수지스 피제리아 앤 레스토랑
Suzie's pizzeria & restaurant

현지인들이 자주 찾는 이탈리안 레스토랑으로, 이탈리아에서 수입한 재료를 사용하여 음식을 만들어낸다.

피자, 파스타, 리조또, 스테이크 등 다양한 메뉴를 판매하며, 신선하고 질 좋은 재료를 사용하여 개성이 있게 플레이팅하는 음식들은 눈도 입도 즐겁다. 모든 이들이 극찬하며 직원들도 자랑스러워하는 홈메이드 레모네이드를 추천한다.

홈페이지_ www.suzies.cz
주소_ 4 306 Údolní Veveří, 602 00 Brno-střed
위치_ 트램 Komenského náměstí에서 도보 약 3분
시간_ 월 ~토 11:00~23:00 / 일 11:00~22:00
요금_ 피자류 155Kc~
전화_ 420-702-160-160

Olomouc

올로모우츠

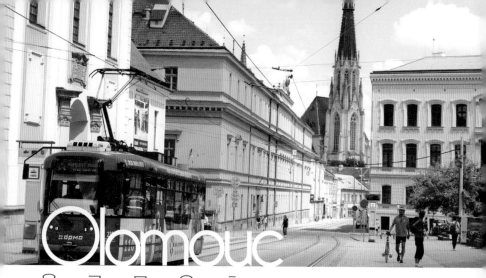

Olomouc

올 로 모 우 츠

프라하가 보헤미아 지방을 대표한다면 올로모우츠^{Olomouc}는 모라비아 지방을 대표하는 도시이다. 체코의 도시 규모로는 6번째이지만 프라하에 이어 체코에서 2번째로 많은 문화재를 보유하고 있다. 한적한 중세 도시를 느긋하게 걸어보면 중세의 향기를 느낄 수 있는 '작은 프라하'라고 불리지만 올로모우츠 시민들은 올로모우츠^{Olomouc}로 불리기를 원한다.
모라비아의 대표 도시이자 천년이 넘는 역사를 간직하고 있는 올로모우츠^{Olomouc}는 어느곳을 가든 전통을 보전하고 있다. 프라하에 비해 저평가된 도시이니 체코여행에서 놓치지말아야 한다.

올로모우츠 IN

체코의 국토는 넓지 않아서 프라하에서 대부분 당일치기로 다녀올 수 있다. 그러나 체코를 여행하려는 관광객은 올로모우츠를 거쳐 브르노Brno로 이동하는 경우가 많다. 프라하에서 중앙역이나 홀레쇼비체Holesovice역에서 타면 3시간 정도 지나면 올로모우츠Olomouc에 도착한다.

브르노에서 직행과 프레로브Prerov에서 갈아타는 환승편이 있으므로 시간을 확인하고 표를 구입해야 한다. 올로모우츠Olomouc는 인접한 슬로바키아, 오스트리아, 폴란드를 오가는 열차편이 운행되고 있다.

주간 이동가능 도시

올로모우츠 hl.n	브르노 Brno hl.n	열차 : 1시 30분~2시
올로모우츠 hl.n	프라하 Praha hl.n 또는 Holesoviec역	열차 : 2시 10분~2시 50분
올로모우츠 hl.n	프라하 Praha Florenc 터미널	버스 : 3시 30분
올로모우츠 hl.n	오스트리아 빈 Wien Sudbahnhot	열차 : 3시 10분~4시

야간 이동가능 도시

올로모우츠 hl.n	폴란드 바르샤바 Warszawa Centraina	열차 : 6시 10분
올로모우츠 hl.n	폴란드 크라쿠프 Krakow Glowmy	열차 : 6시 20분~8시 30분

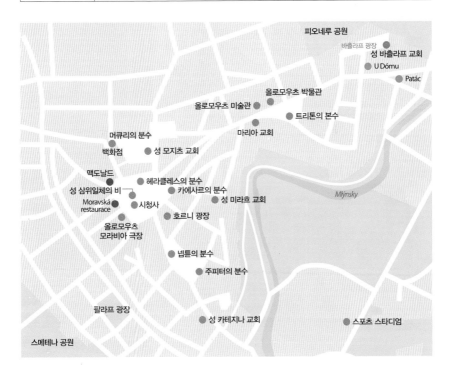

올로모우츠 중앙역에서 시내 IN

올로모우츠 중앙역에서 구시가의 호르니 광장까지 약 2㎞가 떨어져 있다. 대중교통수단인 트램을 이용하는 것이 가장 쉽고 편리하다. 트램 정류장이나 차량의 안에는 출발, 도착 시간, 도착 정류장이 표시되고 전광판이 앞에 있다.

티켓은 각 정류장 자동발매기나 신문가판대 등에서 구입할 수 있으며 탑승하면 개찰기에 티켓을 넣고 펀칭하면 된다. 하차 시에 직접 오픈 버튼을 눌러야 하차가 가능하다.

트램 1, 2, 4, 5, 6, 7번을 타고 코루나 쇼핑센터 역 하차 후 5분 정도를 걸어야 한다. 만약 일행이 4명 정도라면 택시를 타고 이동해도 교통비의 차이는 없다. 거리가 멀지 않아서 택시의 편리함이 있다.

핵심 도보 여행

버스나 기차를 타고 올로모우츠에 도착
하여 걸어서 이동하기는 힘들다. 기차역
이나 버스터미널이 구시가지에서 떨어져
있으므로 트램이나 버스를 타고 이동해
야 한다. 버스로 도착했다면 버스터미널
에서 지하도를 지나 왼쪽으로 돌아서 트
램을 타고 이동하면 된다. 버스는 13, 14,
15, 19, 23, 700, 701번 버스를 타고 시그마
호텔 정류장에서 내리면 된다.

구시가지의 여행은 호르니 광장Horni nam에서 시작한다. 주변에는 카페나 레스토랑이 많아
잠시 쉴 수 있는 곳이다. 광장 중심에 있는 건물은 시청사로 매시 정각이 되면 건물 벽에
설치된 시계 장치를 보기 위해 많은 관광객이 몰려드는 곳이다. 프라하의 천문시계 앞과
비슷한 현상이 벌어진다.

호르니 광장에서 걸어서 공화국 광장까지 걸어가면 대부분의 관광지는 다 볼 수 있다. 공화국 광장으로 들어선 이후 돔스카 거리^{Domska}가 있는 거리로 들어서면 가로수가 무성한 바츨라프 교회와 프제미술 궁전이 있는 북쪽에는 프제미술 성이 보인다.

올로모우츠에서 가장 유명한 관광지는 고딕양식의 성 바츨라프 대성당^{St. Wenceslas Cathedral}과 대주교의 자리가 있는 올로모우츠 성이다. 로마네스크양식 대주교의 궁전^{Bishop's Palace}의 천년된 잔해도 볼 수 있다. 최근에 새로 공사한 대주교 박물관^{Archdiocesan Museum complex}에서는 교회의 보물들과 올로모우츠 주교들의 소장품도 볼 수 있다.

호르니 광장
Horni Namesti

올로모우츠Olomouc의 대표적 관광명소로 호르니 광장Horni Namesti에는 광장을 둘러싸고 다양한 중세의 건물들이 그대로 남아있다. 광장 중앙에는 시청사와 성 삼위일체 기념비가 있으며 천문시계, 헤라클레스, 아리온 카이사르 분수 등이 있다. 광장 한편에는 구시가의 모습을 담은 작은 모형이 있다.

광장의 서쪽 중앙에 있는 거대한 성 삼위일체 비는 1716~1754년까지 바로크양식으로 건설한 것으로 높이가 35m에 이른다. 중부 유럽에서 독특한 양식으로 지어져 2000년에 유네스코 세계 문화유산으로 등재되었다.

광장에는 2개의 분수가 있어 화려함을 돋보이게 해준다. 시청사 동쪽에 있는 것이 전설의 올로모우츠 창시자인 카에사르 분수Caesarova Kašna이고 나머지 하나는 1688년에 만들어진 헤라클레스의 분수 Herkulova Kašna이다.

위치_ 중앙역에서 트램1, 2, 4, 5, 6, 7번을 타고 코루나 쇼핑센터 앞에서 하차

성 삼위일체 기념비
Holy Trinity Column / Sloup Nejsvětější Trojice

올로모우츠Olomouc에서 가장 유명한 유적은 2000년에 유네스코가 지정한 세계문화유산에도 등록된 성 삼위일체 기념비 Sloup Nejsvětější Trojice이다. 중부유럽에서 가장 큰 바로크 조각상인 성 삼위일체 기념비Sloup Nejsvětější Trojice는 동유럽에서 가장 큰 바로크양식의 조각상이다. 어떤 것도 견줄 수 없는 크기, 부와 아름다움을 상징하는 기념물을 만들기 위해 노력했고 그 결과물에 관광객은 화려한 바로크 건축에 매료된다.

1716~1754년 동안 높이 올라간 기념비는 35m로 14세기에 유럽에 창궐한 흑사병을 이겨낸 기념과 감사함을 종교적으로 표현해 낸 것이다. 18명의 성인이 하늘을 바라보고 있는 형상으로 석주의 꼭대기에는 금도금을 한 가브리엘과 성모승천이 조각되어 있다. 아래에는 성 요셉과 세례요한 등의 조각과 12 사도 조각 등이 새겨져 있다.

성 삼위일체 기념비에 대한 사랑

18세기 초 모라비아 지방을 강타한 엄청난 페스트가 있었다. 올로모우츠에는 이미 전염병을 퇴치한 기념으로 세우는 기둥인 프라하 열주(Plague Column)를 가지고 있었지만 충분하지 않다고 생각한 시민들에게 새로 만들어진 성 삼위일체 석주는 바로 올로모우츠 사람들의 자존심이 되었다. 성 삼위일체 석주에 대한 올로모우츠 사람들의 사랑이 엄청나 도시 전체가 프로이센 군대에 의해 포위되었을 때 시민들은 군대에게 이 석주에만은 절대 총을 쏘지 말아달라고 간청했다고 할 정도이다.

시청사 & 천문시계
Radnice & Orloj

1378년 처음 짓기 시작해 1444년 완공한 르네상스 양식의 시청사는 호르니 광장 중앙에 있다. 시청사는 사면에 시계가 설치 된 첨탑이 있고 고딕양식으로 튀어 나온 차펠이 있다.

고딕양식과 르네상스 양식으로 만들어진 건물로 15세기에 완성되었다. 현재의 모습은 1955년에 보수되면서 천문 시계도 공산주의 모습으로 바뀌었다.

1607년에 완 공된 시청사 탑 전망대에 오르면 구시가 풍경을 한눈에 내려다볼 수 있으며, 탑 벽면에는 프라하의 천문시계와는 또 다른 천문 시계가 있다.

아기자기한 모양의 이 천문시계는 1519년에 처음 제작되었지만 제2차 세계대전 때 파괴된 후 여러 차례의 복원작업을 거쳤는데, 사회주의 시절 복원된 지금의 모습은 사회주의 이념을 상징하고 있다.

매시 정각에는 종이 울리며 프롤레타리아 계급을 표방하는 목각인형들이 나와 음악에 맞춰 춤을 춘다.

올로모우츠의 새로운 즐거움, 분수 찾기

그리스 신화에 나오는 6개의 분수와 카이사르 분수

1650년대에 스웨덴 군대가 체코 땅을 떠났을 때, 그들은 올로모우츠Olomouc를 폐허로 만들어 놓았다. 700개가 넘는 건물 중에서 약 1/4의 건물만이 거주할 수 있는 상태였고, 1640년도에 이곳에 살았던 3만 명의 사람들 중에 1,765명만이 살아남았다.

이 후 폐허가 된 도시는 점차 재건되었고, 재탄생의 상징물이자 올로모우츠에서 가장 아름다운 곳 중 하나는 바로 고대에 모티프를 두고 역사적 묘사를 담은 6개의 바로크 분수이다. 이 분수는 고전 신화에서 나온 헤라클레스, 주피터, 마스, 머큐리 등의 조각상으로 장식되어 있다.

카이사르 분수(Caesarova Kasna)

1725년에 만든 바로크 양식의 분수로 올로모우츠 분수 중 가장 뛰어난 작품이다. 고대 로마의 뛰어난 정치가인 가이우스 율리우스 카이사르가 말을 타고 있고 그의 발밑으로 두 남자가 누워있는 형상이다. 한 명은 모라바Morava 강와 다뉴브Danube 강을 의인화했다고 한다.

헤라클래스 분수(Herkulova Kasna)

그리스 신화 속 가장 힘이 센 영웅 헤라클래스를 형상화해 1687부터 2년 동안 만든 바로크 약식의 분수로 신화 속의 이야기처럼 헤라클래스는 사자 가죽을 걸치고 오른손에는 몽둥이를 들고 있으며, 왼손에는 독수리가 발아래에는 그가 물리친 괴물 물뱀 히드라가 놓여 있다.

아리온 분수(Arionova Kasna)

그리스 신화 아리온의 이야기를 형상화해 1995년부터 7년 동안 만든 분수로 시청사 남서쪽에 위치해 있다.

그리스의 시인이자 음악가인 아리온이 마지막 노래를 부르고 바다에 투신했을 때, 그의 노래에 감명을 받은 돌고래가 그를 구출한다는 내용의 그리스 신화를 주제로 하고 있다.

마리아 기념비(Mariansky Sloup)

마리아 기념비는 14세기 유럽에 창궐했던 흑사병을 이겨낸 것에 대한 감사한 마음으로 1716년부터 8년 동안 만들어졌다.

넵튠 분수(Neptunova Kasna)

로마신화에 나오는 바다의 신 넵튠의 이야기를 형상화해 1683년에 만든 바로크 양식의 분수로 '물'을 다스리는 신 넵튠이 삼지창을 들고 바닷말 네 마리에 둘러싸여 당당하게 서 있는 모습을 형상화했다.

주피터 분수(Jupiterova Kasna)

그리스어로는 제우스, 로마어로는 주피터로 불리는 신들의 신 제우스를 형상화했다. 그리스 신화에 나오는 최고의 신 제우스를 형상화해 1707년에 만든 바로크 양식의 분수이다.

트리톤 분수(Kasna Tritonu)

그리스 신화에 나오는 반인 반어의 해신 트리톤을 형상화한 작품으로 원래 로마 바르베리니 광장에 있는 트리톤 분수에서 영감을 얻어 만들었다고 한다. 1709년 바로크 양식으로 만들어진 이 분수는 거대한 물고기와 거인 2명이 트리톤과 물을 뿜는 돌고래를 받치고 있는 형상을 하고 있다.

머큐리 분수(Merkurova Kasna)

1727년, 그리스 신화에 나오는 머큐리를 형상화한 분수이다. 그리스어로는 헤르메스, 로마 신화에서는 머큐리로 불리는 전령의 신 머큐리를 형상화한 작품으로 날개 달린 투구를 쓰고 2마리의 뱀이 꼬여있는 지팡이를 들고 있는 모습을 표현했다.

EATING

레스토랑 우 모리츠
Restaurant U Mořice

현지인들이 좋아하고, 외국인 현지 가이
드도 추천하는 고기요리가 맛있는 레스
토랑이다. 친절한 직원과 신선한 맥주를
제공하는 것으로도 인기가 있다.
생선요리나 파스타도 맛있지만 굴라쉬나
스테이크, 립 중 하나는 꼭 시켜볼 것. 현

지인이나 서양 관광객에게 인기 많은 곳
이기 때문에 주말 저녁에 방문할 예정이
라면 예약하는 것이 좋다.

홈페이지_ www.umorice.cz
주소_ Opletalova 364/1, 779 00 Olomouc
위치_ 시계탑에서 북쪽으로 도보 약 3분
시간_ 월~토 11:00~22:00 / 일 11:00~23:00
요금_ 스타터 75Kc~ / 메인요리 145Kc~
전화_ 420-581-222-888

모라브스카 레스토랑
Moravska restaurace

넓게 펼쳐진 호르니 광장을 바라보며 식사할 수 있는 음식점으로 맛있는 음식과 친절한 직원들이 안정적인 서비스를 제공한다. 현지인들도 즐겨 찾는 맛집으로 어느 음식평가를 해도 올로모우츠 음식점 순위에서 항상 선정되고 있다.

고기 요리가 맛있기 때문에 음식과 어울리는 와인을 추천받아 함께 마신다면 올로모우츠의 진정한 미식을 즐길 수 있을 것이다.

홈페이지_ www.moravskarestaurace.cz
주소_ Horní nám. 23, 779 00 Olomouc
위치_ 아리온 분수 인근
시간_ 11:30~23:00
요금_ 스타터 160Kc~ / 메인요리 285Kc~
전화_ 420-585-222-868

프렌치 프라이
FÆNCY FRIES

체코 내 여러 개 지점을 갖고 있는 신선한 감자튀김 전문점으로 언제나 인기 있는 현지인들의 인기 간식으로 사랑받고 있다. 한국 돈 2천원이면 두툼하고 뜨끈한 감자튀김을 한 손 가득 먹을 수 있다. 테이크아웃 컵에 소스도 따로 담겨져 있어 간편하게 먹을 수 있는 것은 덤이다. 올로모우츠를 산책하며 소소하게 먹기 좋은 간식이 될 것이다.

홈페이지_ www.faencyfries.cz
주소_ Ztracená 317/15, 779 00 Olomouc
위치_ 트램 Komenského náměstí에서 도보 약 3분
시간_ 월~금 10:30~20:00 / 토 13:00~19:00
　　　일요일 휴무
요금_ 38Kc~　전화_ 420-733-123-456

미니피보바르 어
스테이크하우스 리예그로브카
Minipivovar a Steakhouse Riegrovka

매장 내에 양조장을 함께 운영하고 있는 스테이크 전문점으로 알려져 있다. 직접 드라이 에이징 시키는 스테이크가 일품이다. 고기 요리가 맛있는 곳으로 체코 전통 요리인 꼴레뇨나 타르타르, 햄버거도 맛있는 것으로 호평일색이다.
샘플 맥주를 주문하면 도수가 표시된 6종의 미니 맥주가 나온다. 본인의 입맛에 찰싹 붙는 맥주를 시켜 고기 요리와 함께 즐겨보자.

홈페이지_ www.riegrovka.eu
주소_ Riegrova 381/22, 779 00 Olomouc
위치_ 호르니 광장에서 도보 약 4분
시간_ 월 11:00~22:00 / 화,수 11:00~23:00
　　　목 11:00~24:00 / 금 11:00~25:00
　　　토 11:30~25:00 / 일 11:30~22:00
요금_ 55Kc~ / 메인요리 199K
전화_ 420-733-123-456

카페 라 피
Café la fee

현지인들이 좋아하는 브런치이자 디저트 카페로 유명하다. 대부분의 메뉴가 맛있는 것으로 호평인 곳으로 직원도 친절하기로 소문났다. 고전적이면서도 세련된 내부에서 더 깊이 들어가면 나뭇잎 사이로 햇살이 비치는 정원 테이블도 있다.

아침부터 늦은 저녁까지 운영하므로 시간대에 따라 브런치, 카페, 디저트를 즐겨보자. 홈 메이드 케이크와 에이드, 밀크셰이크를 주로 주문한다.

홈페이지_ www.facebook.com/cafelafeeolomouc
주소_ Ostružnická 13, 779 00 Olomouc
위치_ 호르니 광장에서 도보 약 3분
시간_ 월~목 08:00~21:00 / 금 08:00~22:00
　　　토 09:00~21:00 / 일 09:00~20:00
요금_ 음료류 55Kc~　**전화**_ 420-774-896-396

HUNGARY

헝가리

Budapest | 부다페스트

쇼프론
Sopron

뷔크
Bük

솜버트헤이
Szombathely

죄르
Györ

터터
Tata

터터바녀
Tatabánya

부다페스
Budape

졸로에게르세그
Zalaegerszeg

시오포크
Siófok

나지카니자
Nagykanizsa

커포슈바르
Kaposvár

키슈쿤헐러시
Kiskunhalas

페치
Pécs

줄러
Gyula

세게드
Szeged

Budav ri palota
왕궁 언덕 주변

방어에 유리한 가파른 절벽에 서 있는 부다 왕궁^{Budavári palota}은 13세기 몽고 제국의 침입이후에 건설하였다. 벨러 4세^{IV Béla}가 건설한 성채를 왕국으로 개조하였고, 마차슈 1세^{Mátyás 1}가 르네상스 양식으로 궁전을 장식하였다. 그러나 오스만 제국이 점령하면서 이곳을 활약을 보관하는 창고로 사용하다가 폭발 사고가 나서 엄청난 피해를 입기도 하였다.

'왕궁의 언덕'이라고 부르는 곳의 중앙에는 마차슈 성당^{Mátyás templom}이 있다. 이 성당은 벨러 4세^{IV Béla}가 건설했지만 마차슈 1세^{Mátyás 1}가 자신의 문장인 까마귀로 장식한 탑을 높이 세웠기 때문에 마차슈 성당^{Mátyás templom}이라고 부르게 되었다.

부다 성 언덕 궤도열차
Budavári Trail

탁 트인 전망을 갖춘 리프트를 타고 다뉴브 강에서 아름다운 부다 성까지 이동할 수 있다. 부다 성 언덕으로 올라가는 궤도열차는 다뉴브 강에서 부다 성까지의 짧은 거리를 이동하면서 아름다운 풍경을 보기에 가장 좋은 방법이다. 다뉴브 강 서쪽 연안에 위치한 부다 성 언덕 궤도열차는 지상에서 51m 높이로 올라가면서 강

과 도시의 탁 트인 전망을 볼 수 있는 것이 압권이다. 정상에서 매혹적인 언덕과 부다 성 주변의 관광지를 둘러보는 관광객으로 항상 북적인다. 처음에 부다 성 지구에서 일하는 통근자들을 위해 고안되면서 1870년에 완공되었다. 제2차 세계대전에서 파괴되었다가 1986년에 관광용으로 운행이 재개되었다.

궤도열차는 24명의 승객이 탈 수 있는 객차가 두 대 있다. 정상까지 약1분30초면 도착하는 짧은 시간이지만 아름다운 부다페스트의 전망을 볼 수 있다. 도시의 전망을 가장 잘 즐기려면 객차의 3개 객실 중 아래쪽에서 보아야 한다. 난이도가 있는 가파른 길을 걸어서 언덕 꼭대기까지 올라갔다가 내려올 때 케이블카를 이용할 수도 있다. 한여름에는 너무 더워 걸어서 올라가기에는 힘들기에 항상 케이블카를 타려는 관광객으로 북적인다.

궤도열차 역은 세체니 다리 Szechenyi Lanchid 의 서쪽 끝에 있다. 강 건너편에 있는 보로스마티 스퀘어까지 지하철을 이용하거나 부다 성에서 조금만 걸어가면 있는 크리스티나 스퀘어까지 전차를 타고 가면 된다.

포토 포인트

궤도열차 위를 가로지르는 보행자용 다리 중 아래다리를 건너서 위쪽 다리에 올라가 있으면서 객차가 발 아래로 지나갈 때 부다페스트의 아름다운 풍경과 함께 사진을 찍기에 좋다.

부다 성의 장엄한 건축 양식을 감상하고 황금빛으로 물드는 밤에 부다 성을 구경하는 것이 가장 아름답다. 부다 성 옆에는 네오 고딕양식과 네오 로마네스크양식의 탑이 있고 테라스에서 부다페스트를 조망할 수 있는 어부의 요새가 있다. 기념품을 구입하거나 주변 카페에서 커피를 즐기며 부다페스트 전망을 보는 시간은 평생의 기억에 남을 것이다.

'어부의 요새'라는 이름의 이유

어부의 요새, 성채는 고깔 모양의 7개의 탑으로 이루어졌다. 이것은 처음 나라를 세웠던 마자르족의 일곱 부족을 상징한다. 이 성채의 이름에 관해서, 예부터 어시장이 있어서 이런 이름이 붙었다는 설과 어부들이 성벽에서 적군을 막았기 때문에 이렇게 부른다는 설이 있다. 여기에 올라가면 아름답게 펼쳐진 다뉴브 강과 페스트 시가지를 한눈에 바라볼 수 있다.

지하 예배당&미술관

요새 건축 중에 발견된 중세 시대의 지하 예배당인 성 미카엘 교회 안으로 들어가고 중세 헝가리 왕국에서 가장 크고 중요한 건축물 중 하나인, 14세기 고딕양식의 마티아스 교회를 찾아 헝가리의 종교적이고 역사적인 예술적 측면을 보여주는 기독교 미술관이 있다. 미술관에는 중세 돌 조각과 신성한 유물을 소장하고 있다.

포토 포인트

어부의 요새(Halászbástya)는 특별한 전망대이다. 작은 탑이 있는 하얀 요새는 부다 성 언덕 꼭대기에 있으며 다뉴브 강과 부다페스트의 동부를 내려다 볼 수 있다. 일몰 때 도시의 불빛을 마음에 담아보는 좋은 기회를 가질 수 있다. 계단을 내려와서 이 초현실적인 장소 주변의 산책로를 따라가 보면 산속 풍경과 완벽하게 어우러지도록 지어진 테라스의 양 옆으로 나무들이 타고 오르는 모습을 볼 수 있다.

어부의 요새 발코니에서 바라본 부다페스트와 다뉴브 강의 멋진 전망

성 이슈트반 기마상
Szent István-szobor
Statue of St. Stephon

어부의 요새 남쪽에 위치한 성 이슈트반 기마상은 건국 시조인 성 이슈트반 1세를 부다의 상징인 어부의 요새에 세운 것이다. 흥미로운 것은 '이중 십자가'를 손에 들고 있는 것이다. 기독교를 도입했고 헝가리 대주교를 결정하는 권한을 부여 받아 2개의 십자가를 들고 있다고 한다.

마차슈 성당
Mátyás templom / Matthias Church

수백 년 동안 헝가리 왕들의 대관식이 거행되던 마차슈 성당^{Mátyás templom}은 뛰어난 매력을 발산하며 많은 이들이 기도를

드리는 장소로 부다페스트 스카이라인에서 단연 눈에 들어온다.

다채로운 색상의 마차슈 성당^{Mátyás templom}은 다뉴브 강 서쪽의 부다^{Buda}에 있는 부다 성 언덕에 자리하고 있다. 지금의 로마 가톨릭 성당은 1,200년대 후반에 지어졌지만 1,500년대 터키의 점령을 받으면서 이슬람 모스크로 바뀌었다.

1,800년대 후반 건축가 프리제스 슐레크가 바로크 스타일로 복원했다. 이때 일부 고딕 요소는 유지하고 다채로운 색상의 다이아몬드 지붕 타일과 석상을 추가했다. 성당 내부는 금박 프레스코와 스테인드글라스 창문으로 꾸며져 있다.

이슬람의 분위기가 물씬 풍기는데, 오스만 제국이 점령하고 있을 때 이슬람 사원으로 사용하였기 때문이다. 원색 타일의

성 이슈트반 1세^{Szent István I} (975~1038)

헝가리를 국가로 통합시키는 토대를 마련한 건국 시조이다. 헝가리에 기독교를 받아들여 서구문화권으로 편입시키는 중요한 역할을 하였다. 부족국가형태였던 헝가리는 붕괴되고 왕국으로서 헝가리 국가가 탄생하면서 유럽의 한 국가로 자리잡게 된다. 부다페스트 최대 규모의 성당인 성 이슈트반 대성당은 그를 기리기 위해 1851~1906년에 세운 성당이다.

화, 흡연, 애완 동물은 허용되지 않으며 성당 안에서 먹거나 마시는 것도 금지되어 있다. 성당 안으로 들어가면 인상적인 오르간 음악을 들을 수 있다. 일요일 라틴 미사에 참여하여 성가대가 오르간 연주에 맞춰 뛰어난 실력으로 노래하는 모습도 감상할 수 있다. 성당 오케스트라는 연중 내내 공연을 한다.

홈페이지_ www.matyas-templom.hu
위치_ 마차슈 성당에는 캐슬 버스를 타고 Várbusz를 타고 종점인 Disz tér에서 하차
시간_ 09~17시/연중무휴
　　　(토요일 13시까지, 일요일 13~17시)
입장료_ 1,300Ft (미사를 위해 성당에 입장은 무료)
　　　영어 오디오 가이드 대여가능

지붕과 내부 장식이 인상적인 이 건물을 지금은 역사박물관과 국립 미술관으로 사용하고 있다. 근처의 기독교 미술관에는 중세시대 석상, 신성한 유물, 헝가리 대관식에 쓰였던 보석과 왕관의 복제품 등을 볼 수 있다.

성당입장을 위해서는 몇 가지 행동 규칙을 준수해야 한다. 어깨를 노출하면 안되고 남성은 모자를 쓸 수 없다. 휴대전

프리제스 슐레크의 다른 건축물

프리제스 슐레크가 설계한 프로젝트의 다른 건축물은 마차슈 성당(Mátyás templom)을 둘러싸고 있는 어부의 요새(Halászbástya)이다. 반짝이는 흰색 테라스에는 896년 부다페스트 지역에 정착한 7개 종족을 대표하는 7개 탑이 있다.

길과 계단을 따라 테라스로 가면 다뉴브 강, 페스트와 치타델라의 아름다운 풍경을 감상할 수 있다. 헝가리의 첫 번째 왕이자 독실한 천주교도였던 스테판 1세의 1906년 청동상도 있다.

구 시청사

삼위일체 광장
Szentháromaság tér
Holy Trinity Square

마차슈 성당 앞에 있는 광장으로 18세기에 만든 성 삼위일체상이 있는 광장이다. 중세 유럽을 공포로 몰아넣은 페스트의 종언을 기념하기 위해 만들어진 것이다. 광장의 하얀 건물은 구 시청사이다.

부다 왕궁
Budavári palota / Royal Palace

부다페스트 풍경에서 눈에 띄는 웅장한 부다 왕궁Budavári palota에는 흥미로운 여러 갤러리와 박물관이 있다. 부다 왕궁 Budavári palota은 부다페스트의 세계문화유산으로서 문화와 역사적으로 중요한 장소이다. 최초의 성은 몽고족의 침입으로부터 방어하기 위해 1,200년대에 언덕에 세워졌다.

이후 수백 년에 걸쳐 요새 내에 거주용으로 여러 개의 성이 추가로 지어졌다. 이후 제2차 세계대전과 헝가리 반란 사건으로 파괴되었다. 20세기 후반에 재건 작업이 이루어져 지금의 300m 높이 성이 생겨났다. 왕궁의 부속 건물에는 헝가리 국립 미술관과 부다페스트 역사박물관이 있다.

페스트에서 강을 건너 부다 쪽의 클라크 아담 스퀘어로 넘어가 왕궁Budavári palota에 직접 올라가 보는 것도 좋다. 세체니 다리 Szechenyi Lanchid를 걸어서 건넌 다음 성 언덕 시작점에서 케이블카를 타고 세인트 조지 광장으로 올라가면 왕궁으로 들어갈 수 있다. 운동 삼아 처음부터 걸어서 올라가는 관광객도 있다.

시간_ 09~19시(겨울 16시까지)
요금_ 무료(내부 관람은 건물별 별도 입장료 있음)

어부의 요새
Halászbástya / Fisherman's Bastion

프리제스 슐레크에 의해 19세기 말에 지어진 어부의 요새는 제2차 세계대전 당시 심각하게 손상된 후 원래 건축가인 프리제스 슐레크의 아들이 재건축을 지휘했다. 부다 성 언덕 꼭대기에 있는 네오 고딕양식의 발코니에서 부다페스트와 다뉴브 강의 멋진 전망을 감상하는 가장 좋은 장소이다.

요새는 네오 고딕양식과 네오 로마네스크양식이 혼합된 넓은 테라스로 구성되어 있다. 테라스를 거닐면서 9세기의 마자르족을 상징하는 7개의 탑을 볼 수 있다. 헝가리 왕, 성 이슈트반 1세의 기념비와 국왕의 삶이 여러 단계로 묘사된 부조 위에 놓여 있는 왕이 타고 있다.

발코니와 건물의 다른 많은 부분은 항상 개방되어 있지만 어부의 요새Halászbástya, 나머지 부분은 해가 있는 동안에만 개장된다. 비 오는 날에는 아케이드 아래에서 비를 피할 수 있다.

어부의 요새Halászbástya는 부다페스트 중심부의 다뉴브 강 서쪽에서 북쪽으로 1km 정도를 걸어가면 나온다.

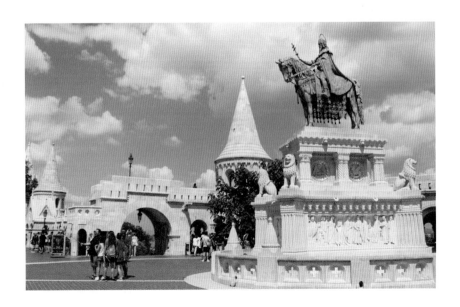

부다페스트의 아름다운 다리 Best 3

부다페스트에는 다뉴브 강을 흐르는 많은 다리가 있지만 우리가 알아야 할 다리는 3개로 부다페스트여행에서 반드시 알아야 여행이 편해진다. 가장 오래된 다리는 사슬다리라고도 하는 세체니 다리Szechenyi Lanchid이며, 헝가리 인들이 사랑한 여왕인 엘리자베스의 이름을 딴 엘리자베스 다리, 겔레르트 언덕을 올라가기 위해 건너는 자유의 다리가 있다. 자유의 다리 위에서 관광객들이 해지는 풍경을 보며 여행의 피로를 푼다.

겔레르트 언덕으로 올라가 치타델라 요새에서 왼쪽으로 바라보면 엘리자베스 다리와 세체니 다리가 보이며 오른쪽으로 자유의 다리가 보인다.

세체니 다리(Szechenyi Lanchid / Chain Bridge)

다뉴브 강의 흥미로운 전망을 감상할 수 있는 다리의 흥미로운 역사가 있다. 세체니 다리 Szechenyi Lanchid는 다뉴브 강을 가로질러 부다페스트의 양쪽을 연결하는 가장 오래된 다리이다. 다리의 건설은 1840년부터 9년이 걸렸으며, 세체니 다리Szechenyi Lanchid의 주요 제안자 중 한 명인 이스트반 세체니Szechenyi István의 이름에서 따온 것이다. 영국의 토목 기사인 윌리엄 티어니 클라크T. W. Clarks는 런던 템즈강Thems River에 있는 말로 브리지Malo Bridge의 더 큰 버전으로 이 다리를 설계했다. 1849년에 개통된 세체니 다리Szechenyi Lanchid는 공학 기술의 승리로 여겨지며 도시의 성장에 큰 역할을 했다.

제2차 세계대전이 끝날 때 퇴각하는 독일군이 다리를 폭파하여 사용을 못하다가 1949년에 재건되었다. 부다페스트의 상징이 된 철제 현수교에 고전주의 디자인을 입혀 부다페스트의 상징 같은 다리이다.

세체니 다리Szechenyi Lanchid는 도시 중심부에서 부다Buda와 페스트Pest를 연결하고 있으며 다뉴브 강 엘리자베스 다리Erzébet hid의 북쪽에 있다. 부다 힐의 터널을 지나면 다리가 보이는데, 관광객들은 기둥 꼭대기에서 다리 전체로 이어지는 체인을 살펴보고 입구를 지키고 있는 사자 조각상을 마주하고 두 개의 커다란 아치형 탑을 결합하는 다리의 모습을 사진에 담는다. 많은 연인들은 애정의 표현으로 이 다리의 옆에 자물쇠를 매달기도 한다. 다리 양쪽에 새겨진 문구에는 19세기 건축 감독관인 애덤 클라크의 이름이 포함되어 있다.

밤하늘을 배경으로 탑이 조명을 받아 환하게 빛나는 밤에 세체니 다리는 가장 아름답다. 다리 중앙에 서면 부다 언덕과 인근의 관광지가 있는 부다페스트의 야경을 감상할 수 있다. 다뉴브 강 동쪽에 있는 보로스마티 스퀘어 지하철역까지 내리면 된다. 다리 근처의 정류장 중 한 곳까지 버스나 보트를 이용할 수도 있다.

자유의 다리(Szabads g hid / Freedom Bridge)

페스트Pest와 부다Buda가 도시의 중심부에서 만나는 지점에 있는 부다페스트의 철제 다리이다. 자유의 다리Szabadság hid는 부다페스트 중심부에서 가장 짧은 다리이지만 도시에서 가장 중요한 다리 중 하나이다. 19세기 말 밀레니엄 세계 전시회의 일환으로 지어졌던 자유의 다리Szabadság hid의 측면을 장식하고 있는 아르누보 디자인은 신화적 조각상과 헝가리의 문장으로 매혹적이다.

다리의 기둥을 장식하고 있는, 헝가리 민간신앙 속 일종의 매인 투룰Turul의 커다란 청동상을 올려다볼 수 있다. 다리의 길이는 333m이고 폭은 20m이며, 밤에는 전체가 조명이 밝혀져 전등으로 빛나는 부다페스트 스카이라인에서 가장 선명한 모습을 드러낸다. 1894년에 건설된 자유의 다리Szabadság híd는 19세기 말에 유행이었던 체인다리 스타일로 지어졌으며 프란츠 요제프 황제가 개통식에서 마지막 은 리벳을 철교에 박는 망치로 끼워 처음에는 '프란츠 요제프다리'라고 불렸다. 제2차 세계대전 동안 부다페스트가 큰 피해를 입은 후 첫 번째로 재건되면서 자유의 다리Szabadság híd로 이름을 바꾸었다.

다리 중앙에 서서 다뉴브 강 건너편의 도시를 사진에 담아내는 야경사진이 압권이다. 풍경 속에는 성채와 소련 붉은 군대의 제2차 세계대전 승리를 기념하는 자유의 동상이 있는 겔레르트 언덕Gellért Hill도 볼 수 있다. 자유의 다리Szabadság híd를 건너가는 데는 10~20분 정도 밖에 걸리지 않는다.

다리의 양쪽 끝에 있는 전차 탑승권 판매소로 사용되었던 작은 건물을 살펴보고 다리 건설에 대한 자세한 내용이 담긴 안내판이 있다. 북쪽 건물에는 부다페스트 다리에 대한 박물관이 있다.(월, 목요일만 관람가능, 무료)

자유의 다리는 도시 중심부에서 부다Buda와 페스트Pest 지역을 연결하고 다뉴브 강 엘리자베스 다리Erzébet híd의 남쪽에 있다. 다리의 북동쪽에 있는 지하철 Fövám tér역에서 내리거나 전차나 버스를 타고 다리까지 갈 수도 있다. 자유의 다리의 남서쪽 끝 부분에 있는 Szent Gellért tér항구까지 유람선을 타고 갈 수 있다

엘리자베스 다리(Erz bet hid / Elizabeth Bridge)

세체니 다리Szechenyi Lanchid 바로 남쪽에 있는 엘리자베스 다리는 전쟁과 암살의 흥미로운 역사를 지닌 290m 길이의 흰색 구조물로 제작되었다. 흰색 케이블과 기둥이 특징인 인상적인 엘리자베스 다리Erzébet hid의 세련되고 현대적인 디자인을 지니고 있다. 인기 있었던 합스부르크 왕가의 여왕의 이름을 딴 엘리자베스 다리Erzébet hid는 부다페스트 지역에 있는 다뉴브 강의 가장 좁은 부분을 가로지르고 있다. 다리는 20세기 초에 지어졌지만 제2차 세계대전동안 파괴된 후 1964년에 유사한 디자인으로 재건축되었다. 시티파크에 있는 교통박물관에서 원래 다리의 일부를 볼 수 있다.

넓은 다리의 측면에 있는 보행자 전용 도로를 따라 산책하며 강과 강을 중심으로 조성된 도시의 전망을 볼 수 있다. 밤하늘을 배경으로 복잡한 조명 시스템이 다리를 비추는 밤에 다리의 모습이 가장 아름답다.

부다Buda 지역인 서쪽에는 1898년에 암살당한 독일 출신의 합스부르크 제국의 여왕인 엘리자베스Erzébet의 커다란 동상이 있다. 동상을 둘러싸고 있는 도브렌테이Döbrentei 광장의 매력적인 정원에서 휴식을 취할 수도 있다. 동쪽으로 중앙에 석조 교회의 유적이 있는 3월 15일

광장이 있다. 유리 건물 안에 있는 교회의 지하실에서 묘지의 흔적을 볼 수 있다. 중세 상업의 중심지인 광장에 바로크 양식의 건물들이 있다. 18세기에 만들어진 바로크-로코코 양식의 화이트 프라이어스 교회도 인근에 있다.

다뉴브 강 양쪽에 있는 여러 정류장 중 한 쪽으로 이동하는 버스를 타고 이동하는 것이 가장 좋은 방법이다.

Gellert Hill 주변
겔레르트 언덕

부다페스트의 전경을 볼 수 있는 장소는 어부의 요새와 겔레르트 언덕이다. 이 중에 하나를 고르라면 선택하기가 힘들지만 겔레르트 언덕이 더 나은 것 같다. 어부의 요새는 국회 의사당과 세체니 다리가 중심인 풍경이고 겔레르트 언덕은 부다페스트 전체적인 야경을 볼 수 있는 차이점이 있다. 부다페스트의 작은 언덕이지만 정상에서 보는 부다페스트의 풍경은 압권이다. 부다페스트 시내의 끝까지 볼 수 있는 언덕은 힘들게 오르면서 땀이 날 때쯤 불어오는 바람은 너무 시원하다.

천주교 성당

헝가리 국립박물관

라츠 온천

성 겔레르트 오뉴먼트

루다슈 온천

도나우 강

치타델라(요새)

중앙시장

종려나무 잎을 든 여신상

천주교 성당

겔레르트 온천

겔레르트 언덕
Géllert Hill

235m 높이에 이르는 겔레르트 언덕^{Géllert Hill}은 부다페스트에서 가장 높은 곳 중의 하나이다. 언덕을 따라 난 길과 언덕 위에도 여러 상점이 있어 다양한 기념품을 구입할 수 있다. 합스부르크 왕가 시절부터 소련 시절까지 성채의 역사에 대한 정보도 확인할 수 있다.

러시아 지하 벙커를 박물관으로 개조한 곳에서 제2차 세계대전의 기념품을 볼 수 있고 전쟁포로 수용소를 보여주는 곳도 있다. 언덕 밑에 있는 겔레르트 온천^{Gellert fürdö}은 다뉴브 강 서쪽 연안, 도심과 자유의 다리^{Freedom Bridge} 바로 남쪽에 위치해 있다. 주변에는 겔레르트 언덕^{Géllert Hill} 동굴, 자유의 동상, 치타델라^{Citadel} 등이 있다.

주소_ Buda District 1

치타델라
Citadella / Citadel

150여 년 간 부다페스트를 내려다보고 있는 언덕 꼭대기에서 최고의 풍경을 볼 수 있다. 부다페스트 구경의 시작이나 마무리는 부다페스트 중심에서 서쪽에 위치한 치타델라^{Citadella}에서 하는 것이 좋다. 이 높은 성벽에는 언덕이 많은 서쪽의 부다^{Buda}와 평지가 많은 동쪽의 페스트^{Pest} 사이를 굽이굽이 흐르는 다뉴브 강이 바라다 보인다. 다뉴브 강 위의 8개 다리를 보면서 부다페스트에서 어디에 있는지 위치를 가늠해 볼 수 있다. 해가 지고 도시의 불빛이 하나둘씩 켜질 때면 낭만적인 풍경을 자아낸다.

요새는 겔레르트 언덕Géllert Hill의 고원에 자리하고 있다. 기독교를 전파한 선교사의 이름에서 따왔다. 이 구조물은 합스부르크 왕가가 다스리던 1854년 방어시설로 지었다. 약100년 후인 1956년 헝가리 혁명 때에는 러시아가 지배하기도 했다.

성채 바깥으로 나와 천천히 걸으면 거대한 성채가 시민들에게 얼마나 든든한 보호 장치 역할을 했었는지 느낄 수 있다. 여름에는 잔디에 앉아 피크닉을 즐기는 연인이나 가족들을 볼 수 있다. 지금은 평화로운 장소이지만 수년 전에 대포가 쏟아졌던 곳이다.

언덕 위의 전망은 무료지만, 치타델라 박물관Citadel Museum에 입장하고 성채 꼭대기로 올라가기 위해서는 입장료가 있다. 원래의 요새 중 상당 부분은 현재 고급 레스토랑(예약 필수)이 있는 호텔로 변했다. 언덕에 올라가면 자유의 여신상이 보이고 그 뒤로 돌아가면 활쏘기 체험장, 카페, 요새가 보인다.

홈페이지_ www.citadella.hu
주소_ Citadella setany 1
전화_ +36-70-639-3757

성 겔레르트 동상
Szt. Géllert emlékmü . St. Géllert Monument

겔레르트 언덕 중간을 보면 성인 겔레르트의 상이 페스트 지역을 향해 십자가를 들고 있다. 성 겔레르트는 이탈리아의 기독교 전도사로 초대국왕이었던 이슈트반 1세가 초청해 오게 되었다. 하지만 1046년 이교도 폭동으로 목숨을 잃었다. 동상을 1904년 얀코비치 줄라가 세워 지금에 이르고 있다.

자유의 동상
Szabadsag Szobor

밤에 특히 더 아름다운 자유의 동상은 헝가리의 독립과 자유를 위해 목숨을 바친 사람들을 기리는 동상이다.

자유의 동상은 다뉴브 강 서쪽의 부다페스트 중심에 있는 겔레르트 언덕Géllert Hill에 자리하고 있다. 자유의 동상 양 옆에 두 개의 동상이 더 있다. 처음 합스부르크 왕가가 지배했다가 나중에 소련이 점령했던 거대한 요새, 치타델라Citadella에 가면 볼 수 있다.

영웅광장(Hősök tere)

페스트 쪽에 위치한 영웅 광장Hősök tere은 다뉴브 강에서 출발하는 안드라시 거리의 끝에 자리하고 있다. 과거 영웅들을 위한 기념비가 세워져 있는 거대한 광장은 헝가리가 국가로서 천년을 맞이하며 만들어진 헝가리 인들의 자부심이 표현되어 있다. 영웅 광장Hősök tere은 부다페스트에서 가장 많은 사람들이 방문하는 곳 중의 하나로서, 1896년 헝가리 탄생천년을 축하하는 행사의 중심지였다. 헝가리 천년을 축하하기 위해 1894년 알버트 쉬케단츠Albert Schickedanz가 설계했지만, 1929년까지 완공되지 못했다. 3년 후 이 광장은 '영웅광장Hősök tere'이라는 이름이 붙게 된다.

광장에 우뚝 솟아 있는 밀레니엄 기념탑은 높이가 36m에 이르는 흰색 기둥이다. 꼭대기에는 천사 가브리엘이 있고, 그 보다 낮은 기둥 밑의 콜로네이드에는 전쟁과 평화, 노동과 복지 및 지식과 영광을 상징하는 동상이 있다. 895년 카르파티아 정복 당시 헝가리의 지도자였던 '아라파드'를 기리는 동상을 비롯하여 기념탑 받침대 주변에는 말을 타고 있는 일곱명의 헝가리 부족장의 동상이 있다.
소련이 부다페스트를 점령했을 때 영웅광장은 자주 군대 행사나 특별한 공산주의 축하 행사를 개최하는 데 사용되었다. 1956년 소련에 대항하는 헝가리 인들의 봉기를 주도했던 '임레 나지'는 1989년 이 광장에 다시 묻히게 되었다. 무명용사들의 무덤도 있다.

밀레니엄 기념탑 꼭대기에 천사 가브리엘 / 기념탑 받침대 일곱 명의 헝가리 부족장의 동상

영웅광장Hősök tere에는 버스, 트램이 운행하고 있다. 영웅광장에서 다뉴브 강까지 약 3.2㎞ 거리로, 걸어서 30분 정도면 도착할 수 있다.

영웅 광장Hősök tere 가장 자리엔 열주(列柱)로 이뤄진 구조물이 반원형으로 만들어져 왼쪽에 7명, 오른쪽에 7명까지 총14명의 청동 입상이 서 있다. 열주가 시작되는 왼쪽 열주의 위에는 노동과 재산, 전쟁의 상징물이, 오른쪽 열주가 끝나는 윗부분엔 평화, 명예와 영광을 나타내는 인물상이 있다. 이 열주 기념물은 바로 뒤편에 있는 시민공원인 바로시리게트에 있는데 영웅 광장은 그 입구처럼 보이게 설계 되었다.

영웅 광장 둘러보기

영웅광장은 사람들로 붐비기 전에 아침에 오는 것이 좋다. 광장을 걸어서 돌아보는 데 약 1시간정도 소요되며, 근처에 있는 시민 공원과 갤러리, 박물관도 같이 둘러보는 데까지 약 3시간정도 소요된다. 광장의 한 쪽에는 미술관이 있고 다른 쪽에는 아트홀이 있다. 영웅 광장은 버이더후녀드 성, 동물원, 온천 등의 여러 관광 명소가 있는 시티 파크로 들어가는 입구이기도 하다.

왼쪽기둥

성 이슈트반 Szt. István
통일왕국을 수립한 초대 국왕

성 라슬로 Szt. László
기독교 포교에 힘쓴 9대 국왕

칼만Kálmán Könyves
문인을 등용한 10대 국왕

앤드레 2세II Endre
황금대칙서 법전을 편찬한 18대 국왕

벨라 4세IV Béla
1241년 몽골군 침입 후
재건에 힘쓴 국왕

카로이 로베르토Károly Robert
비헝가리인 첫 번째 25대 국왕

라요슈 대왕 Nagy Lajos
영토 확대에 집중한 26대 국왕

오른쪽 기둥

후냐디 야노슈 Hunyadi Lajos
1456년 터키에 승리한 32대(섭정) 국왕

마챠슈Mátyás
헝가리 르네상스 문화의 아버지라고
불리는 32대 국왕

보츠카이 이슈트반 Bocskai István
16세기 독립전쟁의 영웅

베틀렌 가보르 Bethlen Gábor
17세기 독립 전쟁의 영웅
(트란실바니아 귀족)

퇴쾨리 임레 Thököly Imre
초기 헝가리 독립 전쟁의 영웅
(북 헝가리 귀족)

라코치 페렌츠 2세II Rákóczi Ferenc
18세기 자유전쟁의 영웅
(트란실바니아 귀족)

코슈트 라요슈 Kossuth Lajos
19세기 독립 운동 지휘관

영웅 광장Hősök tere 가장 자리엔 열주(列柱)로 이뤄진 구조물이 반원형으로 만들어져 왼쪽에 7명, 오른쪽에 7명까지 총14명의 청동 입상이 서 있다. 열주가 시작되는 왼쪽 열주의 위에는 노동과 재산, 전쟁의 상징물이, 오른쪽 열주가 끝나는 윗부분엔 평화, 명예와 영광을나타내는 인물상이 있다. 이 열주 기념물은 바로 뒤편에 있는 시민공원인 바로시리게트에있는데 영웅 광장은 그 입구처럼 보이게 설계 되었다.

14명의 영웅 중 첫 번째 자리엔 국부로 추앙받는 성 이스트반(Szent István /970~1038)이 있으며 그 옆엔 성 라슬로(Szent László 혹은 SaintLadislas, 1040~1095)왕이 자리 잡고 있다. 그는 국토를 크로아티아까지 확장했고 크로아티아를 가톨릭국가로 만든 일등공신이다.
마르깃섬의 주인공 마르깃 공주의 아버지인 벨라 4세IV Béla는 다섯 번째에 자리를 잡았고헝가리 르네상스의 주인공 마티아스왕의 청동상도 있다.오른쪽 원주로 들어서면 왕과 함께 헝가리 독립을 추구한 투사들도 등장한다. 14번째에 자리한 코슈트 라요슈Kossuth Lajos는오스트리아에 대한 반란을 주도했으나 러시아군에 의해 좌절된 민족주의 지도자이다.

아스트릭(Astrik) 주교에 의해 왕관을 수여받는 장면

4번째 부조 / 십자국에 참여하는 광경

10번째 부조 / 에게르 전투 장면

각 동상의 하단에는 헝가리 역사에서 중요한 명장면을 담은 청동 부조물이 한 점씩 걸려 있어 헝가리 역사를 한 눈에 볼 수 있다. 이스트반왕의 동상 아래 걸린 부조에서는 그가 1000년에 교황 실베스터 2세$^{Sylvester II}$(999~1003)가 보낸 아스트릭^{Astrik} 주교에 의해 왕관을 수여받는 장면을 그림으로써 마침내 헝가리가 유럽의 한 부분이 되었음을 보여준다.

또한 헝가리가 십자군에 참여하는 광경은 네 번째 부조에, 헝가리가 오스만트루크의 공격에 대승을 거둔 1552년 에게르^{Eger}전투 장면은 열 번째 부조에 담겨있다.

열세 번째 부조에서는 헝가리의 왕관이 비엔나로부터 돌아와 주권이 선언되는 장면, 그리고 마침내 열네 번째 부조에서 1867년 오스트리아와 동등한 자격으로 제국의 한 축이 된 오스트리아-헝가리 제국의 프란츠 요셉 황제 대관식의 장면으로 대단원의 막을 내린다.

영웅 광장$^{Hősök tere}$ 가운데에는 36m 높이의 밀레니엄 기념탑$^{Millenniumi Emlékm}$이 서있고 꼭대기엔 날개 달린 천사 가브리엘의 상이 서 있다. 가브리엘 상은 사람의 두 배 크기로 조각가 죄르지 절러$^{György Zala}$의 작품이다. 가브리엘상이 안치된 것은 하느님이 보우해주기를 간절히 바라는 마쟈르 인들의 마음을 담았기 때문이다.

죄르지 절러^{György Zala}는 이 작품으로 1900년에 열린 파리 세계엑스포에서 그랑프리를 수상했다. 가브리엘 천사는 오른손에 헝가리의 왕관을, 왼손엔 그리스도의 사도를 의미하는 십자가를 지니고 있는데, 이는 성 이스트반 국왕이 헝가리를 개종시켜 성모 마리아에게 바쳤다는 의미이다. 원주의 맨 아래 부분에는 헝가리 민

족을 트란실바니아로 인도했던 일곱 부족의 부족장들이 동상으로 서 있다. 그 앞엔 꺼지지 않는 불이 타고 있는 무명용사 기념제단이 있다. 바닥에 깔린 동판에는 '마쟈르 인들의 자유와 독립을 위해 그들 자신을 희생한 영웅들을 기억하며'라는 글귀가 새겨져 있다.

영웅 광장^{Hősök tere}은 1896년 공사가 시작되어 1901년에 헌정되었지만 실제 공사는 1929년에야 끝났다. 명칭도 본래는 '밀레니엄 기념광장'이었으나 1932년 '영웅 광장^{Hősök tere}'으로 변경되었다. 이곳도 제2차 세계대전 중 피해를 입었으나 복구되었다. 영웅 광장의 왼쪽에는 예술사 박물관, 오른쪽에는 미술사 박물관이 영웅 광장을 마주보며 지키고 있는 모습이다.

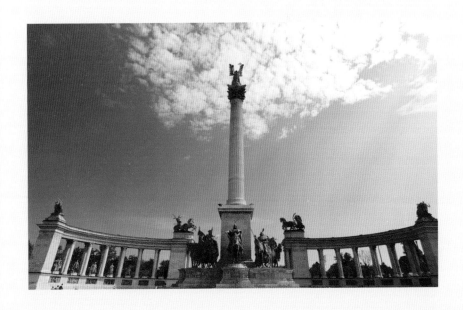

Hősök Tere & Városliget
영웅광장 & 시민공원

서양 미술관
Szépmüvészeti Museum
Museum of fine Arts

유명한 유럽 예술가들의 작품과 골동품을 미술관에서 감상할 수 있다. 특히 스페인 작품들이 많다. 오스트리아 – 헝가리 제국의 황제, 프란츠 요제프 1세는 1906년 헝가리 건국 1,000여 년을 축하하기 위해 부다페스트에 서양 미술관을 건립했다. 목적은 세계 최고 예술가들의 작품을 전시하는 문화의 중심지로 만들기 위한 것이었다. 그리스 신전을 모방한 입구의 눈에 띄는 코린토스 기둥과 내부의 아치형 구조물은 다양하면서도 인상적이다.

지하

안에는 거의 4,000점에 이르는 이집트 미술품을 비롯하여 굉장히 오래된 예술 작품을 만날 수 있다. 이들 중 일부는 헝가리 고고학자들이 발굴해 낸 것이다. 그리스, 에트루리아, 로마 및 그리스–이집트 기원의 작품 5,000점 또한 상설 전시되어 있다.

2층

3,000점의 그림이 차례로 전시되는 거장들의 작품은 놓치지 말아야 한다. 이곳에 전시된 이탈리아 작가는 조토, 라파엘로, 티치아노, 베로네세 등이 있다. 피터 브뤼겔의 작품 세례자 요한의 설교는 유명하다. 네덜란드의 황금시대와 플랑드르 미술은 반 다이크, 요르단스, 프란스 할스로 대표된다.

스페인 회화 컬렉션은 스페인 국외에서 최대 규모를 자랑하는 중요한 곳이다. 엘그레코와 디에고 벨라스케스, 고야의 작

품이 전시되어 있다. 이 밖에 독일, 오스트리아, 프랑스, 영국 작가들의 작품도 있고 인상주의 및 후기 인상주의 작품들도 감상할 수 있다.

1층

상설 조각 전시에는 거의 600점의 작품이 전시되어 있다. 여기에는 레오나르도의 작은 승마 조각품과 베로키오의 비탄에 젖은 예수Man of Sorrows가 있다.

이 박물관에는 거의 10,000점의 그림과 100,000점의 프린트가 보존되어 있으며 교대로 선정되어 전시되고 있다.

홈페이지_ www.mfab.hu

위치_ 버스나 트램, 지하철 이용, 영웅 광장에서 하차

주소_ XIV Dozsa Gyorgy üt 41

시간_ 10~18시(월요일 휴무)

요금_ 1,800Ft(학생 50%할인 / 기획전 3,200Ft)
거장 갤러리와 상설 전시에는 영어 오디오 가이드 대여가능)

벨라스케스 테이블의 농부들

피터 브뤼겔의 작품 세례자 요한의 설교

시민공원
Városliget / City Park

규모가 122헥타르에 이르는 대형공원으로 부다페스트에서 가장 인기 높은 곳 중 하나인 시민공원에는 예술, 역사, 스포츠뿐만 아니라 먹고 쉴 수 있는 모든 것이 갖추어져 있다. 시민공원은 조용하고 평화로운 녹지에서 주변의 문화와 레스토랑 및 엔터테인먼트를 즐길 수 있어 시민들과 관광객이 많이 찾는 곳이다. 이 미개발 지역은 1800년대 초반 세계 최초로 일반 대중을 위한 공원으로 조성된 곳이다.

공원은 박람회장으로 조성되었다가 철거할 계획으로 설계가 되어 공원 내에는 미술관과 온천까지 같이 있다. 공원의 입구는 1900년경 지어진 건축물이 있는 영웅광장에 이어진다. 홀 오브 아트에는 현지 및 전 세계 아티스트들의 현대 작품을 감

상할 수 있다. 오래된 작품을 좋아한다면 미술관에 가서 유럽의 옛 거장의 작품들을 만날 수 있다.

공원 안으로 더 들어가면 100년 전에 지어진 부다페스트의 유명한 온천수 목욕탕인 세체니 온천이 있다. 현대적인 스파 트리트먼트로는 월풀, 사우나, 수영장, 마사지 등이 있다. 온천에서 몇 분만 걸어가면 1,000여 종의 동물 5,000마리가 살고 있는 부다페스트의 동물원이 나온다. 매 시간마다 먹이주기, 3D 영화 및 시연, 미니 강좌 등이 열려 가족 여행객들이 많이 찾는다.

바이다후냐드 성Vajdahunyadvár에는 유럽에서 가장 큰 농업 박물관이 있다. 임시로 지은 이 건물에 지금은 헝가리 여러 시대의 농업을 보여주는 전시물이 들어서있다. 겨울에는 부다페스트의 커다란 야외 아이스링크가 만들어진다. 페토피 콘서트 홀은 이 공원에서 청소년들에게 인기가 많은 곳으로, 6,000명을 수용할 수 있는 무대에서 전 세계의 팝스타들이 공연을 펼치기도 했다.

바이다휴냐드 성
Vajdahunyadvár

유럽 최대의 농업 박물관이 들어서 있는 이 건물은 외관이 너무 아름다워 성으로 불리고 있다. 보통의 성이 갖춘 물 웅덩이인 해자 대신 이곳에는 아이스링크가 있다.

왕족들이 살던 다른 성과는 달리 바이다후냐드 성Vajdahunyadvár은 농부들에게 더 알맞은 곳이다. 이곳에는 농업 박물관이 있기 때문이다. 부다페스트의 다른 커다란 건물들이 보통 그렇듯, 이 건물 또한 1896년 헝가리의 천년 축하 전시를 위해 지어졌다. 호수 건너편에서 바라보면 왜 이 건물에 성이라는 별명이 붙었는지 이해할 수 있다.

성 안도 아름다워서 대리석 계단, 조각된 기둥, 크리스탈 샹들리에, 스테인드 글라스 창문 등으로 꾸며져 있다.

바이다후냐드 성Vajdahunyadvár은 시민공원의 세체니 섬에 위치하고 있다. 여름에는 노 젓는 배를 빌려 커다란 호수를 즐기고, 겨울에는 호수의 일부분이 거대한 아이스링크로 변신한다. 스케이트를 빌려 아름다운 성 앞에서 우아하게 스케이트를 탈 수 있다. (1,500Ft / 학생 50%할인)

바이다후냐드 성Vajdahunyadvár은 영웅 광장에서 내려 5~10분 정도 걸으면 나온다.

농업박물관(Magyer mezögazdasági Müzeum / Museum of Hungarian Agriculture)

안에는 유럽에서 가장 큰 농업 박물관이 있어 여러 흥미로운 전시물을 구경할 수 있다. 헝가리 농업의 초기부터 1945년까지의 역사가 고스란히 전시되어 있다. 신석기 시대부터 현대까지의 농업 활동과 도구에 관한 정보를 볼 수 있고 어린이들을 위한 체험활동도 마련되어 있다. 이 밖에도 헝가리의 가축, 사냥, 낚시, 임업 등의 발전상이 전시되어 있어 이러한 작업에 쓰이던 각종 도구와 일하는 사람들을 묘사한 예술 작품도 볼 수 있다.

다른 전시에서는 포도를 재배하고 와인을 만드는 것에 대해 배울 수 있다. 1800년대 후반까지 와인은 헝가리에서 거의 1/3에 달하는 인구에게 중요한 경제 역할을 하는 것이었다. 이 전시에는 1939년 최초로 생겨난 토지 보호부터 다양한 포도 품종을 보존하기 위해 수행되었던 작업까지 헝가리의 생태학적 노력을 살펴볼 수 있다. 킹덤 오브 플랜츠(Kingdom of Plants) 전시에서는 식물의 역사적 중요성과 오늘날 어떻게 사용되고 있는지에 대해 배울 수 있다.

농업 전시 외에도 이 박물관에서는 우표부터 증기 기관차와 걸으면서 농작물을 수확하는 기기 등의 축적 모형 차량까지 40가지의 다른 전시품이 전시되어 있다.

▶시간 : 10~17시(월요일 휴무) ▶전화 : 363 5099 ▶요금 : 무료(사진촬영은 유료)

조대현

63개국, 298개 도시 이상을 여행하면서 강의와 여행 컨설팅, 잡지 등의 칼럼을 쓰고 있다. KBC 토크 콘서트 화통, MBC TV 특강 2회 출연 (새로운 나를 찾아가는 여행, 자녀와 함께 하는 여행)과 꽃보다 청춘 아이슬란드에 아이슬란드 링로드가 나오면서 인기를 얻었고, 다양한 여행 강의로 인기를 높이고 있으며 "해시태그 트래블" 여행시리즈를 집필하고 있다. 저서로 하노이, 달랏, 나트랑, 푸꾸옥, 베트남, 체코, 크로아티아, 아이슬란드, 몰타, 오스트리아, 런던 등이 출간되었고 북유럽, 스페인 이탈리아 등이 발간될 예정이다.

폴라 http://naver.me/xPEdlD2t

동유럽 소도시 여행

인쇄 I 2022년 7월 26일
발행 I 2022년 8월 5일

글 I 조대현
사진 I 조대현
펴낸곳 I 해시태그출판사
편집 · 교정 I 박수미
디자인 I 서희정

주소 I 서울시 강서구 허준로 175
이메일 I mlove9@naver.com

979-11-92472-17-1(03910)

※ 일러두기 : 본 도서의 지명은 현지인의 발음에 의거하여 표기하였습니다.